Business Negotiation

商务谈判

姜琳　主编

赵海峰　熊英　马力　副主编

国家级一流本科专业建设点教材

21世纪高等院校市场营销专业精品教材

东北财经大学出版社
Dongbei University of Finance & Economics Press

大连

图书在版编目（CIP）数据

商务谈判/姜琳主编. —大连：东北财经大学出版社，
2025.3. —（21世纪高等院校市场营销专业精品教材）.
ISBN 978-7-5654-5598-8

Ⅰ. F715.4

中国国家版本馆CIP数据核字第2025LQ3509号

东北财经大学出版社出版

（大连市黑石礁尖山街217号　邮政编码　116025）

网　　址：http://www.dufep.cn

读者信箱：dufep@dufe.edu.cn

大连永盛印业有限公司印刷　　东北财经大学出版社发行

幅面尺寸：185mm×260mm　　字数：292千字　　印张：14

2025年3月第1版　　　　　　　2025年3月第1次印刷

责任编辑：蔡　丽　刘东威　　　　责任校对：刘贤恩

封面设计：原　皓　　　　　　　　版式设计：原　皓

定价：48.00元

序 言

　　谈判作为人类的一种社会行为，自古便已存在。事实上，在现代社会生活中，在经济、政治、文化、军事、外交等领域，谈判活动无处不在、无时不有。谈判行为的普遍性以及过程和结果的重要性，促使人们去探究谈判的内在规律。关于谈判理论的系统研究，欧美国家起步较早，在20世纪60年代已经取得了一定的成果。到了20世纪80年代，谈判学课程越来越多地进入到高校课堂，并且成为许多专业尤其是管理类专业学生的必修课程。

　　本教材是为我国高等院校经济管理类专业本科生学习商务谈判知识以及培养贸易、金融、投资等领域的商务谈判能力而编写的。本教材共分为10章。第1章"商务谈判概述"介绍了商务谈判的概念、特点、类型、基本原则、意义等。第2章"商务谈判基础理论"介绍了博弈论和公平理论与谈判的关系。第3章"商务谈判的准备"介绍了谈判目标的确定、谈判资料的收集、谈判组织的建立、谈判计划的制订以及模拟谈判的进行。第4章"谈判过程"介绍了摸底阶段、报价阶段、磋商阶段、成交阶段，并且详细地介绍了各个阶段所应该完成的任务。第5章"商务谈判的策略与技巧"介绍了商务谈判策略与技巧概述，商务谈判进程策略，让步的形态、策略与技巧，僵局处理策略与技巧。第6章"商务谈判的心理"介绍了商务谈判心理概述，需要、动机与谈判，性格、气质与谈判，情绪、情感与谈判，知觉与谈判，心理挫折与谈判，以及成功心理与谈判。第7章"商务谈判的沟通"介绍了沟通与有效沟通、语言沟通、行为沟通、书面沟通以及网络沟通。第8章"商务谈判的礼仪"介绍了礼仪概述、迎送客人的礼仪、互相介绍的礼仪、名片使用的礼仪、招待宴请的礼仪、馈赠礼品的礼仪、签字仪式的礼仪。第9章"商务谈判的风格"介绍了亚洲、欧洲、美洲和大洋洲商人的谈判风格。第10章"商务谈判的后续工作"介绍了合同的履行与管理、谈判总结。

　　本教材的写作特点是：

　　第一，引入社会热点案例，帮助学生更好地理解谈判理论与实践，注重将知识内化为能力和素质。

　　第二，设置"素养园地"课程思政栏目，融入党的二十大精神，注重培养学生的政治思想素质、家国情怀，培养学生良好的职业道德素养。

　　第三，以二维码链接的方式提供了大量"拓展阅读""案例窗"内容，还设置了两种章后在线测试题——不定项选择题和判断题。

第四，引入三个模拟谈判案例，帮助学生模拟体验一对一谈判、小组谈判以及多边谈判。

第五，介绍影视剧中的谈判情节，帮助学生在特定情境下理解商务谈判的相关理论知识，增强商务谈判学习的趣味性。

本教材的出版受到了武汉科技大学的教材出版资助，同时得到了武汉科技大学管理学院营销管理系各位老师的支持，尤其是赵海峰、熊英、马力等，在此对他们和参与编写、校对的管理学院学生武妍妍、郭冰雪、王紫璇、柯晓峰、陈俊豪、李沐梓、姚蔼柏、徐剑鸣、胡浪、孙玉芬、盛帅铎、徐继男，以及东北财经大学出版社的责任编辑，一并表示感谢。

在本教材的编写过程中，编者参考了众多的优秀作品，但受制于客观条件限制，在"主要参考文献"中可能没有列全资料来源，或者所列的不是最早来源的作者的作品，特向相关作者致以诚挚的谢意和歉意！

由于编者水平有限，疏漏之处难以避免，恳请同行专家和读者指正。

编　者

2025 年 2 月

目 录

第1章 商务谈判概述

学习目标

本章旨在帮助学习者了解谈判的概念与特征，理解商务谈判的概念与特征，掌握商务谈判的类型和基本原则，明确商务谈判的意义。

❖ 引例

谈判无处不在

当今是一个人人都需要谈判的时代，还价成交无处不在。

每天早晨当闹钟响起的那一刻，我们就开始了与自己的谈判：现在就起床还是再睡一会儿？

买家和卖家在菜市场的讨价还价更不用说了。

夫妻之间存在谈判。妻子说："我想要那个钻石。"这是妻子的开价。丈夫说："我捡个石头送给你吧。"这是丈夫的还价。

父母与孩子之间也存在谈判。孩子："妈妈我想玩游戏！"父母："行啊，只要你每天认真优质地完成作业，周末就给你一天一小时的游戏时间。"

资料来源：作者编写。

"谈判"一词在人们的生活中很常见。自古以来，各种形式的谈判一直贯穿人类社会的方方面面。在人类社会活动中，为了相互交流、改善关系、解决问题，谈判都扮演着至关重要的角色。

1.1 谈判及商务谈判的概念与特点

在研究商务谈判之前，我们首先对谈判加以探讨。

1.1.1 谈判的概念与特点

1）谈判的概念

谈判无处不在，贯穿于人们的日常生活和工作中，是一种无法回避的现实。在谈判中，人们基于自身需求，通过信息交流、妥协让步、磋商协议等方式，努力赢得或维护各自的利益。

各国学者对谈判有着不同的定义。美国谈判协会会长、著名律师杰勒德·I.尼尔伦伯格（Gerard I. Nierenberg）认为，谈判是人们为了改变相互关系而交换意见、相互磋商以达成一致的行为。罗杰·费希尔（Roger Fisher）和威廉·尤瑞（William Ury）将谈判定义为从他人那里获取所需利益的一种基本手段。美国谈判专家C.威恩·巴罗（C. Wayne Barlow）认为，谈判是双方努力说服对方接受自己要求的交换意见的技能，最终目的是达成对双方有利的协议。英国谈判专家P. D. V.马什（P. D. V. Marsh）从经济贸易的角度给出了谈判的定义，即贸易双方为达成双方满意的协议，通过调整各自提出的条件进行协商和协调的过程。在我国学者看来，谈判是当事人为了满足各自需要和维护利益而进行的协调过程。

谈判存在的前提包括客观需要、可谈判性和社会环境。

综上所述，本教材认为谈判是指人们基于某种需求，彼此进行信息交流采取协调行为的过程。

2）谈判的特点

谈判作为人类的一种行为，具有以下特点：

第一，谈判是"给"与"取"兼而有之的一种互惠过程。

第二，谈判是"合作"与"冲突"兼而有之的一种互动过程。

第三，谈判的结果是绝对的不平等和相对的平等。

1.1.2 商务谈判的概念与特点

1）商务谈判的概念

商务谈判是指在经济领域中参与各方为了协调、改善彼此的经济关系，满足交易或合作的需求，围绕标的物的交易或合作条件，通过信息交流、磋商协议达到交易或合作目的的行为过程。

2）商务谈判的特点

商务谈判是一种集科学性、艺术性和政策性于一体的人类社会经济活动。商务谈判作为谈判的一种类型，不仅具有一般谈判的特点，而且具有其特殊性。商务谈判的特点主要体现在以下方面：

第一，商务谈判以获得经济利益为目的。与其他谈判相比，商务谈判更加重视谈判的经济效益，不讲求经济效益的商务谈判就失去了价值和意义。

第二，商务谈判以价值谈判为核心。价值几乎是所有商务谈判的核心内容，商务谈判中价值的表现形式——价格最直接地反映了谈判双方的利益。

第三，商务谈判注重合同条款的严密性与准确性。商务谈判的结果是由双方协商一致的协议或合同来体现的，合同条款实质性地反映了各方的权利和义务，合同条款的严密性与准确性是保障谈判者获得各种利益的重要前提。

❖ **延伸学习1-1**

谈判无处不在

结合商务谈判的特点，思考以下例子是否属于商务谈判？

1.王女士在菜市场买西红柿与商贩讨价还价。

2.妻子和丈夫就家务分工进行谈判。

3.公司业绩不佳，财务经理向银行信贷员申请延期还贷。

1.2　商务谈判的类型

商务谈判根据不同的划分标准分为不同的类型。

1.2.1　按谈判参与方数量划分

按谈判参与方数量划分，商务谈判可以被分为双边商务谈判和多边商务谈判。双边谈判是指谈判只有两个当事方参与的谈判。多边谈判是指有三个及三个以上的当事方参与的谈判。

1.2.2　按谈判参与人数划分

按谈判参与人数划分，商务谈判可以被分为一对一商务谈判和小组商务谈判。一对一商务谈判是指谈判各方只派一名代表出席的商务谈判。小组谈判是指谈判各方派两名或两名以上代表出席的商务谈判。

1.2.3 按谈判所在地划分

按谈判所在地划分，商务谈判可以被分为主场谈判、客场谈判和第三地谈判。主场谈判也称主座谈判，是指在自己一方所在地、由自己一方做主人组织的谈判。客场谈判也称客座谈判，是指在谈判对手所在地进行的谈判。第三地谈判是指在谈判双方（或各方）以外的地点进行的谈判。

1.2.4 按谈判的态度与方法划分

按照谈判的态度和方法划分，商务谈判可以被划分为软式谈判、硬式谈判和原则式谈判。

软式谈判也称关系型谈判，把对方当成朋友，而不是当作敌人，强调的不是要占上风，而是要建立和维持良好的关系。软式谈判的一般做法是信任对方—提出建议—作出让步—达成协议—维系关系。

硬式谈判也称立场型谈判，视对方为劲敌，强调谈判立场的坚定性，强调针锋相对；认为谈判是一场意志力的竞赛，只有按照己方的立场达成了协议才算是谈判胜利。采用硬式谈判，常常谈判双方互不信任、互相指责，谈判也往往易陷入僵局、旷日持久，无法达成协议。

原则式谈判也称价值型谈判、实质利益型谈判，强调在双方利益难以调和的情况下，使用某些客观、公平的标准来说服对方，使得双方在协商过程中感到公平，从而达成公平的解决方案。原则式谈判不像软式谈判那样只强调双方的关系而忽视己方利益的获取，也不像硬式谈判那样只坚持本方的立场，不兼顾双方的利益，而是竭力寻求双方利益上的共同点，并在此基础上设想各种使双方各有所获的方案。

1.3 商务谈判的基本原则

1）平等自愿原则

商务谈判的各方应在地位平等、自愿合作的条件下建立合作关系。他们通过平等协商、公平交易来实现各自的权利和义务。在谈判中，无论各方的经济实力强弱、组织规模大小，其地位应当是平等的。自愿性则意味着参与谈判的各方应当是出于自身利益目标的追求，而非外界的压力或他人的驱使。

2）合法合规原则

商务谈判必须遵守国际和国家法律、法规、政策的规定，这包括涉外谈判需要遵守国际法则。谈判各方应确保其行为合法合规，避免违反任何法律规定。

3）互惠互利原则

互惠互利原则是指谈判达成的协议对于各方都是有利的。互惠互利是谈判平等的客观要求和直接结果。商务谈判不是竞技比赛，不能一方胜利、一方失败，一方盈利、一方亏本。谈判如果只有利于一方，不利方就会退出谈判，这样就导致谈判破裂，谈判的胜利方也就不复存在，谈判中所耗费的劳动也就成为无效劳动，谈判各方都是失败者。坚持互惠互利就要重视合作，没有合作，互利就不能实现。谈判各方只有在尊重对方利益的同时才能更好地追求自身的利益。

4）求同存异原则

谈判双方要各有收获，就必须坚持"求大同，存小异"，将能暂时放下的分歧放在一边，从双方的共同利益和目标出发，进行建设性的磋商，达成一致，取得谈判的成功。

1.4　学习商务谈判的意义

商务谈判既是一门科学，又是一门艺术，还是一门新兴的边缘学科。学习商务谈判具有重要的意义。

1）有利于提高谈判能力

尽管商务谈判在日常中频繁发生，但许多谈判人员可能缺乏必要的国内外客商谈判知识和经验，导致在谈判中难以获得成功。因此，通过大量的商务谈判实践和成功案例，我们总结出一套普遍适用的理论、方法和技巧，希望揭示其商务谈判的一般运作规律，指导人们的谈判活动，提高商务人员的谈判能力。同时，商务谈判也是一门艺术，具有很强的实践性和应用性。因此，长期以来人们总结的一般理论、方法和技巧只能作为谈判活动的指导，谈判人员还需要将理论与实践相结合，通过多方面的训练和亲身实践，逐步掌握商务谈判的规律、方法和技巧，从而不断提升自己的谈判水平和能力。

2）有利于处理好商务谈判事务以及人际关系

谈判人员只有通过学习商务谈判知识，掌握商务谈判方法、技巧，了解涉外礼仪及各种风土人情，以及掌握商务谈判心理学，才能够在处理谈判中出现的各种问题时灵活应对，也才能够与谈判对手进行有效的沟通交流，游刃有余地应对谈判的挑战，并最终取得令人满意的谈判成果。

正如尼尔伦伯格在《谈判的艺术》中所言：你将发现，通过随时采用本书所述的各种方法，你的应对能力将得到极大的增强，你将不再被各种困难所击倒。你会发现，通过应用这些方法，你所参与的所有谈判都将比以往更容易把握、更加充满乐趣，并且收获更多的益处。这段话强调了学习商务谈判的重要性，并且提醒我们有效运用学到的知识和技巧对谈判进行处理的重要性。

3）有利于促进我国经济贸易的发展

随着我国外贸依存度的提高和国际知名企业大规模进入中国市场，国内企业也积极向国际市场进军。直接与外商打交道，中国企业应思考如何更顺利地进入国际市场，而了解他国法律、深谙谈判技巧已经成为重要问题。

只有掌握高超的谈判技巧，了解熟悉国际商贸活动的一般规律、准则以及各国的民俗和消费习惯，把握不同国家谈判者的谈判风格，才能有效地运用谈判手段，在国际商贸活动中取得成功。因此，加强商务谈判理论、方法和技巧的学习，以满足商务谈判工作的需要至关重要。

在全球化的今天，国际市场竞争激烈，中国企业只有具备良好的谈判能力和跨文化沟通能力，才能在国际舞台上立于不败之地。因此，通过不断学习和实践，提升自身的谈判水平和能力，是中国企业赢得国际市场竞争的关键所在。

拓展阅读1-1

❖ **延伸学习1-2**

在电影《穿普拉达的女王》里，当片长达到8分钟的时候安蒂·赛可斯去应聘时尚主编助理的场景就是非常典型的一对一谈判。而在电影《中国合伙人》里，当片长达到95分钟的时候新梦想公司与美国EES的谈判就是小组谈判。一对一谈判和小组谈判的优缺点是非常不一样的。

素养园地

以中国式现代化引领商务高质量发展

党的二十大提出中国式现代化理论，是科学社会主义的重大创新成果。习近平总书记强调，中国式现代化是强国建设、民族复兴的唯一正确道路。在新征程上，我国须以习近平新时代中国特色社会主义思想为根本遵循，全面贯彻党的二十大精神，以中国式现代化为引领，推动商务高质量发展。

一、坚持党的全面领导，筑牢商务发展根基

党的领导是中国式现代化的根本保障。党的十八大以来，党中央引领商务领域取得历史性成就：2022年货物进出口总额达42万亿元，服务贸易总额为5.98万亿元，社会消费品零售总额为44万亿元，稳居全球第二大消费市场。2023年上半年，外贸、外资、消费持续恢复，新设外资企业增长35.7%，消费对经济增长贡献率达77.2%。这些成就源于习近平总书记的掌舵领航和习近平新时代中国特色社会主义思想科学的指引。

商务战线坚持深化改革、扩大开放，推动制度型开放：关税降至7.3%，外资准入负面清单缩减至全国版31项，自贸试验区增至21个，复制推广302项创新成果。同时，聚焦民生福祉，带动全国1/4人口就业，建设国际消费中心城市，完善便民生活圈，增强群众获得感。

二、立足中国特色，深化商务实践创新

中国式现代化具有人口规模巨大、共同富裕、物质精神协调、人与自然和谐、和平发展五大特色，这些特色可为商务发展实践提供基础和保障。

1.扩大内需与保障供给并重

依托超4亿中等收入居民群体，中国政府完善消费长效机制，释放内需潜力。2023年上半年，中国消费贡献率超77%，需进一步优化消费环境，增强居民消费能力。同时，统筹国内国际资源，确保粮食、能源、产业链安全。

2.推动共同富裕

通过"数商兴农"、县域商业体系建设，2022年，全国农产品网络零售额达5 313.8亿元，助力乡村振兴。中国政府引导产业梯度转移，中西部加工贸易占比近30%，深化区域协调与沿边开放。

3.促进物质与精神共富

中国扩大优质消费品进口，推动产业升级，2022年，消费品进口1.93万亿元，支持文旅消费、国潮品牌，发展服务贸易示范区，深化服务业开放试点，增强文化软实力。

4.践行绿色发展

中国加快商务绿色转型，广交会展示50万件绿色产品，参与国际规则制定，贡献"双碳"中国方案。

5.高水平对外开放

进博会、共建"一带一路"成为全球合作典范，境外经贸合作区为共建"一带一路"国家创造42万个就业岗位，数字、绿色等新领域合作得以拓展，成为互利共赢的"发展带"。

三、实干担当，推动商务高质量发展

中国商务工作围绕构建新发展格局，需聚焦"三个重要"定位：国内大循环的重要部分、双循环的关键枢纽、服务全局的责任担当。

1.服务大局

中国商务工作增强内需动力，建设高效流通体系；提升国际循环质量，建设贸易强国；对标国际规则，维护多元稳定经贸格局。

2.落实重点任务

中国消费领域深化"消费提振年"，推动大宗消费复苏；外贸领域优化结构，发展数字贸易；外资领域缩减负面清单，办好"投资中国年"；国际合作推动加入《全面与进步跨太平洋伙伴关系协定》（CPTPP）、《数字经济伙伴关系协定》（DEPA），深化共建"一带一路"经贸合作。

3.统筹发展与安全

坚持自立自强与高水平开放并重，提升监管能力，动态维护经济安全。

中国式现代化征程需以实干为要，以主题教育深化理论武装，将中国特色转化为商务发展优势，为强国复兴贡献更大力量。

资料来源：王文涛. 以中国式现代化引领商务高质量发展［J］. 求是，2023（16）：31-36.

本章小结

谈判是指人们基于某种需求，彼此进行信息交流、磋商协议，旨在协调其相互关系，赢得或维护各自利益的行为过程。它具有三个特点：一是谈判是"给"与"取"兼而有之的一种互惠过程；二是谈判是"合作"与"冲突"兼而有之的一种互动过程；三是谈判的结果既存在绝对的不平等又具有相对的平等。谈判存在的前提包括客观需要、可谈判性和社会环境。

商务谈判是指在经济领域中参与各方为了协调、改善彼此的经济关系，满足交易或合作的需求，围绕标的物的交易或合作条件，彼此通过信息交流、磋商协议达到交易或合作目的的行为过程。商务谈判是一种集科学性、艺术性和政策性于一体的人类社会经济活动，既有一般谈判的共性，又有其特殊性。

商务谈判的类型繁多，有多种划分标准，在实际生活中商务谈判的应用较为广泛，有重要意义。

在商务谈判中，我国谈判者应遵循平等自愿、互利互惠、合法合规、求同存异四个原则。学习商务谈判有利于提高谈判能力，有利于处理好商务谈判事务以及人际关

系，并有助于促进我国经济贸易的发展。

关键术语

谈判　商务谈判

基础训练

第1章不定项选择题　　　　　　　　　　第1章判断题

◆ 简答题

1. 什么是谈判？其特点是什么？

2. 商务谈判的概念及特点是什么？

3. 国际商务谈判的主要类型有哪些？

4. 商务谈判的基本原则有哪些？如何应用？

◆ 思考题

你是一位世界闻名的时装设计师，一年一度的时装新作表演将在本周末举行。就在这时，时装模特和所有临时雇用的演员等都来找你，要求立刻增加他们的佣金，你采取什么做法为好？

A. 把他们当作一个团体进行会谈

B. 把他们的领导人物请到你的办公室内商谈

C. 一个一个地和他们在工作间进行交谈

D. 稍后，约请他们一个一个地到你家中交谈

◆ 案例分析

中国的入世谈判

中国入世谈判有很多谈判战略和策略，归纳起来，就是如何坚持谈判原则。

中国入世谈判主要是与美国谈判。美国首席谈判代表是巴尔舍夫斯基，由于在谈判中她对中国不断提出要求，而且态度十分强硬，被中国代表戏称为"贪婪女士"。而中国的首席代表是时任外交部副部长的龙永图先生。由于在谈判中坚持立场，拒不妥协，美国谈判代表也给他起了个外号"抠门先生"。下面就是"贪婪女士"和"抠门先生"的坚持与妥协。

在谈判中的中方谈判代表有着巨大的压力。这一方面来自与对方的谈判，另一方

面来自国内的压力，对国内各部门的解释被他们称为谈判的"第二战场"。

国内每个部门的负责领导都有一种强烈的期望，想确保自己的那个部门在中国入世以后不受到冲击。还有一些人对《关税及贸易总协定》条文、多边贸易体制不是很熟悉，因此，这些都给中方谈判代表带来了巨大的压力。

比如，在农产品进口方面，根据《关税及贸易总协定》关税配额量的规定，配额量并不一定是实际进口量，进口量超过配额量就用高关税，低于配额量就用低关税，甚至免税。1999年，中国与美国达成协议，每年进口小麦的关税配额量为700多万吨，5年以后增加到900多万吨。当时国内有些部委负责人就误解了，以为我们承诺每年从美国进口900万吨小麦，国内粮食市场会遭到很大冲击。结果这种说法在国内引起很大反响，大都批评中方谈判代表让步太大了。但实际上配额量是一个控制量，不是一个非要进口的量。包括美国在内的其他国家，它们的关税配额量从来没有完成过。这种压力使中方谈判代表备受煎熬，真有一种"秀才遇到兵，有理说不清"的感觉。

再如1994年的谈判，其实是有可能取得突破性进展的。谈判开始时形势很好，澳大利亚和新西兰代表都坚决支持中国，前提是中国解决羊毛的进口配额问题。当时，中方谈判代表得到的授权是每年进口16.9万吨羊毛，而澳大利亚和新西兰要的是18万吨的配额指标。它们表示，只要中国同意，它们将全力支持中国。这两个国家是西方国家，如果它们的谈判阵营出现分裂，中国复关成功的机会就很大了。中方首席代表龙永图很想同意这18万吨的配额指标，但是与代表团其他成员商量的时候，他们堵死了任何可能性。结果中方就坚决守住16.9万吨的底线，最后拒绝了澳大利亚和新西兰的要求。这致使澳大利亚和新西兰坚决站在美国一边，态度非常强硬。

使中方谈判代表沮丧的是，等他们回到国内查看1994年的进口数据，却发现1994年中国实际进口了31万吨羊毛，远远超过18万吨。当时，中国的进出口管理很松散，"一般贸易进口""加工贸易进口"以及其他贸易形式不一而足，管理则是分兵把守，各管各事，结果连全国每年进口多少羊毛都没有一个清楚的概念。16.9万吨的配额也没有什么科学依据，而澳大利亚和新西兰这两个国家知道自己每年出口了多少，知道当时中国每年平均进口22万吨，它们要求18万吨并不过分。

龙永图认为，1994年的复关没有成功，主要问题出在内部协调不力和管理体制的混乱上，这种情况的出现让中方代表在谈判中"腹背受敌"。1999年，中美达成协议后，大家都激动万分，谈判核心人物龙永图却感到有些遗憾……

资料来源：龙永图，白岩松. 中国，再启动 [M]. 南京：江苏凤凰文艺出版社，2014.

思考：

1. 你认为中国入世谈判有哪些经验教训值得汲取？

2. 中国涉外谈判代表在哪些方面有所进步？原因是什么？

第2章 商务谈判基础理论

学习目标

本章旨在帮助学习者理解商务谈判理论中的博弈论和公平理论等主要的基础理论，并将博弈论、公平论应用在商务谈判实务中，具备组织和实施商务谈判活动的初步能力。

❖ 引例

多极电子管公司与科涅格公司的谈判

多极电子管公司为了在德国市场占有一席之地，急需与科涅格公司签订一份重要的计算机销售合同。此时，多极电子管公司在德国的新工厂即将开业，但已取得的销售合同仅占工厂装配能力的1/4，因此公司急需在欧洲尤其是德国寻求更多的业务。

谈判双方：

◆报价方：多极电子管公司，希望拿到科涅格公司的合同，以扩大在欧洲市场的销售份额。

◆购买方：科涅格公司，对计算机的质量要求不高，主要关注价格和可靠性。

博弈论在谈判中的应用：

一、报价策略

◆多极电子管公司面临的首要问题是如何定价。公司的价格政策、发展需求、竞争对手的情况以及用户需求都是影响报价的重要因素。

◆考虑到科涅格公司对计算机的质量要求不高，多极电子管公司可以在保证一定质量的前提下，适当降低价格以拿到合同。

二、竞争对手分析

◆多极电子管公司的竞争对手主要有3家，其中鲁布公司的价格最具威胁性。

◆通过分析竞争对手的报价和产品质量，多极电子管公司可以制定更具竞争力的报价策略。

三、用户需求满足

◆ 科涅格公司的需求对多极电子管公司不利的一点是，它更看重价格和可靠性，而对计算机的精确性、适应性和易操作性要求不高。

◆ 为了满足科涅格公司的需求，多极电子管公司可以考虑在保持一定质量水平的同时，降低生产成本，从而提供更具吸引力的价格。

四、谈判策略选择

◆ 在谈判过程中，多极电子管公司需要灵活应对科涅格公司的各种要求，打消它的疑虑。

◆ 公司可以强调其产品的可靠性和长期合作的可能性，帮助消科涅格公司解决后顾之忧。

◆ 多极电子管公司也可以利用其在德国新工厂的优势，提供更具竞争力的交货期限和售后服务。

谈判结果：

经过多轮谈判，多极电子管公司最终成功与科涅格公司签订了合同。公司通过灵活运用博弈论中的报价策略、竞争对手分析、用户需求满足以及谈判策略选择等技巧，成功拿到了这份重要的合同，为公司在欧洲市场的进一步发展奠定了坚实基础。

资料来源：张保林. 中外最新市场营销案例 [M]. 南京：南京大学出版社，1990：201-206.

在近代社会活动中，谈判扮演着重要角色。随着新兴学科的不断出现，有关谈判研究的理论也在不断发展。许多在其他领域研究中获得的丰硕成果也可以应用在谈判生活中。在本章中，我们将着重介绍一些有代表性的谈判理论。

2.1　博弈论与谈判

"博弈论"来源于英文 game theory，其中 "game" 的基本含义是游戏。下棋、打牌这类休闲游戏活动有一个共同特点，参与游戏各方的策略选择成为左右游戏结果的最关键因素。关于博弈论，引用经济学家高鸿业的解释，博弈论是研究在策略性环境中如何进行策略性决策和采取策略性行动的科学。策略性环境是指每个人进行的决策和采取的行动都会对其他人产生显著影响；策略性决策和策略性行动是指每个人都要根据其他人的可能反应来决定自己的决策和行动。在谈判中，参与各方往往持有不同的利益诉求和立场，他们需要通过沟通和协商来寻找一个双方都能接受的解决方案。谈判的过程往往涉及信息的交换、策略的运用以及利益的权衡，将复杂的、不确定的谈判行为通过简洁明了的博弈分析，使谈判过程进一步科学化、规范化、系统化。通过建立科学的分析模式，可以构建谈判理论分析的基础框架。

2.1.1　博弈论与商务谈判的关系

商务谈判指的是涉及双方或多方利益的标的物交易条件，通过沟通和协商，争取达成各方接受的协议的过程。这一过程与博弈论的运用有共同的特征：涉及参与者、可供选择的策略集合以及各方的较量与结果。因此，博弈论在商务谈判中有广泛的应用。

从博弈论角度看，商务谈判可分为零和博弈谈判、非零和博弈谈判。零和博弈谈判又称对立型谈判，非零和博弈谈判又称合作型谈判。在这两种类型的谈判中所采用的战略和战术是不同的。

在零和博弈谈判中，谈判参与者的利益对立，双方的利益之和是固定的。他们通过谈判来分配这个固定的利益。讨价还价谈判通常属于零和博弈谈判。在这种情况下，一方的利益增加意味着另一方的利益减少。

在非零和博弈谈判中，谈判参与者之间的关系更加复杂，特别是当谈判中有多个参与者时，他们之间的博弈关系会更加复杂多变。

2.1.2　基于博弈论的谈判程序

基于博弈论的谈判程序如下：　是合理确定双方的风险值，对交易双方的交易内容进行评估确定；二是确定合作的剩余价值，并对合作的剩余价值进行分配；三是交易双方互相谅解，达成双方都可接受的对剩余价值分配的合作协议。

我们来看一个例子。有一个叫王二的人有一辆修理好的旧车。假定对王二来讲，他拥有并使用这辆车的利益为 3 000 元。再假设一个叫李五的人一直渴望买一辆旧车，他年终发了 5 000 元奖金，便决定从王二那里买这辆旧车。当他检查了这辆旧车后，认为这辆车值 4 000 元。

首先，建立风险值是指打算合作的双方对所要进行的交易内容的评估和确定。那么在这个例子当中，王二对这辆车 3 000 元的估价和李五对车 4 000 元的估价就是我们的风险值，那么如何确定它，在现实生活中实际上是非常复杂的。

其次，确定合作剩余价值。本例中王二的要价在 3 000 元以上，而李五则希望在 4 000 元以内。双方之间有 1 000 元的差额，这就是双方的合作剩余价值。那么如何分配这 1 000 元，就需要双方讨价还价、斗智斗勇了，也就是在谈判中对合作剩余价值进行分配。

最后，合作剩余价值分配好后，两人需要达成协议。

2.1.3　博弈论与交易的双赢

要实现谈判的双赢，必须做到三个方面。

1）避免赢得了战役却输掉了战争

在谈判中，有时会出现赢了战役却输掉战争的情况。这意味着虽然在某些方面取得了局部胜利，但最终未能实现整体利益最大化。这种情况往往源于各方互不相让，导致讨价还价的结果是不断缩小利益空间。

举个例子，一群小孩子在分冰淇淋时可能出现这样的情况：他们争执不休，结果是冰淇淋融化了。理性分析表明，更好的做法是让每个人都分到一勺冰淇淋，而不是让冰淇淋融化了。但这种解决方案需要所有参与者都同意，否则可能出现一些人宁愿让冰淇淋融化，也不愿意妥协，导致所有人都无法尝到冰淇淋的情况。这个例子反映了在现实生活中经常发生的情况。

尽管从理性角度来看，人们应该采取理性行动，但在实际中，有时人们的行为可能与理性原则相悖，这可能是由情绪、利益冲突或其他因素导致的。因此，在谈判中，除了理性分析外，还需要考虑各方的情感因素和利益诉求，以寻求最终的共赢解决方案。

2）避免"违规"行为

博弈的有效性建立在所有参与者都遵守游戏规则的基础上。然而，如果有人违规或作弊，结果将受到极大影响。在某些情况下，发现各方的违规行为并不困难，在其他情况下则较为复杂。这种博弈通常存在多个层面，违规的可能性在不同层面也有所不同。

举例来说，某行业可能存在价格协议，容易发现哪些企业在实施价格垄断。然而，如果某些企业提供超值服务，其高价就难以被定义为垄断价格。在所有人都遵守规则的情况下，一旦有人违规，就会获得更多的利益，因此违规行为经常发生，需要采取有效手段予以制止。

3）建立重复博弈

一次性博弈通常只有一次选择机会，也称为"一锤子买卖"，双方不考虑长期合作。在这种情况下，双方都有动机使对方处于困境，以获取更多的利益。相比之下，重复博弈意味着长期关系，双方不仅要考虑当前的利益，还要考虑未来的利益。因此，重复博弈可以有效地抑制双方的短期行为。

许多商业活动都展现出这种特性。在一次性交易中，买卖双方的诚信行为可能受到影响，甚至会欺骗对方以获取利益。相反，在建立长期关系的情况下，如"熟客"

或"回头客"，各方会遵守规则，以诚信维护声誉，并吸引更多的"回头客"。

2.2　公平理论与谈判

谈判的实质就是人们相互交换意见，协调行为，这就必须遵循一些原则，制定一些规章，才会使得这种活动更有成效，而公平就是人们所要依据的一个重要原则，公平理论对谈判活动有着重要的指导意义。

2.2.1　公平理论的内涵

在谈判中，双方通过沟通、协商，试图达到利益的均衡。公平理论为谈判提供了理论支撑，从公平的角度出发，理解谈判方的需求和期望，提出让双方都认为公平的解决方案，有助于谈判的顺利进行和协议达成。

1）公平理论的基本概念

公平理论也被称为社会比较理论或公平交换理论，是由心理学家约翰·斯塔希·亚当斯（John Stacey Adams）在 20 世纪 60 年代提出的。这一理论主张个体会评估他们付出的努力和所得的回报，并将这一比例与他人的相应比例进行比较。当个体感觉自己的付出与回报比例同他人相当时，他们会感到公平；反之，则会感到不公平。

2）谈判中的公平原则

在谈判中，公平原则要求所有参与方都以平等、公正和透明的方式对待谈判。这包括给予各方平等的发言机会、确保信息的公平披露，以及使各方都有权提出并参与讨论各种议题和解决方案。

3）公平对谈判的影响

公平对谈判的影响是多方面的。首先，公平可以增强对彼此的信任，促进双方之间的合作。其次，公平可以提高谈判的效率，减少不必要的争执和冲突。最后，公平有助于建立长期和可持续的合作关系。

4）公平理论在谈判中的应用

在谈判中，公平理论可以通过多种方式应用。例如，谈判者可以使用公平理论来评估自己和他人的提案是否公平，或者利用这一理论来提出更加公平的解决方案。此外，谈判者还可以利用公平理论来预测和解释对方的行为，从而更好地应对谈判中的各种情况。

5）谈判结果公平性评估

谈判结果的公平性评估涉及对谈判结果的客观分析和评价。这包括检查各方在谈判中所获得的利益是否与他们的付出和努力相称，以及评估谈判结果是否有利于长期的合作关系。

6）公平理论对谈判策略的影响

公平理论可以影响谈判者的策略选择。例如，如果谈判者认为对方提出了不公平的提案，他们可能选择拒绝或提出反提案。此外，公平理论还可以鼓励谈判者采用更加合作和互惠的策略，以寻求更加公平和可持续的解决方案。

7）提高谈判公平性的方法

第一，提高透明度：确保所有参与者都了解谈判的进程和结果。
第二，建立信任：通过坦诚的沟通和合作来建立信任。
第三，平衡利益：寻求能够满足所有参与者利益的解决方案。
第四，引入第三方调解：在需要时引入中立的第三方来帮助调解和解决争议。

8）公平理论与谈判效率的关系

公平理论与谈判效率之间存在密切的关系。当谈判者感到被公平对待时，他们更有可能积极参与并采取合作的态度，这有助于提高谈判的效率。相反，如果谈判者感到不公平，他们可能采取消极的态度或行为，导致谈判陷入僵局或失败。因此，确保谈判的公平性是提高谈判效率的关键因素之一。

总之，公平理论在谈判中发挥着至关重要的作用。通过理解和应用公平理论，谈判者可以建立更加公平、有效和长期的合作关系。

2.2.2　消除不公平感的方法

当感觉吃了亏而产生不公平感的时候，人们就会心存不满或产生怨恨，进而影响到情绪与行为，后果是极其消极的。为了消除产生不公平的根源，恢复公平感，人们一般采取以下几种调整措施：

1）从实际上增加自己所得，或增大对方的贡献，或减少自己的付出，或减少对方所得

实际上，除减少自己的付出外，其他3种情况不能由自己控制，所以，恢复公平感的主要方式是减少自己的付出。例如，一个积极工作的员工，如果在领取报酬时，没有拿到他期望的较高的金额，而是和其他人一样，他就会产生不公平感；他既不能

左右老板给他增加工资，又不能影响别人的工作干劲，但他能够使自己消极怠工，敷衍了事。

由于不公平感主要是由人们的自我认知形成的，因此人们的调整也在很大程度上取决于认知水平，比较常见的有自我安慰、理喻、角色转换等。

2）改变参照对象，以避免不公平

改变参照对象可以迅速消除人们的不公平感。有句老话说得好："比上不足，比下有余。"这意味着改变参照对象后，人们的心理状态会发生变化。举例来说，有些大学毕业生会与同届成就突出的同学相比，心里不免产生不公平感，抱怨自己的机遇不佳，甚至怨天尤人，觉得自己的才华被埋没。但如果他们改变了对比对象，与那些未能考上大学的同学相比，就会感到自己非常幸运，因为他们的生活和工作状况都相对不错，不满情绪也会迅速消失。

3）退出比较，以恢复平衡

人们调整不公平感心态的方式之一是退出比较，以求平衡。在现实生活中，不公平感往往源自与他人的比较。因此，最简单的消除不公平感的方法之一就是不再与他人作比较。当参照物消失后，不公平感也会随之消失。这种情况在现实生活中屡见不鲜。

综上所述，不公平感的形成很大程度上是人们心理感觉的结果，因此参照物的选择至关重要。要消除不公平感，也应该从调整参照物入手。

谈判活动具有极大的不确定性，在谈判过程中，双方的心理状态会受到各种因素的微妙影响。例如，即使一方在谈判中只作出了微小的让步，但在签署协议时，对方可能仍觉得不公平；有时，一方作出了巨大的牺牲，心理上却有平衡感。因此，如何消除谈判一方的不公平感，防止其带来消极影响，是至关重要的。高明的谈判者必须精通各种谈判技巧，及时洞察谈判对手心理的微妙变化，以确保谈判各方都处于有利于达成协议的积极心态。

2.2.3 公平的判定标准

1）关于公平的分配方案的理论探讨

在西方文化中，人们对公正的研究主要考虑两个方面：一是把什么样的因素投入对公正的"运算"；二是采取什么样的分配方式。

对谈判中的"公正"问题的研讨及评判标准，可以用对策论的专家们经常讨论的一个例子，即在两位谈判当事人之间——穷人和富人之间——如何"公正"地分享200美元。

方案一：以心理上能够接受的公平为标准，按150∶50的比例分配，富人拿多的一份。因为在心理上，50美元对穷人来说是个大数目，穷人失去50美元相当于富人失去150美元。这种以心理上能够接受的公平标准来划分也有一定的道理。例如，一些社会团体的赈灾救助活动经常是按人们收入的多少进行募捐。

方案二：以实际需要的补偿原则为标准，按上述分配比例，但是让穷人拿多的那一份，它对于双方的实际需要来说是合理的，即对弱者实行补偿原则。例如，世界上的国家可以分为穷国和富国，或者是发达国家和不发达国家，许多谈判就是免除穷国欠富国的债务。联合国的一些常设机构、组织对一些不发达国家和地区的援助、投资等也属此类。

方案三：以平均分配为标准，即按100∶100的比例分配，穷人与富人各得200美元的一半。这种分配从表面看也很公正，但由于富人的税率比穷人高，富人拿到这100美元后，缴税后的剩余要比穷人少，因此也有人指责这种分配不公平。但在现实中，这种方法简便易行，是最为常见的分配方法，如子女法定继承遗产、政府发放救济金等常用此方法。

方案四：以实际所得平等为标准，按142∶58的比例分配，富人在拿到142美元之后需纳税84美元，最后实际所得58美元，与穷人无须纳税所得的58美元正好相等。这种分配方式经常用于企业给职工的工资较低但通过较高的福利待遇找齐的做法。

以上分配方案，人们选择的角度与标准不同，导致了分配比例结果的不同。尽管有很大的差异，但是人们仍然可以为这4个方案戴上公正的帽子。显然，"公正"是有多重标准的。同样是上述200美元的例子，人们还可以用年龄、地位、饥饿程度、先后顺序、资历深浅等作为标准，制定出其他形式的"公正"分配比例。问题的关键在于，参与分配的双方要对公正的标准事先达成共识并予以认可。这也说明在具体的谈判中适用何种标准来讲求"公正"，是一个很重要的问题。

2）公平或公正的两种分配方法

公平或公正的实际分配方法也影响公平理论的贯彻。这里我们介绍两种有代表性的方法，即朴素法和拍卖法。

（1）朴素法

朴素法由哈佛大学的谈判专家们提出。他们通过对遗产继承问题的研究，以遗产继承者对所继承的遗产评估期望值，得出一种"公正"分配遗产的方法。

假如某夫妇意外死亡，没有留下遗嘱，他们的3个孩子乔丹、迈克尔、玛丽将如何公正平等地分配A、B、C、D 4件物品呢？

首先，让每个孩子对每件物品进行评估，得出的结果见表2-1。

第一种"公正"分配的方法是将物品分配给对它出最高价的人，然后按所有物品的最高估价总值来作为3个孩子共同平等分享的金额。这就是朴素法的基本内涵。

表2-1　　　　　　　　　　　　　　每个孩子的估价值　　　　　　　　　　　　　　单位：美元

项目	乔丹	迈克尔	玛丽
A	10 000	4 000	7 000
B	2 000	1 000	4 000
C	500	1 500	2 000
D	800	2 000	1 000

　　根据这一方法，乔丹以在3个孩子中对物品A的最高估价（10 000美元）得到物品A，同理，迈克尔以2 000美元的价格得到物品D，玛丽分别以4 000美元和2 000美元得到物品B和C，把A、B、C、D 4件物品的最高估价相加，得到可共同分享的总金额为18 000美元，每个孩子可以分得其中的1/3，即6 000美元。相应减去他们对物品的评估值，如乔丹对物品A评估10 000美元，扣除他分得的6 000美元后，他还应支付4 000美元；迈克尔减去他对物品D评估的2 000美元，他还应得到4 000美元；同理，玛丽分得的6 000美元与她得到的物品B和C估值相等。所以，乔丹的4 000美元要付给迈克尔，由此结束了以朴素法进行的公正分配。

　　（2）拍卖法

　　拍卖法是以类似于公开递升拍卖的方式处理所有遗物，然后分配者平分全部拍卖所得。

　　根据拍卖的原则，依然是乔丹得到物品A，迈克尔得到物品D，玛丽得到物品B和C。这些归属关系与朴素法相比没有变，但是，他们各自支出的金额有所不同。以乔丹来说，他只要出稍高于7 000美元一点的金额就可得到物品A，而不必出10 000美元，因为拍卖到7 005美元的时候，就只有他来买了。同样，迈克尔为物品D也只需支付1 005美元，玛丽则分别为物品B和C支付2 005美元和1 505美元。这样全部拍卖总金额为11 520美元，3个人平分，各得3 840美元。他们的具体收支状况为：乔丹要为物品具体支付7 005元，再减去他得到的3 840美元，乔丹还要付出3 165美元。以此类推，迈克尔则得到2 835美元，玛丽也可得到330美元的补贴。由上述分析可见，同样可以称为"公正"，在具体的分配方法上也会产生"公正"的不同结果。朴素法对迈克尔有利，这使他在获得物品D的同时还能得到4 000美元的补贴；拍卖法则对乔丹有利，他同样可获得物品A，但比朴素法少付出835美元；玛丽也喜欢拍卖法，因为她除了可以得到上述两件物品外，还可以得到一些补贴。

　　需要指出，我们上述所分析的拍卖法，是在假定一些条件不变的前提下进行的，主要是为分析便利。在实际拍卖活动中，情况远比这复杂得多。因此，应采取措施

（如为防止投标过低或投标人串谋，设定投标底价；为防止投标人由于没有投标成本不积极争取成交，给卖方造成损失，要求投标人交付一定的投标费用等），以保证拍卖法最有效地实施。

2.2.4　公平理论对于商务谈判的指导意义

公平理论的基本内涵对于我们理解并处理谈判活动的各种问题有重要的指导意义：

第一，由于人们选择的角度与标准不同，人们对公正的看法及所采取的分配方式会有很大的差异，完全绝对的公正是不存在的。人们坐下来谈判就是要对合作中利益的公平分配的标准达成共识与认可。

第二，公平感是一个支配人们行为的重要心理现象，如果人们产生不公平感，则会极大地影响人们的行动积极性，而且人们会千方百计地消除不公平感，以求心理平衡。

第三，无论是在什么样的公平分配方法中，心理因素的影响作用都越来越重要了。因为在许多情况下，人们对公正的看法取决于心理因素。

素养园地

数字贸易快速增长推动中国高质量发展

党的二十大报告指出，"提升贸易投资合作质量和水平。稳步扩大规则、规制、管理、标准等制度型开放。推动货物贸易优化升级，创新服务贸易发展机制，发展数字贸易，加快建设贸易强国"，将数字贸易的战略性和重要性提到前所未有的高度。

近年来，随着新一代数字技术的大力创新与应用，全球数字化转型加速推进，使得数字经济高速增长、快速创新，成为全球经济增长的新引擎。根据中国信息通信研究院的数据，2022年，我国数字经济规模达到50.2万亿元，同比名义增长10.3%，占GDP的比重高达41.5%，预计2025年数字经济规模可达70.8万亿元，将为中国经济高质量发展注入新的动能。作为经济活动的重要组成部分，贸易深受全球数字化转型的影响，正经历"数字化"创新引导的深刻变革。在传统贸易升级的基础上，以跨境电商和数据跨境要素流动为代表的数字贸易快速发展。根据商务部《中国数字贸易发展报告2024》的数据，2023年我国可数字化交付的服务贸易规模达4.25万亿美元，同比增长9%，占全球服务出口的54.3%，再创历史新高。可以预见，未来数字贸易将是国际贸易和跨境商务的主流。相较于传统贸易，数字贸易以数据为关键的生产要素、数字服务为核心，数字订购与交付为主要特征，是目前我国参与国际经贸规则竞争的新前沿，是建设贸易强国的新引擎。此外，数字贸易成为中国高质量发展的重要因素，是推动构建新发展格局和积极参与全球经济贸易规则重构的重要抓手。

资料来源：张应良，谢向伟. 数字贸易国际规则博弈与中国因应——基于制度型开放视角［J］. 开放导报，2024（2）：90-97.

本章小结

根据博弈论，谈判过程可以分为三个步骤：建立风险值、确立合作剩余价值、达成分享剩余价值的协议。谈判的实质就是人们相互交换意见，协调行为。这就必须遵循一些原则、制定一些规章，才会使得这种活动更有成效。而公平就是人们所依据的一个重要原则。消除不公平感有三个方法，应该从调整参照物入手。公平理论对谈判活动有着重要的指导意义。

公平理论的基本内涵对于我们理解并处理谈判活动的各种问题有重要的指导意义。

关键术语

博弈论 公平理论

基础训练

第2章不定项选择题

第2章判断题

❖ 简答题

1. 如何做到谈判的双赢？

2. 消除不公平感的方法有哪些？

第3章 商务谈判的准备

学习目标

本章旨在帮助学习者了解并掌握商务谈判准备的核心知识与技能。明确谈判目标，掌握谈判目标保密的重要性；熟悉谈判资料的收集方法；建立精干、高效的谈判组织，明确团队成员的分工与协作关系；制订谈判计划，合理安排谈判议程；通过模拟谈判了解其对实践的作用。

❖ 引例

冰山集团与食品公司关于设备产品质量的谈判

冰山集团是一家大型冷冻设备制造企业，与全球多家食品公司建立了长期合作关系。某食品公司采购了一批冰山集团制造的冷冻设备，但设备在使用过程中出现制冷效果不达标的问题，导致部分食品受损，影响了生产计划。食品公司认为设备存在质量问题，要求冰山集团赔偿损失并更换设备；冰山集团则表示问题可能与操作不当或维护不足有关，双方因此产生争议，并决定通过商务谈判解决问题。

在谈判前，食品公司收集了运行记录、现场检查报告以及受损食品的照片，明确提出更换设备、赔偿损失和提供免费维修的要求；冰山集团则组织技术团队分析设备数据，制订了包括维护、更换和折扣在内的多种备选方案。在谈判过程中，食品公司首先强调设备故障对企业造成的影响，并提供证据支持索赔要求。冰山集团的技术专家则通过数据分析指出，部分设备故障可能与高温环境或维护不当有关。双方围绕设备故障原因展开激烈讨论，但始终保持合作的意愿。

经过多轮协商，冰山集团同意对问题设备进行免费更换，同时承担损失食品的部分成本，并提供两年免费维护服务；食品公司则承诺改进设备操作和维护流程，防止类似问题再次发生。双方还成立了联合技术支持团队，以便及时解决后续设备运行中的潜在问题。最终，这次谈判不仅解决了争议，还巩固了双方的合作关系。

通过此次谈判，冰山集团展现了高度的责任感和灵活的应对能力，成功取得了客户的信任，同时为处理类似问题积累了宝贵经验。

资料来源：朱春燕、陈俊红、孙林岩. 商务谈判案例［M］. 北京：清华大学出版社，2011.

"凡事预则立，不预则废。""不打无准备之仗。"这些至理名言揭示了准备工作的重要性。直接关系企业经济利益的商务谈判，其成功在很大程度上取决于准备工作的充分与否。谈判准备工作做得充分可靠，可以使己方信心倍增，从容应对谈判过程中出现的各种问题，甚至掌握主动权，尤其在缺少经验的情况下，可以弥补经验和技巧的不足。

商务谈判的准备工作包括谈判目标的确定、谈判资料的收集、谈判组织的建立、谈判计划的制订和模拟谈判的进行等项任务。

3.1　谈判目标的确定

谈判目标的确定，是指对谈判所要达到的结果的设定，是谈判的期望水平。谈判目标是商务谈判的核心。如果谈判的目标被人知道了，很可能让自己陷入被动。因此，在进行谈判前，应先明确谈判目标，并做好谈判目标的保密工作。

3.1.1　企业总目标

谈判目标作为企业生产和经营活动的一部分，必须服从和维护企业的整体利益。因此，谈判人员在确定谈判目标时，应以企业的总目标为基准。企业的总目标是确定分目标的依据和标准。一旦企业的总目标明确，谈判人员就能够清晰地认识到自己在每次谈判中的目标和职责，进而可以采用相应的谈判策略和技巧，以确保企业总目标的实现。

3.1.2　谈判目标

谈判目标具有层次性，通常可分为最优期望目标、实际需求目标、可接受目标和最低目标。

1）最优期望目标

最优期望目标，即最高目标，是谈判者可以达到的最有利的目标。

例如，在资金供求谈判中，资金需求方可能实际只想得到 200 万元，但谈判一开始，资金需求方可能报价 250 万元，250 万元就是资金需求方的最优期望目标。

2）实际需求目标

实际需求目标指谈判人员在充分考虑主客观因素的基础上，经过科学论证、预测和核算后确定的目标，谈判双方将其列入谈判计划中。上述例子中，200万元就是实际需求目标。

3）可接受目标

可接受目标是指在谈判中所能争取到的或者作出让步的限度。它能够满足谈判方的部分需求，实现部分利益。在上述例子中，资金供给方由于某种原因，只能提供150万元，这就是可接受目标，可接受目标没有满足全部实际需求。

4）最低目标

最低目标是商务谈判中必须达到的目标，是作出让步后必须保证达到的最基本目标。它是谈判的边界点，如果无法达到这个目标，谈判就可能中断。

可接受的目标是在有效需求目标和最低目标之间随机选择的一个值。最低目标是谈判一方根据各种因素，特别是最少利益，明确划定的边界。

以上4个层面的目标共同构成一个整体，但又各有其作用，需要在谈判前根据实际情况精心策划和设计。

3.1.3　谈判目标的保密

谈判目标的保密性至关重要，因为它涉及谈判方的信息以及对目标的准确理解。若在谈判之前或过程中泄露了谈判目标，可能就因谈判者的不当行为导致对方获取信息，从而对谈判产生负面影响。

做好谈判目标的保密工作，可从以下两个方面入手：

第一，谈判目标尽量让更少的人知晓。知晓的人越多，有意或无意泄密的可能性就越大，就越容易被对方获悉。

第二，提高谈判人员的保密意识，减少无意识泄密的可能性。

拓展阅读3-1

案例窗3-1

3.2　谈判资料的收集

在商务谈判中，完整、准确、及时的信息是谈判者的可靠助手。这些信息不仅是选择和确定谈判对象的基础和前提，也是谈判双方沟通的纽带。此外，这些信息还是制定谈判策略、控制谈判进程和掌握谈判主动权的基础。因此，谈判材料的收集对于谈判的重要性不言而喻。没有充分的信息，谈判者就如同"盲人骑瞎马，夜半临深渊"，缺乏谈判的方向和有效的策略。

谈判资料收集的主要内容包括与商务活动有关的资料、与谈判对手有关的资料和与谈判环境有关的资料。

3.2.1　与商务活动有关的资料的收集与分析

与商务活动有关的信息主要包括市场信息、技术信息、金融信息、政策和法律法规信息等。

1）市场信息

市场信息是反映市场活动特征及其发展变化的各种新闻、资料、数据信息的总称。市场信息的内容很多，主要包括市场细分信息、市场需求信息、产品销售信息、市场竞争信息、分销渠道信息等方面。

案例窗 3-2

2）技术信息

在技术方面，商务谈判人员要收集的主要数据包括产品与其他产品在性能、一致性、标准、规范等方面的优缺点等。这些数据对于评估产品技术水平、市场竞争力以及制定技术方面的谈判策略都具有重要意义。

案例窗3-3

3）金融信息

在国际贸易谈判中，商务谈判人员要收集的主要金融信息包括各主要货币的汇率及其波动状况和发展趋势、进出口银行的经营情况，以及主要进出口地银行的开证、议付、承兑和偿付等规定。

案例窗3-4

4）政策和法律法规信息

商务谈判人员不仅应熟悉现行的税收制度，还应了解经济法律法规；对于国际贸易谈判而言，商务谈判人员除了要了解对方所在国家或地区的法律法规外，还要了解相关的国际条约和惯例。

案例窗3-5

3.2.2　与谈判对手有关的资料的收集与分析

与谈判对手有关的信息包括谈判对手的类型、谈判对手的资信情况、谈判对手的需要及个性等信息。

1）谈判对手的类型

为了更好地研究和分析谈判对手，根据谈判对手的知名度将其分为以下几类：

第一，世界上享有声望和信誉的跨国公司；

第二，享有一定知名度的客商；

第三，没有任何知名度，却能够提供公证书，以证明其注册资本、法定营业场所、董事会成员等的客商；

第四，专门从事交易中介的客商；

第五，"借树乘凉"的客商；

第六，利用本人身份经营非所在公司的贸易业务的客商；

第七，实属骗子的"客商"。

进行商务谈判前，商务谈判人员必须对客商的资质、信誉、注册资本、法定营业地点和谈判人员进行审核，并要求提供公证书作为证明。客商的资本实力、信誉记录、法定营业地点和洽谈人员身份等都是谈判的基础，因此在谈判开始前商务谈判人员务必进行审查或核证。

2）谈判对手的资信情况

商务谈判人员对谈判对手资信情况的审查主要包括对两个方面的内容进行审核：

（1）客商的合法资格

这是指审查谈判对手是否具备从事相关业务的合法资格。商务谈判人员对客商合法资格的审查应从两个方面进行：

一是对客商的法定代表人资格进行审查，从法律的角度来说，只有法定代表人才可以代表企业签订合同。因此，在谈判、签订合同之前，对方需要出示法定代表人资格证明文件，如法定代表人身份证明书等证明材料，以证明其确实是法定代表人。

二是对前来谈判的客商代表的资格及其签约资格进行审查，比如如果谈判对手只是该公司内部某一部门的负责人，需要对方出示授权书、委托书等证明材料。

（2）客商的资本、信用和履约能力

这是指商务谈判人员应审查谈判对手是否具备足够的资金、信用和能力履行合约。对客商资本的审查主要是审查客商的注册资本、资产负债表、收支状况、销售状况和资金状况等有关文件，这些文件可以是公共会计组织审计的年度报告，也可以是由银行、资信征询机构出示的证明材料等。商务谈判人员对客商的信用和履约能力的审查，通常包括公司的经营历史、作风、市场声誉以及金融机构出示的财务状况证明材料。

案例窗3-6

3）谈判对手的需要及个性

谈判的最终目的是满足双方的需要，而需要又与对手的个性紧密相关，因此，准确掌握谈判对手的实际需要及其个性成为对谈判对手资料收集的首要内容。

（1）谈判主体的需要和谈判者个人的需求

在商务谈判中，实际的需求往往是谈判主体和谈判者个人需求的综合体。谈判主体的需求与谈判者所依赖的机构分析的内容相关，机构主要分析经营目标、公司理念、生产状况、财务状况乃至竞争对手。谈判主体的需求相对固定，对谈判结果至关重要。谈判主体的需求分析关注对方产品的生产、销售、融资和营销等情况。

谈判者个人需求是指商务谈判过程中谈判者的个人需求。

案例窗3-7

（2）谈判对手的个性

对谈判对手的分析，包括了解谈判人员的个人情况，尽可能了解和掌握谈判对手的性格、爱好、兴趣、专长，了解他们的职业经历以及处理问题的风格、方式等。特别是在一对一的谈判中，商务谈判人员掌握对手的兴趣爱好，投其所好，会取得意想不到的效果。

案例窗3-8

拓展阅读3-2

3.2.3 与谈判环境有关的资料的收集与分析

商务谈判是在一定的政治、宗教信仰、法律制度、商业习惯、社会习俗、财政金融、基础设施与后勤供应系统、气候等环境中进行的，这些环境因素会直接或间接地影响着谈判。商务谈判人员必须对谈判国家的上述环境因素进行全面系统的调研与分析评估，才能制定出相应的谈判方针和策略。

1）政治因素

影响商务谈判的政治因素包括经济体制、国家对企业管理的程度、政局稳定性程度、对方对该谈判项目是否有政治目的、政府与买卖双方之间的政治关系，以及对方国家有没有将一些军事手段运用到商业竞争中来。

2）宗教信仰因素

宗教信仰对人们思想行为的影响是客观存在的，也是环境因素分析当中的重要环节。宗教信仰分析重点是宗教信仰对政治事务、法律制度、国家政策是否有影响，以及存在宗教信仰的国家的特定的社会交往和个人行为，还有节假日与工作时间的不同。

3）法律制度因素

商务谈判人员需要了解谈判对手所在地的法律制度执行情况，法院与司法部门是否独立，法院受理案件的时间长短，执行其他国家法律进行仲裁时的程序。

案例窗3-9

4）商业习惯因素

商务谈判人员要了解谈判对手的商业习惯，主要从以下几方面着手：了解对方国家企业的决策程序、文字协议的约束力如何、律师在洽谈和签约中的作用、正式洽谈场合双方领导及陪同人员的讲话顺序、有无商业间谍活动、是否存在贿赂、该国是否允许洽谈中同时选择几家公司作为谈判对手以及进行商务谈判的常用语种。

5）社会习俗因素

一个国家或地区有着不同的社会习俗，这些习俗会自然或不自然地影响着业务洽谈活动。与商务谈判有关的社会习俗主要包括：①当地的节日习俗；②符合当地习俗风情的衣着、饮食与称呼；③赠礼的礼仪及回赠的礼仪；④对荣誉、名声、面子的不同理解；⑤朋友的标准；⑥基本价值观；⑦时间的价值与效率；⑧友情与金钱的取舍等。

案例窗 3-10

6）财政金融因素

一个国家和地区与谈判业务有关的财政金融状况因素包括该国家的外债情况、国家外汇储备情况、货币是否可以自由兑换、国家支付的信誉、国际市场上交易的支付方式、国家适用的税法以及国家对携带外汇出境的限制。

7）基础设施与后勤供应系统因素

国家或地区的基础设施和物流状况也会影响贸易谈判活动。例如，该国的人力资源状况如何？有没有充足的熟练和非熟练工人、专业技术人员，包括国内必要的人力资源？国内的物质资源和建筑材料提供以及施工设备维修能力怎么样？财力方面，有没有资金雄厚、实力相当的分包商？雇用外籍工人有没有限制？进口原材料、进口设备有何程序规定？当地的运输条件如何？这些也需要考虑。

8）气候因素

气候因素对谈判也会产生多方面的影响。例如，一国雨季的长短及雨量的大小、全年平均气温、冬季的冰雪霜冻期、夏季的高温期、潮湿度，以及台风、风沙、地震等，都是气候因素。

案例窗 3-11

3.3　谈判组织的建立

由于谈判的主体是人，因此在谈判当中需要建立以人为主的谈判组织。完成谈判组织的建立，需要解决以下几个问题：第一，谈判小组人员数量的确定；第二，谈判小组人员的配备构成；第三，谈判小组人员的选择、职责及相互配合；第四，后备力量。

3.3.1　谈判小组人员数量的确定

谈判小组成员应由几个人组成，没有统一的规定，但研究表明，就一般谈判来讲，谈判小组以不超过 4 个人最为理想。这是因为：

首先，谈判团队的规模应适中，以确保每位成员发挥作用，保持高效有序的谈判进程。过多的成员会导致部分成员无法发挥作用，甚至引发意见分歧，分散精力，失去谈判主动权。

其次，管理范围适中，三四人的管理跨度有利于领导者对谈判过程进行监督和协调，同时便于成员间的信息沟通和配合。

再次，针对所需专业知识，即使是大型项目的谈判，所需专业知识也不会过多。谈判团队内有一两名专业人员完全可以胜任。如果需要特别的专家或技术人员，最好以观察员或顾问的身份参与，而不是正式代表，避免由于直接表达观点而陷入被动局面。

最后，为了应对谈判中的意外情况，有时需要调整或更换谈判人员。例如，在不同阶段可能需要不同类型的人员参与，如市场调研人员和技术人员需要在摸底和协商阶段开展工作，而律师需要在合同签订阶段开展工作。然而，整个谈判过程中团队成员的数量并未改变，关键在于根据需要进行调整。

总的来说，谈判团队的规模应根据具体情况而定，力求小型化有利于充分发挥谈判技巧，团队成员之间可随时进行沟通与协调。即使是大型谈判，也应尽量控制在12 人以内。

3.3.2　谈判小组人员的配备构成

谈判组人员的构成没有统一的模式，但在一般的商务谈判中，需要掌握技术、价格、交货、支付条件等方面的商务常识，有关合同法律方面的知识以及语言翻译等方面的知识。根据谈判对知识方面的要求，通常包括以下类型的成员：

主管部门人员：可以是主管部门负责人或项目负责人，他了解全盘情况并拥有主要决策权，能够在谈判中作出重要决策。

企业业务人员：包括企业该项目主要负责人，他们了解企业情况，可根据企业规模和能力评估其在项目中承担的任务，并具有强烈的责任感与自信心，全力履行合同。

专业技术人员：提供特定领域的情报和专业知识，如技术、财务、法律等，可能是行业专家、技术人员、教授或顾问等。

翻译与律师：在涉外谈判中，翻译人员是必不可少的，负责语言沟通。律师参与谈判也是必要的，保证合同条款具有法律效力，特别是涉及国际贸易和法律方面的谈判。

3.3.3　谈判小组人员的选择、职责及相互配合

谈判小组既然是由两个以上人员构成，就存在人员之间相互协调配合的问题。同时，由于谈判小组人员选配是根据谈判内容的需要确定的，人员相互之间可能并不熟悉了解，这样就加大了小组成员之间相互配合与支持的难度。我们认为，小组成员间的相互配合主要表现在三个方面：谈判小组领导人与其成员的配合、谈判小组成员之间的相互配合以及谈判小组的对外沟通。谈判小组人员的选择与职责包括以下方面：

1）谈判小组领导人的选择与职责

谈判小组领导人应具备多方面的特质和能力。

首先，他们需要有坚定的自信心和决策能力，能够在谈判中保持冷静、沉着，并作出明智的决策，推动谈判向前发展。

其次，领导人需要具备敏锐的观察判断能力，能够准确分析形势，把握谈判的关键点和方向。

再次，良好的组织协调能力和灵活应变能力也是不可或缺的，领导人应能有效地组织谈判小组成员，协调各方资源，随时调整谈判策略应对突发情况。

最后，清晰流畅的表达能力和与团队成员的协调配合也是领导人必备的素质。领导人的领导风格应与团队成员的特点和企业文化相适应，能够有效地激发团队成员的积极性和创造力，保持团队的凝聚力和战斗力。

谈判小组领导人的主要职责是：监督谈判程序、掌握谈判进程、听取专业人员的建议、协调谈判成员的意见、决定谈判过程中的重要事项、代表单位签约、汇报谈判工作。

2）谈判小组成员的选择与职责

谈判组成员不但要有良好的政治、心理、业务等方面的素质，而且要在恰如其分地发挥各自优势的基础上相互配合。不同的谈判小组成员承担不同的具体职责。

企业业务人员应阐明己方参与谈判的愿望与条件、弄清楚对方的意图与条件、双方的分歧或差距、同对方磋商专业细节、向谈判领导人提出建议等。

专业技术人员提供特定领域的情报和专业知识支持。例如，财务人员掌握谈判总的财务情况，可分析计算谈判中的财务收益变动。

法律人员应确认谈判对方经济组织的法人地位，监督谈判在法律许可范围内进行，检查法律文件的准确性和完整性。

翻译人员的职责在于准确地传递双方的意见、立场和态度。出色的翻译人员不仅能起到语言沟通的作用，而且能洞察对方的心理和发言的实质，能改变谈判气氛，挽救谈判失误，增进谈判双方的了解、合作与友谊。

3）谈判小组成员的相互配合

谈判小组成员之间的相互配合和支持体现在多种形式中。例如，在介绍谈判团队成员时，其他成员可以提供必要的资料和数据，以帮助介绍人传递出积极的第一印象。在介绍发言人的情况时，使用巧妙的策略和技巧可以施加影响力，如强调其丰富的经验和专业能力，从而在初次见面中给对方一定的心理压力，展示我方的实力和信心。

同时，成员之间的插话也是相互支持的体现。通过对发言人的发言表示赞同、支持，或者进行进一步的阐述，可以巧妙地支持我方的立场，并加重所阐述问题的分量。同时，谈判团队成员的表情、神态和动作也会影响谈判的进行。聚精会神地倾听、不时点头表示赞同，以及做必要的补充，都会给对方留下良好的印象，增强我方发言的权威性和信任度。相反，若成员的态度不专注、不配合，甚至表现出不耐烦或不在意的情况，都会削弱我方在谈判中的地位和信誉，影响谈判的顺利进行。

4）谈判小组的对外沟通

在小组谈判中，我们强调要尽量缩小谈判规模。但是在许多情况下，谈判的规模较大，出席的人员也很多，但不论出席人员数量多少，都应由谈判负责人或主谈者来进行对外沟通，以防止由于意见分歧或有意无意的过失给对方造成可乘之机。

3.3.4 后备力量

比较大型或重要的谈判，常常要事先组织一定的后备力量。后备力量的人选可能是企业或部门的经理、负责人，也可能是企业专门业务人员、专业技术人员，以备谈判出现问题时及时调整更换谈判人员。谈判小组要得到后备力量的支持，必须协调同他们的关系。谈判小组在谈判之前要明确自己的责任权限范围，以免因责任不清而发生冲突，贻误战机。在谈判中，必须及时同企业的后备人员沟通情况，商谈有关问题，以进一步加强谈判小组的力量。比较大型和复杂的谈判，往往要经过数年的时间，甚至历经波折，谈判人员及谈判场所的调整变更更是司空见惯，如果这方面准备充分，调整得当，会有极为重要的收获。

3.4　谈判计划的制订

制订周密细致的谈判计划是确保谈判顺利进行的关键。谈判计划是在谈判开始前预先安排好的谈判目标、议程、地点、策略等，是谈判人员在全面分析和研究谈判信息的基础上，分析对比双方的实力而制定的总体设想和具体实施步骤，用以指导谈判人员的行动纲领。一个好的谈判计划应该秉持合理性、简明扼要、具体、灵活等原则。

3.4.1　商务谈判计划的内容

商务谈判计划的主要内容包括谈判目标、谈判策略、谈判议程、谈判人员的分工与职责、谈判地点的选择与确定。

由于谈判目标、策略、谈判人员分工在本教材其他部分介绍，下面主要介绍谈判议程的安排。

3.4.2　商务谈判议程的安排

商务谈判议程的安排主要包含谈判时间安排与谈判议题的确定。谈判议程包括了通则议程和细则议程。

谈判议程的安排对谈判双方非常重要，议程本身就是一种谈判策略，必须高度重视这项工作。

1）谈判时间的安排

谈判时间的安排是指谈判什么时候开始、需要多长时间、各个阶段的时间如何分配、谈判议题提出的先后顺序等。谈判的时间安排是谈判议程的重要环节，如果准备不足、时间安排仓促，则很难冷静处理谈判中出现的各种问题，无法实施相应的策略。相反，如果时间安排得过长，则会浪费时间和精力，增加交易成本，也可能因时间长环境发生变化而错失谈判机会。

2）谈判议题的确定与排序

谈判议题的确定是指谈判双方将提出和讨论的各种问题：第一步需要明确谈判要提出哪些问题，尽可能列出与谈判相关的所有问题，不要遗漏。第二步是对所有问题进行全盘比较与分析，分清重点问题和非重点问题，有哪些问题可以忽略，以及各问题之间的逻辑关系。第三步是预测对方会提出什么问题，己方如何应对。

谈判议题的排列顺序可以根据具体情况从不同的角度进行排序，包括从易到难、从难到易、混合等几种方式。不同的谈判议题排列顺序有不同的优劣势，先易后难可以营造良好的谈判氛围，为讨论疑难问题打下基础；先难后易则是先集中精力和时间讨论重要的问题，待重要问题解决后再推动其他问题的解决；混合式是将所有问题放在一起解决，一段时间后再归纳所有未讨论的问题并以统一的意见进行澄清，然后对未解决的问题进行讨论，以达成共识。

3）通则议程与细则议程的内容

（1）通则议程

通则议程是谈判双方协商同意后共同遵照使用的日程安排。在通则议程中，通常应解决以下问题：谈判总体时间及分段时间安排、双方谈判讨论的中心议题、谈判议题的顺序、谈判中的人员安排、谈判地点及招待事项。

（2）细则议程

细则议程是己方审议同意后的具体策略的安排，具有保密性，只供己方使用。其内容一般有以下几点：

第一，对外口径如何统一，比如发言的观点、文件资料的说明等；

第二，谈判过程中己方对各种可能性的估计及对策安排，比如何时向何人提出什么问题，由何人来补充，在什么时候要求暂停讨论等；

第三，谈判人员更换的预先安排；

第四，己方谈判时间的策略安排、谈判时间期限等。

在制订谈判计划时，除了进行谈判议程安排外，还需要重点考虑谈判地点的选择和现场布置。

3.4.3　谈判地点的选择与现场布置

商务谈判地点，即谈判进行的地方、场所。谈判地点的确定，是商务谈判计划中的一个重要程序。谈判地点对谈判的结果有着不可忽视的影响，起着非常重要的作用。

1）谈判地点的重要作用

谈判地点对谈判的影响不可忽视。

首先，舒适的布局、优雅的环境和满意的服务会使谈判者心情愉悦、轻松，有利于谈判双方在合作的心态下进行谈判，从而促进谈判目标的达成。此外，通过选择谈判地点，谈判者还可能达到迷惑或误导对方心理的目的，从而产生对己方有利的谈判结果。

其次，谈判地点也会直接影响谈判的氛围。一个让人感到亲切、熟悉甚至愿意停留的地点是调节谈判气氛最好的方式。这种环境可以使紧张的氛围变得更加自然和融洽，有助于缓解双方的矛盾冲突和对立，促进双方的沟通与合作。相反，不合适的谈判地点可能会使双方产生紧张感和拘谨，使双方更加警惕甚至敌视对方，从而影响谈判的进行和结果。

案例窗3-12

最后，谈判地点的选择会影响双方的利益。当一方能够选择己方国家作为谈判地点时，可以充分利用主场优势来影响对方的心理状态，从而占得谈判先机。

拓展阅读3-3

2）谈判地点的选择

谈判地点的选择一般有3种情况：一是在己方国家或公司所在地，俗称"主场"；二是在谈判对方所在国或公司所在地谈判，俗称"客场"；三是在谈判双方之外的国家或地点谈判，俗称"第三地"。不同地点均有其各自优点和缺点，需要谈判者充分利用地点优势，克服地点劣势，促使谈判成功。

（1）在主场谈判

对己方有利的因素有：

第一，谈判者在家门口谈判，心态松弛自信；

第二，无须适应新环境，可以集中精力；

第三，可选择熟悉的场所，符合文化习惯；

第四，作为东道主，可主动控制进程；

第五，便于与领导层沟通，减少心理压力；

第六，节省差旅费用和时间。

对己方不利的因素有：

第一，容易受公司事务干扰，注意力分散；

第二，产生对高层领导的依赖心理；

第三，需要负责安排会场和客人接待。

案例窗 3-13

（2）在客场谈判

对己方有利的因素有：

第一，己方人员远离公司，能专注于谈判，避免工作和家庭干扰；

第二，可在授权范围内灵活运用主观能动性；

第三，能实地考察对方产品，获取直接信息；

第四，省去招待事宜。

对己方不利的因素有：

第一，信息传递和资料获取困难，导致磋商延迟；

第二，对当地环境、气候、风俗等不适应，加上旅途劳顿和时差调整，影响身体状况；

第三，谈判场所和日程安排处于不利地位。

（3）在第三地谈判

对双方有利的因素是：对双方来讲都是平等的，不存在偏向，双方均无东道主优势，也无作客他乡的劣势，策略运用条件对等。

对双方不利的因素是：

第一，双方首先要为谈判地点谈判，要花费不少时间和精力；

第二，不易融洽双方关系，不易增进双方信任。

3）谈判现场的布置与安排

通常在主场谈判的情况下制订谈判方案的最后环节是谈判现场的布置与安排。

（1）洽谈室的布置

商务谈判活动通常需要准备两个房间：一个主谈室和一个密谈室。如果条件允许，还可安排一个休息室。

主谈室的布置至关重要。主谈室应确保光线充足、舒适，并设置视觉中心，通常使用类似黑板的设施。主谈室的桌子可以是长方形或椭圆形，不建议使用圆形桌子。

一般情况下，主谈室不设录音设备，以免影响谈判进程，但如双方协商同意则可配备。

密谈室是供双方单独使用的房间，应靠近主谈室，并配备黑板、笔记本、笔、桌子和舒适的椅子。桌子不宜过大，以方便成员进行内部协商。密谈室应该保持光线适中，具有良好的隔音效果，并配备窗帘以确保隐私。不建议在密谈室安装录音设备，以防止信息泄露。

休息室应该布置得轻松舒适，可以放置一些盆景或鲜花，并播放轻柔的音乐以缓解紧张的气氛，使双方放松。

（2）谈判双方座位的安排

商务谈判中座位的安排对谈判氛围和双方交流的控制具有重要影响。通常有三种座位安排方式。

双方相对而坐：这是最常见的座位安排方式，双方坐在谈判桌的两侧。优点是双方能够看到对方神态表情，方便信息沟通和交流。然而，这种安排也容易造成对抗和紧张气氛。

任意就座：这种方式很少使用，双方的谈判人员混杂在一起就座。这种方式可能使对方感到被孤立和惊慌失措，尤其在对方毫无准备的情况下。主办方若采用此方式，必须确保内部信息控制体系有效，以免混乱。

不设谈判桌的方式：适用于长期合作关系的双方，可以简化洽谈流程，不设谈判桌，也不就座。这种方式一般适用于简单地商讨议题。

总之，房间选择和座位安排应符合谈判总目标，并根据双方关系和谈判人员素质、能力等具体情况进行安排。务必谨慎行事，以免损害本方利益。

（3）食宿安排

在谈判过程中，考虑到谈判是一项消耗体力和精力的活动，食宿也应该得到妥善安排。东道国为来访者提供的食宿设施应该周到、细致、实用、舒适，但不必奢华或过分铺张，并根据来访者的饮食习惯量身定制可口的饭菜。虽然许多外国商人，尤其是发达国家的商人，看重时间和效率，不喜欢烦琐、冗长的接待仪式，但东道国适当地组织来访商人参加游览、文体娱乐活动也是十分有益的。这样的安排不仅有助于调节他们的差旅生活，还有助于融洽双方关系，对谈判的顺利进行也十分有帮助。

3.5　模拟谈判的进行

所谓模拟谈判，就是谈判小组成员一分为二，或在谈判小组之外，再建立一个实力相当的谈判小组，由一方实施己方谈判方案，另一方以对手的立场、观点和谈判作风为依据，进行实战操练。模拟谈判对一些重要的或难度比较大的谈判尤为重要。

3.5.1　模拟谈判的作用

模拟谈判是在谈判前通过设计具体情景、角色扮演等方式对谈判过程进行的测试，目的是检验谈判方案是否完善，是一种无须担心失败的尝试。在商业谈判中，特别是在涉及企业根本利益的重要活动中，模拟谈判的地位越来越受到重视，其作用主要表现在以下两个方面：

1）检验谈判方案是否周密可行

谈判方案由谈判小组成员在负责人的主持下具体制订。它是对未来正式谈判的预演，但并不能完全反映正式谈判中可能出现的突发事件。谈判者的知识、经验、思维方式、立场和角度都会影响方案的制订，因此可能存在不足和漏洞。实际上，方案的完整性只能在正式谈判中得到检验，但这往往是事后的事情，发现问题时已为时过晚。模拟谈判是对实际谈判的模拟，更接近正式谈判，因此可以全面、严格地测试方案的可行性，发现并解决潜在问题，及时调整方案。

2）训练和提高谈判能力

在模拟谈判中，对手是由自己的团队成员扮演的，他们对自身情况非常了解。因此，从对手的角度提出问题具有重要意义。这种方法有助于发现被忽视或低估的重要问题，并预测对方可能提出的问题，从而提前制定相应的对策。站在对方的角度思考可以帮助谈判者更好地理解对方，也更好地理解自己。正如著名企业家维克多·金姆所说："任何成功的谈判，从一开始就必须站在对方的立场来看问题。"通过角色扮演，谈判人员能够制定更加明智的谈判策略，从而提高整个谈判团队的能力水平。

3.5.2　模拟谈判的假设条件拟定

模拟谈判的效果如何，假设条件的拟定是关键。拟定假设条件是指在前期信息资料准备工作的基础之上，根据某些既定的事实或常识，将某些事务视为事实，不管这些事务现在和将来是否发生，仍视其为事实进行判断和推理，从而预测真正谈判业务发生后可能出现的问题及产生的结果。

依照假设的内容，可以把假设条件分为 3 类，即对客观环境的假设、对谈判对手的假设和对己方的假设。

1）对客观环境的假设

对客观环境的假设包括对环境、时间、空间的假设，目的是估计主客观环境与本次谈判的联系和对谈判影响的程度，做到知己知彼，找出相应的对策。

2）对谈判对手的假设

对谈判对手的假设主要是预计对方的谈判水平、心理状态、愿意冒险的程度、可能采用的策略以及面对己方的策略对手所作出的何种反应等关键性问题。

3）对己方的假设

对己方的假设主要是对谈判者自身的心理素质、谈判能力的自测及自我评估，对企业自身经济实力的考评，对谈判策略及谈判准备方面的评价等。

在拟定假设条件时应注意以下几个方面的内容：

其一，为了提高假设的准确度，应尽可能让具有丰富谈判经验的人提出假设；

其二，假设的情况应以所掌握的信息资料为依据，以客观事实为基础，切忌纯粹凭想象主观臆造；

其三，在谈判中，常常由于双方误解事实而浪费大量的时间，也许曲解事实的原因就在于一方或双方假设的错误。

所以，谈判者必须牢记，自己所做的假设归根究底只是一种推测，如果把假设条件奉为必然性的事实去参加实际谈判，将是非常危险的。

3.5.3　模拟谈判的人员选择

要使模拟谈判真正发挥作用，除了科学地提出假设外，还必须特别注意参与模拟谈判的人员构成。参与模拟谈判的人员应该是具有专业知识、经验和看法的人，而不是按照职务、地位高低来选人，也不要选择那些只会附和他人并举手赞成的老好人。通常模拟谈判需要包含下列 3 种人：

1）知识型人员

这种知识是指理论与实践相对完美结合的知识。知识型人员能够运用所掌握的知识触类旁通、举一反三，把握模拟谈判的方方面面，使其建立在具有理论依据的现实基础上。同时，他们能从科学的角度去研究谈判中的问题。

2）预见型人员

预见型人员对模拟谈判是很重要的。他们能够根据事物的发展变化规律，加上自己的业务经验，准确地推断出事物发展的方向，对谈判中出现的问题相当敏感，往往能对谈判的进程提出独到的见解。

3）求实型人员

求实型人员有着鲜明的脚踏实地的工作作风，考虑问题客观、周密，不凭主观印象，一切以事实为出发点，对模拟谈判中的各种假设条件都小心求证，力求准确。

在选择模拟谈判的人员时应注意以下几个方面：

其一，参加模拟谈判的人员要有较好的角色扮演能力；

其二，在模拟谈判过程中，扮演者应从各种角度采取不同方式模拟谈判对方，或彬彬有礼，或吹毛求疵，或专横强硬，尽可能地以不同的视角对己方谈判者的意见、论据进行反驳或刨根问底，这样将大大提高己方谈判的成功率。

3.5.4　模拟谈判的方法

1）全景模拟法

全景模拟法是一种最复杂、成本最高但往往也最有效的模拟谈判方法，通常应用于涉及企业主要利益的复杂且大规模的谈判。在采用全景模拟法时，有两个关键点需要注意：

首先，合理地想象谈判全过程。谈判者需要按照假设的谈判顺序进行充分想象，不仅要想象结果，更要考虑整个过程中可能出现的情况。通过合理的想象，可以为谈判作更充分、更准确的准备。

其次，尽可能地扮演谈判中所有会出现的人物。这意味着考虑谈判中可能出现的所有人物，并指派合适的人员模仿这些人物的言行举止。同时，主谈人员应该扮演所有角色，包括自己、己方顾问、对手及其顾问。这种对人物行为、决策和思维方法的模仿可以让谈判团队预见可能遇到的问题和人物，有助于制定更完善的策略。

2）讨论会模拟法

分为两个阶段的模拟讨论会是一种有效的筹备谈判的方法。第一阶段是组织谈判人员和相关人员召开开放式讨论会，鼓励他们畅所欲言，提出关于企业利益、对方目标、对方策略以及己方对策等问题的意见和建议。这些意见会被记录下来，作为决策的参考。第二阶段是召开模拟对方讨论会，谈判小组成员将模拟解答各种可能出现的情况和对方提出的问题，充分讨论并欢迎提出异议和意见。这有助于重新审视方案，从多角度评估方案的科学性和可行性，增加成功的可能性。

一般来说，国外模拟谈判更注重异议，而在中国企业中讨论会往往成为"一言堂"，领导者难以容忍不同意见。这种情况违背了模拟讨论会的初衷，使其无法起到完善谈判方案的作用，而成为一种形式化的仪式。因此，中国企业应更加重视异议的提出，鼓励开放式的讨论，以便充分挖掘各种可能性，提高谈判的成功率。

3）列表模拟法

这种具体操作过程的模拟方法通过列表格的形式，系统地列出了己方和对方在谈判中可能遇到的各种情况、优劣势以及采取的应对措施。尽管这种方法有助于谈判团队系统地思考和准备，但它的最大缺陷在于它实际上是谈判者的主观设想，未经过实践检验，无法确定其中的对策是否百分之百可行。因此，这种模拟方法虽然能够在一定程度上有所准备，但在实际谈判中仍可能面临未知的挑战和变化。

3.5.5　模拟谈判的总结

模拟谈判总结环节是必不可少的，因为模拟谈判的目的是总结经验、发现问题、提出对策、完善谈判方案。它是一个预测性总结，应包括以下主要内容：①对方的立场、观点、目标、风格、精神等；②对方的反对意见及解决方法，有关妥协的可能性及条件；③己方的有利条件及运用状况；④己方的弱点及改进措施；⑤谈判所需的信息资料是否充足完善；⑥双方各自的妥协条件及可共同接受的条件；⑦对方谈判的底线及谈判破裂的界限。

案例窗3-14

❖ 延伸学习3-1

在《大宅门》第14集中，涂二爷通过渲染造势半价购得500千克黄连，充分体现了在商务谈判中事先做好谈判准备可以获得良好的谈判结果。

素养园地

RCEP生效，红利满溢惠四方

2022年1月1日，区域全面经济伙伴关系协定（Regional Comprehensive Economic Partnership，RCEP）正式生效实施。成员多次召开多领域联合会议，协商推进实施协定，同时组建了RCEP产业合作委员会，推动各国贸易、投资、产业合作。为更好地推动RCEP落地见效，中国同样做了诸多有成效的工作：1月27日，商务部等六部门联合印发了高质量实施RCEP的指导意见；4月12日，商务部启动了全国RCEP系列专题培训。在各方努力之下，RCEP凭借关税减让、原产地累积规则、贸易便利化等制度红利，为各成员及其企业带来了实实在在的收益，区域贸易增长的红利不断释放。

作为覆盖人口众多、成员结构多元、发展潜力巨大的自贸协定，RCEP正式启航后，有力地降低了区域内生产成本，提高了贸易效率，加强了区域内产业链供应链合作，盘活了地区大市场，为提升区域贸易投资便利度与加速地区经济融合注入了重要动力。不仅如此，RCEP还为区域经济乃至世界经济提供了宝贵的稳定性和确定性，有效对冲单边主义和保护主义的冲击，是多边主义和自由贸易的胜利。

资料来源：刘明. 2022年中国商务十大新闻［N］. 国际商报，2022-12-30（2）.

本章小结

商务谈判的准备工作对于谈判成败至关重要，主要包括以下任务：第一，确立谈判目标。谈判目标分为最优期望目标、实际需求目标、可接受目标和最低目标，己方应对这些目标保密。第二，收集谈判资料。收集与商务活动、谈判对手和谈判环境相关的资料，这是谈判成功的重要保证。第三，建立谈判组织。要高度重视谈判组织的建立，包括确定谈判小组的人数、构成，明确谈判小组各成员的职责以及相互配合，处理好谈判小组与企业之间的联动。第四，制订谈判计划。谈判计划要简明扼要、具体灵活，包括议程安排、时间安排和地点确定等内容。第五，进行模拟谈判。可以采用全景模拟法、讨论会模拟法和列表模拟法等进行模拟谈判，以提前发现问题并提出解决对策，争取在实际谈判中取得主动。通过这些准备工作，谈判团队可以在实际谈判中更加从容自信地应对各种挑战，提高谈判的成功率。

关键术语

谈判目标　谈判资料　谈判小组　谈判计划　模拟谈判

基础训练

第3章不定项选择题　　　　　　第3章判断题

❖ 简答题

1. 谈判准备工作的内容主要有哪些？

2. 商务谈判组织的构成原则有哪些？

3. 对谈判对手资信情况的审查主要包括哪些内容？

4. 模拟谈判的作用和形式有哪些？

❖ 思考题

买方地位虽然略胜于卖方，但卖方的许诺对买方来说是极为重要的。在达成协议方面，双方存在谈判之难点。倘若由买方选择，谈判地点应选在主场、客场还是第三地？

❖ 案例分析

中国A公司非洲政府采购竞标谈判

非洲某国对其政府部门大批设备启动选择性招标，金额数千万美元，吸引英、德、南非及中国等十余家企业竞争。该国法律体系沿袭英美法系，程序严谨且部门间相互制衡，但部族势力与宗教派系深刻影响政府决策。中国A公司面临多重挑战：德国技术领先、英国历史渊源深厚、南非公司借助当地印巴人渗透的势力。为此，A公司制定"正面突破+本土化迂回"组合策略。

A公司派出高层代表团（总经理、主谈判手、翻译及当地联络人），A公司总经理率谈判小组共同拜会项目决策者，A公司总经理强调中非传统友谊与长期合作，塑造可信形象，接着主谈判手开始跟项目决策者及其副手谈论A公司对于此项目的兴趣、A公司的实力、产品的质量及价格优势。对方的态度很友好，但语意很含糊，只说会按程序办事，应允会把中国A公司作为有资格中标的公司之一来考虑。

A公司总经理首次接触的目的基本达到，但还需进行侧面公关。A公司总经理向国内公司作了汇报，安排好公关相关事宜后，留下其他人员继续工作，自己先行回国。

而A公司当地的联系人及代理人不断将谈判对手以及竞争者的消息传递给A公司，同时调研发现某部族酋长与政府关系密切，遂通过小额合作建立信任，逐步发展为项目代理人，利用其影响力协调部门利益。后来委托酋长作为中间人，赋予其佣金分配权与灵活报价空间，由其非正式游说关键部门，避免A公司直接卷入利益纠纷。

通过一次次与相关部门的接触和侧面的工作，A公司逐渐浮出水面，这期间有的竞争者采取报低价，并从预计差价中划出一部分利润以现金或贵重礼物的形式以拉挽某些人为其暗中做工作，这些活动虽给A公司的工作进程造成了一定的影响，甚至阶段性阻滞，但另一方面的问题很快就出现了，即不同的利益集团与派别相互之间争斗在所难免，收受贿赂的官员在另一方势力的揭发下有的被当地监察部门调查，调离了工作岗位，使上述公司所托非人；有的官员因为分赃不均，不停地索要礼物，使行贿公司不堪重负，这些对A公司都很有利。

A公司眼看时机成熟了，就通过代理穿针引线，顺利地入围并获得对方政府的正式邀请与其公开就合同细节问题正式展开谈判，此时，A公司领导再次出访与对方直接面谈，最终获得了此项目。

资料来源：冯砚，丁立. 商务谈判［M］. 北京：中国商务出版社，2009.

思考：

1.商务谈判中信息准备工作有什么重要性？

2.在谈判中，谈判组的各成员配合的效果如何？

3.如何看待使用代理人的问题？

❖ 模拟谈判

模拟加薪谈判

一、模拟谈判目标

初步体验一次谈判。

二、模拟谈判背景

某外资企业的一名员工任现职两年来工作业绩突出，薪金却低于应得报酬。而老板却说受行业工资制度的限制，对员工的加薪请求不作回应。其实，老板完全有权力把薪金加到员工可以接受的标准。老板不承认员工工作效率高，但愿意同员工就加薪问题进行交谈。

三、模拟谈判方法

1.3个人一组，分别扮演员工、老板和观察员。劳资双方各作十分钟的准备（确定目标、制定策略、考虑技巧等）；双方接触谈判15分钟，观察员边观察边作记录。

2.回顾和检查谈判情况。根据观察员反馈的信息，双方分别与观察员讨论谈判任务的执行情况、策略和技巧的运用效果等（约10分钟）。

3.请同学登台表演。

4.思考：为使自己成为更加有能力的谈判人员，需进一步学习哪些谈判知识？

资料来源：作者编写。

第4章 谈判过程

学习目标

　　本章旨在帮助学习者理解商务谈判各阶段的重点，全面提升谈判技能与应对能力。摸底阶段，建立良好谈判气氛，营造适宜的谈判环境，了解交换意见的内容与注意事项，熟悉开场陈述的内容、原则、方式与顺序；报价阶段，掌握报价的形式、原则、起点、方法与步骤，科学、合理地报价，并有效应对报价后对方的反应；磋商阶段，有效地讨价还价，理解相关的概念、方法与原则；成交阶段，识别并抓住成交的关键时机，掌握达成协议和签约的技巧。

❖ 引例

中国高铁谈判案例

一、谈判背景

　　随着经济的快速发展，中国对高速铁路的需求日益增长。然而，国产的高铁技术还未成熟，对前沿的高铁技术需求急迫。于是，中国决定用庞大的市场需求作为谈判筹码与其他国家的高铁技术巨头展开合作谈判。

二、谈判过程与策略

　　（一）发布招标信息

　　中国铁道部[①]发布了动车组采购需求，共有140列时速200千米的动车组需要采购。筛选后发现有4家公司符合条件，分别是德国西门子、法国阿尔斯通、日本高铁联合体和加拿大庞巴迪。

　　（二）设定谈判条件

　　铁道部为了确保谈判的主导地位，设定了两个关键的硬性条件：一是参与投标

---

　　① 2013年3月10日，根据第十二届全国人民代表大会第一次会议审议的《国务院关于提请审议国务院机构改革和职能转变方案》的议案，铁道部实行铁路政企分开。国务院将铁道部拟定铁路发展规划和政策的行政职责划入交通运输部；组建国家铁路局，由交通运输部管理，承担铁道部的其他行政职责；组建中国铁路总公司，承担铁道部的企业职责；不再保留铁道部。

的公司必须是中国企业；二是参与投标的中国企业必须有国外成熟技术的支持。这意味着国外的高铁公司必须和国内的公司合作才能参与投标，从而确保了铁道部在谈判中的主导地位。

（三）与各方谈判

在谈判过程中，铁道部指定了两家国内企业——南车集团的四方机车车辆股份有限公司和北车集团的长春客车股份有限公司，作为与外国公司谈判的代表。

铁道部采取了"二桃杀三士"的策略，让这四家国际巨头来争抢北车和南车这两块"桃子"，形成竞争之势，从而以更低的价格获得最前沿的高铁核心技术。

与西门子的谈判：西门子因其技术优势，态度傲慢，漫天要价，每列动车开价3.5亿元人民币，技术转让费还要3.9亿欧元。在谈判过程中，西门子还设置了50多项技术转让障碍。铁道部官员出面与西门子交涉无果，最终在开标前两小时为西门子的谈判团队预订了返回德国的机票，告诉他们"买卖不成仁义在"。西门子代表震惊地返回德国，后因失去中国的巨大订单其股价暴跌，整个谈判团队也被西门子总部解雇。

与庞巴迪的谈判：庞巴迪虽然实力相对弱小，但其非常配合中国的要求，技术转让和国产化都非常顺利。

与阿尔斯通的谈判：阿尔斯通出于自身原因，与两家国内公司都在谈判。北车与南车都通过与阿尔斯通谈判来给西门子和日本联合体施加压力。

与日本高铁联合体的谈判：最初，中国倾向于引进日本新干线700系与800系的技术，但日方拒绝转让核心技术。随后，中国南车开始与长期合作伙伴川崎重工接触，并展开了艰难的谈判。双方谈判人员经常在谈判桌旁连续工作数小时，废寝忘食，相关协议的打印工作使得四台打印机接连报废。

（四）谈判结果

2004年10月20日，动车采购签约仪式在北京举行。铁道部分别与川崎重工、阿尔斯通和庞巴迪完成了签约。西门子因报价过高和技术转让障碍过多而被排除在外。但考虑到西门子技术的先进性，中国唐山厂最终仍与西门子联合获得了60列时速300千米动车组的订单。这一次，西门子不仅主动将每列车的价格打了八五折，还同意无偿提供部分技术。

资料来源：高铁见闻. 大国速度：中国高铁崛起之路［M］. 长沙：湖南科学技术出版社，2017.

经过谈判前的准备工作之后，便进入正式谈判阶段。从谈判正式开始到达成协议的全过程来看，虽然错综复杂，变化无穷，但大体也有一定的程序。商务谈判过程一般包括摸底阶段、报价阶段、磋商阶段、成交阶段。谈判者一定要掌握每个阶段的不同内容和要求，灵活地运用谈判技巧，才能达到预期的谈判目的。

4.1　摸底阶段

摸底阶段是指双方谈判人员见面入座后开始洽谈，到话题进入实质性内容之前的阶段。这个阶段的主要工作是建立良好的谈判气氛、交换各自的意见和作开场陈述。

4.1.1　建立良好的谈判气氛

所有的谈判都发生在特定的氛围中。每次商务谈判都有其独特的氛围，其中有可能是冷漠和对立，也有可能是轻松和正式。这些不同的谈判氛围会影响谈判的进展并可能发生演变。例如，热情、积极和友好的谈判氛围有助于推动谈判朝着达成共识的方向前进。相比之下，冷漠、消极和对抗性的谈判氛围可能影响谈判者的心理、情绪和感受，从而引发相反的反应。如果不进行调整和改变，则这种氛围可能被强化。因此，谈判从一开始时就需要营造真诚、合作、轻松和认真的氛围，这有助于积极有益地推动谈判进程。

案例窗 4-1

案例窗 4-2

4.1.2　交换各自的意见

在双方谈判人员相继入座后，谈判开始。双方要互相介绍每个谈判小组成员的情况，包括姓名、职衔以及在谈判中的地位和作用，介绍完成之后可以就此次的谈判目标和议程简短交换意见。

在进行实质性谈判之前，双方最好就谈判计划先取得一致意见。

1）目标

目标即双方为什么要坐在一起谈判，要解决什么问题。例如：①探讨双方利益之所在；②寻找共同获利的可能性；③提出或解决一些过去悬而未决的问题；④达成原则性的协议；⑤检查合同及实施进度；⑥解决有争议的问题等。因此，谈判的原因可能是其中的一个或几个。

2）议程

为了保证谈判的顺利进行，双方要共同制定一个切实可行的谈判议程表，确定每天讨论的内容，初步地确定谈判的进度，制定双方必须遵守的规则。在谈判的议程中，可适当列入参观、游览等活动，以活跃气氛，增进感情。

4.1.3 作开场陈述

交换意见后，在报价和磋商之前，为了进一步摸清对方的谈判态度和原则，谈判人员可作开场陈述。

1）开场陈述的内容

开场陈述是指双方分别阐述自己对有关问题的看法及观点；同时，要给对方以充分弄清楚我方意图的机会，再听取对方的陈述，弄清楚对方的意图。

开场陈述的主要内容通常包括以下4个方面：

第一，根据我方的理解，阐明该次会谈所涉及的问题。

第二，说明我方通过谈判所要取得的利益，尤其要阐明哪些方面是我方至关重要的利益。

第三，说明我方可以采取何种方式为维护双方的共同利益作出贡献。

第四，对双方以前合作的结果作出评价，并对双方继续合作的前景作出展望（包括可能出现的好机会和障碍）。

案例窗4-3

2）开场陈述的原则

从开场陈述的内容和事例可以看出，谈判各方在作开场陈述时要遵循下面的原则：

第一，各方只阐述己方的谈判立场；

第二，所作陈述的重点放在阐述己方的谈判利益上；

第三，所作陈述要简明、扼要，只作原则性的陈述：

第四，各方所作陈述均是独立的，不要受对方陈述内容的影响。

3）开场陈述的顺序

开场陈述的先后顺序，即谁先陈述，也要加以考虑，因为最初的发言是很重要的，其往往决定了谈判的整个基调。

（1）争取首先陈述观点

在谈判过程中，一方应该先发言，以确保该方有充分的机会表达自己的观点，对对方的目标进行影射，并展示自己已经了解了对方的情况。然而，先发言者在发言时需要注意，不应过于冗长、详细地展开独白，也不要过早地透露全部底牌。相反，应继续建立信任的氛围，消除对方的疑虑，让对方相信他们正在与诚实的人进行对话，以便轻松地进行交流。

（2）保持沉默

在谈判中，一方可能先倾听对方的陈述，以便了解对方的利益和期望。例如，许多人在与美国人进行交往时发现，美国人似乎无法忍受沉默，他们会感到不安、紧张和惊恐，会不自觉地开始唠叨。这种对沉默的无法容忍在死一般的安静中表露出来。这可能导致他们在不自觉间透露出信息，这对于对方来说可能非常有价值。因此，如果您需要与美国人打交道，这种策略可能会有所帮助。您可以以微笑和友善的态度耐心等待，让对方先开口，这可能带来意想不到的收获。

当然，究竟谁先陈述要根据具体情况而定，并取决于双方谈判人员的性格和自信心。

4）开场陈述的方式

陈述的方式应当是诚挚的、轻松的，能够加强已经建立起来的协调的、友好的谈判气氛。正式的商业味十足的陈述最好以诚挚的、轻松的方式表达出来，结束语需特别斟酌，其要求是表明己方陈述只是为了使对方明白己方的意图，而不是向对方挑战或强迫对方接受。例如，"我是否说清楚了""这是我们的初步意见"就是比较好的结束语。

5）对对方开场陈述的反应

对于对方的陈述，己方所要做的有3个方面的内容：

第一，倾听。听的时候思想要集中，不要把精力浪费在寻找对策上。

第二，要弄清对方陈述的内容。如果有不清楚或不明白的地方，要及时向对方提问。

第三，善于归纳对方所讲的内容，即要善于思考、理解对方开场陈述的关键问题。

在双方分别陈述后，谈判双方开始进行实质性谈判，一般依次经历报价阶段、磋商阶段和成交阶段。

4.2　报价阶段

在交易或合作的任何过程中，买卖双方或合作伙伴的报价以及由此产生的还价，都构成整个谈判的核心和至关重要的部分。这是因为价格在决定交易或合作的成功与否时起着关键性作用，直接影响着经济利益。

报价并不仅仅指一方向另一方报出交易商品的价格，也广泛涵盖了双方相互提出的要求。因此，报价和还价在交易和合作中扮演着至关重要的角色，需要双方充分考虑各种经济和商业因素。

本部分介绍报价的形式、报价的起点、报价的方法、报价的顺序以及对对方报价的反应等。

4.2.1　报价的形式

报价一般包括书面报价和口头报价两种形式。

1）书面报价

书面报价通常是谈判的一方提前以详尽的文字材料、数据图表等形式，明确表达他们愿意承担的义务。书面报价的优点是能够给对方留出时间作充分的准备，从而推进谈判进程。但是书面报价也有缺点，书面报价不便于后期进行更改，可能遗漏一些细节，因此，在实际应用中，强势的谈判者，或者至少在双方处于势均力敌的情况下，可能更倾向于采用书面报价。相反，对于实力较弱的谈判者，最好不要使用书面报价，而是尝试进行一些非正式的谈判。

2）口头报价

在谈判过程中，口头报价是谈判双方将各自的报价和所有交易条件口头表达出来的方式。口头报价具有以下两方面的优势。首先，它具有较大的灵活性，谈判者可以根据谈判策略和进展随时调整和修改自己的报价。口头报价不像书面报价那样有责任和义务的约束，允许先磋商后承担义务。其次，口头报价可以充分利用谈判者个人的谈判技巧，如情绪和心理因素的运用，观察形势，因势利导，营造良好的谈判氛围，建立友好关系，最终达成协议。

然而，口头报价也存在不利之处。首先，缺乏谈判经验和技巧的谈判者可能偏离主要议题，转向次要问题，甚至误解对方的意图。对于复杂的内容，如统计数据、平面图、规格、型号等，口头表达很难清晰明了。其次，口头谈判容易影响谈判进程。由于对方不了解情况，他们可能礼貌地听取条款，然后退出谈判，直到准备好再继续。这可能导致谈判时间的拖延，影响谈判的进度。

为避免口头谈判的不便，在谈判开始前，可以准备一份印有报价方要点、特殊要求和具体数据的简要清单。在谈判过程中，这份清单可以作为参考，确保双方都能了解交易的关键信息。

鉴于上述两种报价方式的优缺点，交易者应根据具体情况和各种报价形式的特点，进行正确的选择。在实际谈判中，许多谈判者常常以书面报价为主，辅以口头报价作为补充。

拓展阅读4-1

4.2.2　报价的起点

通常情况下，对于卖方而言，应该在已确定的报价范围内报出最高的价格；对于买方而言，则可以从最低价格开始逐步递增，也就是"漫天要价，就地还钱"。

拓展阅读4-2

当然，尽管卖方最初的报价要高，但在实际操作中具有较大的伸缩性。谈判者在报价时还应把报价的高低同谈判对手的具体情况结合起来考虑；如果对方是老客户，双方已经建立起了较真诚的友谊和合作关系，则没有必要把价格报得太高，水分太多。

4.2.3　报价的方法

一般情况，对于报价有3点要求：

1）报价时，态度要坚决果断

报价不应迟疑，也不应有所保留。只有这样才会给对方留下你是诚实而认真的交易伙伴的印象，同时显示出你的自信心。

2）报价要非常明确

明确的报价方便对方准确地了解己方的期望。报价既可以采取口头报价方式，也可以采取书面报价形式或者把二者结合起来使用。报价方如采用直观的方式进行报价，即在宣布报价时，拿出一张纸把报价写出来，并让对方看清楚，以免使对方产生误解。

3）报价时，不必作任何解释和说明

因为报价者没有必要对那些合乎情理的事进行解释，对方肯定会就有关问题提问，只有这时，报价者才有必要加以解释和说明。

总之，报价的方法应遵循态度坚决果断、明确、不附加解释和说明3点要求。

4.2.4 报价的顺序

报价的顺序指的是在谈判过程中谈判双方谁先提出报价。

先报价的优点是：为谈判结果设定了无法逾越的上限（对卖方而言）或下限（对买方而言），提前主导了对方的期望水平。因此，先报价的一方通常具有更大的影响力。

先报价的缺点是：首先，对方听到报价后，可能调整自己原本的报价，从而获得本来无法得到的优势。其次，先报价会让谈判对手对己方报价进行批判，并迫使其进一步降价，而不会透露他们自己的底线。如果报价方是自己，则应当谨慎，避免在没有弄清对方意图之前盲目作出让步。

概括而言，报价的先后顺序可能影响谈判的发展和结果，因此谈判人员应当充分了解自己和对方的情况，权衡利弊，选择最适合的报价时机。

案例窗4-4

谁先提出报价应该根据具体情况来决定。一般来说可以考虑以下几种情形：

1）激烈竞争或冲突气氛

在预计谈判将变得异常激烈或气氛紧张的情况下，"先下手为强"的原则可能更适用。先报价可以占据主动，争取更大的影响，从而在谈判开始时就取得优势。但在合作气氛较浓的场合，先后报价可能没有太大的实质性差别，因为双方都希望找到互惠互利的解决方案，不会过多地纠缠于细枝末节，目标是尽快达成交易。

2）一般情况

通常情况下，发起谈判的一方或卖方会更倾向于先提出报价。这有助于在谈判中设定一个起点，并引导谈判的方向。

3）双方谈判能力的不同

如果双方都是行家，谁先报价可能不会有太大影响。但如果对方是专业人士而自己不是，后报价可能对自己更有利。如果对方不是专业人士，无论自己是不是专业人士，先报价可能对自己更有利。

总之，决定谁先提出报价需要考虑谈判的具体背景和目标，并了解双方的态度、气氛和实力，预测可能的谈判走向等综合因素。

案例窗 4-5

4.2.5　对对方报价的反应

在谈判过程中，当对方提出报价时，己方可以采取以下策略来应对：

1）不要打断对方报价过程

尊重对方发言的权利，不要在对方报价时频繁打断。打断对方的发言不仅不礼貌，还可能导致错过对方报价的关键部分，错过了解对方立场的机会。

2）及时明确对方报价内容

在对方报价后，要及时确认自己已经准确地理解了对方的报价。可以用自己的话复述对方的报价，以确保双方都在同一个频道上，这有助于避免误解，使双方彼此沟通顺畅。

3）不要马上否决对方报价

即使对方的报价看起来不合理，也不宜立即拒绝，可以通过提问、寻求解释或表示需要时间来考虑来应对。这样做有助于保持谈判的进行，并为双方留下重新讨论的空间。

总的来说，在面对对方的报价时，保持耐心、尊重和开放的态度是很重要的。谈判是双方互相协商的过程，通过有效的沟通和灵活的应对策略，可以促进谈判的顺利进行，达成更有益的结果。

案例窗 4-6

4.3 磋商阶段

在一般情况下，一方提出报价后，另一方往往不会立即接受该报价，而是会在交易条件上进行磋商和讨价还价，从而引发谈判进入磋商阶段。

磋商阶段也被称为讨价还价阶段，是指谈判双方为了争取对自己有利的交易结果而开始就各项交易条件进行相互协商的过程。在这个阶段，双方会交换意见，提出建议，并通过反复的讨论和协商来调整交易条件，以寻求双方都能接受的最终协议。

在磋商阶段，谈判双方可能针对不同的交易条件进行讨论，如价格、数量、付款方式、交货时间、质量标准等。双方会通过提出自己的要求、陈述理由、引用市场情况等方式来支持自己的立场，也会倾听对方的意见和建议。这个过程可能多次往返，涉及妥协、取舍和灵活的谈判技巧。

磋商阶段对于双方来说都是关键的，因为在这个阶段，交易条件的最终形态将被确定下来，直接影响着交易的成功与否以及双方的利益。通过积极的讨价还价和灵活的协商，谈判双方可以在磋商阶段达成一个双方都能接受的交易协议。

4.3.1　讨价还价的概念、特征及作用

1）讨价还价的概念

讨价还价有狭义和广义之分，其中狭义的讨价还价是指买卖双方为确定商品成交价格而进行的协商和争议；广义的讨价还价是指谈判中的讲条件。

拓展阅读4-3

2）讨价还价的主要特征

在谈判过程中，讨价还价阶段具备以下主要特征：

（1）对抗性

在讨价还价阶段，谈判双方通常会争取发挥自身的优势，努力使谈判走向对己方有利的方向。这种竞争性质使得双方在谈判中相互斗争，力图在达成协议时取得最佳条件。

（2）攻守性

在讨价还价过程中，双方会扮演攻守的角色。一方可能提出某个观点、条件或要求，另一方则会进行反驳、辩解或提出自己的立场。这种攻守交替的情况有助于双方更全面地讨论问题，阐明各自的观点。

（3）策略性

讨价还价的成功在很大程度上取决于谈判双方的策略。双方会根据谈判的性质、目的、内容以及对方的行为，选择适当的策略。这些策略可能包括使用休会、最后期限、润滑、声东击西、价格陷阱等手段，以达到自身的目标。

（4）预测性

在讨价还价之前，谈判双方通常会通过之前的接触、交流和了解，对对方的立场、意图和条件有一定的了解。这使得双方能够预测到可能的谈判方式、程度和结果。这种预测有助于双方为谈判进行事先准备，制定合适的策略和计划。

综合而言，讨价还价阶段是谈判过程中的关键环节，涉及双方的竞争、协商和策

略应对。双方在这个阶段的表现和决策将直接影响最终的谈判结果和协议达成。

3）讨价还价的作用

尽管讨价还价可能引发谈判双方的情绪对立和关系僵化，甚至可能使谈判陷入僵局，但在谈判过程中，讨价还价是不可或缺的一环。如果没有讨价还价，则可能影响谈判者的心态和情绪，甚至导致身体出现不适，因为讨价还价不仅是满足利益的需要，还是满足信任需求的重要方式，人们通过谈判过程中的互动和表达来满足彼此的信任需求，从而达到更好的谈判效果。

案例窗4-7

4.3.2　讨价

所谓讨价，是指在买方对卖方的价格解释予以评论后，买方要求卖方重新报价或改善报价。

所谓价格解释，是指卖方向买方就其报价的构成、价格的取数基础以及计算方式所作的介绍或解答。通过价格解释，买方可以深入了解卖方报价的实质、情况和诚意，而卖方可以充分利用这个机会来说明自己报价的合理性和诚意，因此双方都应该高度重视。买方应善于提出问题，确保无论卖方如何回避，都能促使其回答各种问题。相反地，卖方应充分准备各种材料，按照报价内容的顺序进行解释。这些解释或回答应有助于维护卖方的价格地位。

1）讨价的原则

在卖方进行价格解释时，应遵循以下原则：

（1）不问不答

不问不答指未被问及的信息不回答，以免言多必失，削弱己方的谈判地位。

（2）有问必答

对于买方提出的问题，应及时回答，并确保回答流利清晰。因为若迟疑或回避回答，可能引起对方的疑虑，从而为对方寻找降价的理由。

（3）避实就虚

卖方在回答问题或提供资料时，应重点强调有利的方面，而对不利的部分或高利润的方面进行回避。卖方可采取拖延战术或转移话题，力求维护其价格地位。

（4）能言勿书

对于能够口头解释清楚的问题，不要用书面方式解释。如果确实需要书面解释，应将其写在易擦的黑板上，而不是纸上。众所周知，"口说无凭"，可以修改错误，也可以否认；"白纸黑字"，错误不易更改，也难以否认。

2）讨价前的准备

在进行讨价前，买方要做到心中有数，不能盲目地要求卖方重新报价或改善报价。

买方讨价前的准备内容具体包括以下几个方面：

第一，要明确对方为什么如此报价，对方的真正期望和意图是什么。

第二，要研究对方报价中哪些是他必须得到的，哪些是他希望得到的但不是非得到不可的，哪些是比较次要的，而这些恰恰是诱导己方让步的筹码。

第三，要注意观察对方的言谈举止和神情姿态，弄清对方所说的与他的期望是否一致，以此来推测他的报价是否可靠。

第四，要对谈判形势进行判断，分析己方讨价的实力，了解怎样才能使对方不断得到满足而同时能得到己方的利益。

第五，根据对方报价的内容和己方所掌握的比价材料，推算出对方的虚价何在及多少，以便己方采取相应的对策。

3）讨价的方法

在谈判的磋商阶段，通过权衡利弊，买方向卖方讨价，是有一定方法的。一般来说，讨价的方法有全面讨价和针对性讨价两种方法。

（1）全面讨价

在卖方对自己的报价进行说明和解释后，如果买方觉得卖家的报价不合理，与自己的期望相差甚远，可以要求卖方从整体上重新报价。对于整体重新报价，买方应要求卖方按照细目重新报价，不能总体降百分之多少或多少万元，而是要把调价反映在具体项目上。

（2）针对性讨价

如果买方对卖方的报价基本肯定，那么可以要求卖方先就某些明显不合理的部分重新报价，即对虚头水分最大的部分先降价，此时买方的讨价是具有针对性的。但对总体价格并不确定，而是留作最后定价时谈判。

4) 讨价的态度

在讨价还价过程中，买方适宜采用启发式的方法，以鼓励卖方降低价格并为进一步还价作准备；采取过于强硬的态度可能使谈判陷入僵局，对谈判结果产生不利的影响。因此，在谈判的早期和中期，即还未进入真正的还价阶段，应保持和平、信任的氛围，通过充分、合理的辩论来追求最大的利益。

在这个阶段，卖方可以采用一些借口，如"计算错误""内部调整""与厂家磋商""取消某些费用"等，来进行部分价格的调整。作为买方，不管卖方用逻辑合理还是不合理的理由来为自己的调价找借口，都应该予以欢迎，为对方降价提供台阶，鼓励其进行更有利于双方的价格调整。

5) 讨价的次数

讨价的次数并不是越多越好，买方应根据卖方虚张声势的程度、价格改善的情况、卖家的授权范围、卖家成交的决心，以及双方关系的良好与否来决定讨价的次数。

案例窗 4-8

4.3.3 还价

1) 还价的定义

还价也称还盘，一般是指买方针对卖方的报价作出的反应性报价。还价以讨价为基础。卖方报价后，买方通常不会全盘接受，也不至于完全推翻，而是伴随价格评论向卖方讨价；卖方对买方的讨价，通常也不会轻易允诺，但也不会断然拒绝，为了促成交易，往往伴随进一步的价格解释并对报价作出改善。这样，在经过一次或几次讨价之后，为了达成交易，买方就要根据估算的卖方保留价格和己方的理想价格及策略性虚报部分，按照既定策略与技巧，提出自己的反应性报价，即作出还价。

案例窗 4-9

2）还价的原则和技巧

买方通过价格评论来表达对卖方报价的不满。价格评论的原则是：针锋相对，以理服人。其具体技巧有：

（1）既要猛烈，又要掌握节奏

猛烈是指准中求狠，切中要害、猛烈攻击、着力渲染，卖方不承诺降价，买方就不松口。掌握节奏是指不能一下子把所有问题都摆出来，而是要一个问题一个问题地发问、评论，把卖方一步一步地逼向被动，使其降价。

（2）重在说理，以理服人

对于买方的价格评论，卖方往往会以种种理由辩解，而不会轻易就范认输。因为认输就意味着必须降价，所以买方希望达到降价的目的，必须充分说理，以理服人。买方手中的"价格分析材料""卖方解释的漏洞"等就是手上的理，既然说理，则态度、语气切忌粗暴，而应平心气和，只有在卖方死不认账，胡搅蛮缠时，方可以用严厉的口吻对其施加压力。一般来说，卖方为了维护自己的形象，谋求长期的交易利益，不会蛮不讲理，只要买方能抓住其破绽，卖方就会借此修改价格。而此时买方也应适可而止，不必"穷追猛打"，过早把谈判气氛搞僵。

（3）既要自由发言，又要严密组织

在价格谈判中，买方参加谈判的人员虽然都可以针对卖方的报价及解释发表意见、加以评论，但是也不能每个人想怎么评论就怎么评论，而是要事先精心谋划、"分配台词"，然后在主谈人的暗示下，其他人适时、适度发言。"自由发言"是为了显示买方内部立场一致，以给卖方施加心理压力；"严密组织"则是为了巩固买方自己的防线，不给卖方可乘之机。

（4）评论后再观察，观察后再评论

买方进行价格评论后，卖方可用进一步的解释予以辩解，这是正常现象。对此，买方不仅应当允许并注意倾听，还应善于引导，以便观察反应。谈判不仅需要口才，也需要倾听和观察。买方通过卖方的辩解，可以了解更多的情况，便于调整进一步评论的方向和策略，若又抓到新的问题，则可使评论增加新的切入点，逐步向纵深发展，从而有利于赢得价格谈判的最终胜利。

在价格评论中，卖方的应对策略应该是：沉着解答，无论买方怎么评论、怎么提问，甚至发难，也要保持沉着，始终以有理、有利、有节为原则，并注意运用答问技巧，不乱方寸。

案例窗 4-10

3）还价策略

还价策略的运用包括还价前的筹划、还价的方式、还价起点的确定以及还价的次数。

（1）还价前的筹划

买方必须针对卖方的报价，并结合讨价过程，对己方准备作出的还价进行周密的筹划。首先，买方应根据卖方的报价和对讨价作出的反应，运用自己所掌握的各种信息、资料，对报价内容进行全面分析，从中找出报价中的薄弱环节和突破口，以作为己方还价的筹码。其次，买方在此基础上认真估算卖方的保留价格和对己方的期望值，制订出己方还价方案的起点、理想价格和底线等重要目标。最后，买方根据己方的谈判目标，从还价方式、还价技法等各方面设计出几种不同的备选方案，以保证己方在谈判中具有主动性和灵活性。

还价的目的绝不仅仅是买方提供与对方报价的差异，而是要力求给对方造成较大压力并影响或改变对方的期望，同时，又应着眼于对方接受的可能性，并愿意向双方互利性的协议靠拢。因此，买方还价前的筹划，就是要通过对报价内容的分析、计算，设计出各种相应的方案、对策，以使谈判者在还价过程中得以贯彻，发挥"后发制人"的威力。

（2）还价的方式

在国际商务谈判中，还价的方式可以从性质上分为两类：按比例还价和按成本分析还价。具体方式包括：

第一，逐项还价。买方对主要设备或项目逐一进行还价，分别就技术费、培训费、技术指导费、工程设计费、资料费等进行分项还价。这种方式适用于卖方价格解释详细、买方比价材料较多且时间充裕的情况。

第二，分组还价。根据价格分析的结果，将价格差距划分为不同档次，然后分别进行还价。对于价格差距较大的部分，可以压价较多，以得到公平公正的处理。这种方式适用于卖方价格解释不够充分、买方比价材料较少的情况。

第三，总体还价。买方将成交货物或设备的价格汇总为一个总价进行还价。这种方式适用于谈判时间紧迫或双方希望简化谈判流程的情况。

（3）还价起点的确定

买方确定还价的起点时需要考虑以下几个因素：

第一，卖方的价格改善。分析卖方在买方的价格评论和讨价后作出的价格改善幅度。这可以作为起点的一个参考，因为买方可以在这个基础上进一步讨价还价。

第二，与拟定成交价的差距。比较卖方的改进报价与买方拟定的成交价之间的差距。这个差距可以指导买方在起点时决定是否要提出更进一步的改善。

第三，准备让步的次数。买方考虑卖方是否准备逐步让步。卖方如果计划让步，那么卖方的起点应该相对较高，以便在后续讨价还价中有足够的空间进行让步。

第四，对卖方的心理预期。买方根据之前的谈判和卖方的表现，推测卖方对己方的还价预期。在卖方预期略高的情况下，买方的起点可以稍低一些。

（4）还价的次数

还价的次数取决于谈判双方手中有多少余地。如果买方第一次还价较高，手中余地不大，则自然再还价的机会较少。反之，如果买方第一次还价较低，卖方可能会认为还有进一步谈判的空间，进而还价的次数会增加。

4.3.4　讨价还价的原则

讨价还价应该做好准备，给对方制造竞争者，给自己留有余地，保持正直与诚实，多听少说，并尽量与对方的期望保持联系，有技巧地让对方习惯自己的最高期望。

1）做好讨价还价前的准备

在谈判开始之前，谈判参与者必须做充分的准备工作，只有进行深入调查并收集了大量信息的谈判代表，才能在讨价还价中占据有利地位。

案例窗 4-11

2）给对方制造竞争者

谈判者可以人为给对方制造竞争者，比如同时与多家卖主谈判、主动邀请多家卖主参与竞争等方法给对方施加谈判压力、优化谈判结果。

3）给自己留有余地

在使用讨价还价战术时，卖方应确保留有足够的余地。比如，如果想要价20元，那么要开价25元。

4）保持正直

对于谈判者而言，保持诚实正直非常重要。谈判者在人品上能赢得了对方尊重和喜欢，将有利于谈判。两位相互喜欢和彼此信任的谈判专家在传递信息时是相当容易被对方理解的。

在讨价还价的过程中，双方应当多听少说。通过倾听，可以更好地理解对方的需求、建立信任关系、收集信息、思考应对策略并促进双方沟通。这些都有助于谈判者在谈判中占据有利地位。

5）要与对方的期望保持联系

讨价还价者要与对方的期望保持联系。你的要求和对方的要求之间的距离越大，你就越需要做更多的事使它们靠近，直到彼此均在对方期望的范围内为止。

6）让对方习惯你的最高目标

要努力争取最优的结果，不要轻易偏离你所渴望的最高底线，要坚决朝着最优目标前进，引导对方习惯你的最高目标。

4.3.5　讨价还价的技巧

珍妮·霍奇森（Jane Hodgson）曾就讨价还价问题提出过基本技巧。她认为，在进行卓有成效的讨价还价中，需要掌握4种基本技巧。

1）发出和接收信号

第一，了解人们利用身体语言发出的非语言信号，如身体变得紧张、身体位置发生变化以及说话时的语调变化等。

第二，使自己用身体语言和说话时的语调变化发出的非语言信号与自己实际的语言表达一致。

第三，运用那些表明你愿意作出让步而又不用承担责任的词语，如"这时""在这种情况下"等。

2）描绘事情发展的可能前景

通过运用"假如我们……""如果……，它将怎样呢？"之类的词语，提出达到你的目的可能采取的方法。

3）交换

坚持的交换规则如下：

第一，放弃对你没有什么价值的东西。

第二，设法用你放弃的东西交换获得对你有价值的东西。

第三，你放弃的东西只能是你能够承担得起的东西。

第四，你要弄清楚，你对自己放弃的东西，今后不会后悔。

第五，不能得到相应的回报，你绝对不能放弃任何东西。

第六，使用交易习惯用语："如果……那么……"

第七，不要使用令人讨厌的"对……但是……"之类的词语。

4)"一揽子"解决

第一，保证所有的要求都包括在谈判的内容中，不要留下一些今后难处理的问题。

第二，在某个问题上作出让步是为了在另一个问题上获得补偿。

第三，从问题的总体解决上而不是从许多孤立的小问题的解决上评估形势。

4.4 成交阶段

谈判成交阶段的主要任务是把握成交机会并进行签约。

4.4.1 把握成交机会

在谈判过程中，抓住成交的机会是一个关键环节。在商务谈判中，成交机会随时都有可能出现，而不是只在谈判接近尾声时才出现。鉴于成交的机会可能在谈判的不同阶段出现，你需要发现并判定这些迹象，把握成交机会。

如何判断对方的成交迹象呢？主要可以从以下几个方面来考虑：

第一，对方的讨论逐渐从一般问题转向细节问题，可能是在提问你的产品或服务的具体细节。这是一个可能的成交迹象，你可以抓住时机明确地要求成交。例如，对方在你向他推销商品时，忽然问："你们的交货期是多长时间？"这就是一种成交迹象，可以抓住时机要求他购买。

第二，对方以建议的形式表示遗憾。例如，顾客表达对商品的中意程度，但指出了一些小问题或改进的地方。你可以承诺进行改进，并同时要求成交。

第三，对方对你介绍的商品的使用功能表现出兴趣，甚至提出更多细节的问题，这可能是成交的信号。你可以鼓励他尝试一下，以证明你的产品能够满足他的需求。

第四，谈判双方的紧张氛围逐渐缓和下来，双方互相点头示意，这也可能是要求成交的好时机。你可以将话题引到这方面，加速成交进程。

第五，抓住一切可能的成交信号，甚至是对方无意中透露的信息。这些信号（信息）可能在对话中出现，而你能够敏锐感知和洞察这些信号（信息），为你的提案和请求提供支持。

总之，谈判参与者需要灵活判断成交迹象，并把握成交机会。促成签约是成交阶段的重要任务。

4.4.2　签约

谈判双方认为本方的利益和要求达到后，可以签订协议表示成交。通常以签订书面合同的形式结束谈判。

书面合同起草完毕后，双方当事人应认真地审查各项条款，确认合同条款内容准确无误后，由双方代表签署。审查合同条款是个非常重要的环节，稍有不慎就可能造成巨大的损失，必须审慎对待。

❖ 延伸学习 4-1
美国西部电影《大地惊雷》女主马蒂与商人就父亲遗产的价格谈判充分体现了报价要高、态度要坚定的谈判报价理论。

素养园地

中日韩合作秘书处秘书长李熙燮在博鳌亚洲论坛 2024 年年会"打造亚洲增长中心"分论坛上发言，表示《区域全面经济伙伴关系协定》（RCEP）是世界上规模最大的自贸协议，其中，中国与东盟发挥了中心性作用。RCEP 和《全面与进步跨太平洋伙伴关系协定》（CPTPP）不仅能带来经济上的益处，还能够增强区域性合作。他认为，必须明确 RCEP 定位，确定运行机制，落实具体行动。另外，RCEP 与 CPTPP 的"趋同""一体化"也需要着重考虑。

在谈到加强地区供应链韧性时，李熙燮表示，共同繁荣需要供应链的互联互通和持续稳定，因此，在全球化背景下，RCEP 成员要进一步推进自贸协定的谈判和签署，加强地区供应链的韧性。其中，最为重要的一点是建立多层次合作平台，确保信息沟通和交流。

资料来源：张末冬. 来自博鳌的声音：区域协作、绿色发展与中国经济 [N]. 金融时报，2024-03-29（2）.

本章小结

任何一次正式的、完整的商务谈判都有特定的程序和内容。一般而言，商务谈判过程包括摸底阶段、报价阶段、磋商阶段和成交阶段。

摸底阶段，谈判者应建立良好的谈判气氛，做好意见交换和开场陈述。为此，谈判者需要掌握谈判气氛的特点，影响谈判气氛建立的主客观因素，交换意见内容与注意事项，开场陈述的内容、原则、方式、顺序等相关知识。

报价阶段，谈判者应在谈判前做好充分准备的基础上进行科学报价，这就需要谈判者掌握报价的形式、起点、方法、顺序、对对方报价的反应等相关知识。

磋商阶段，谈判者应善于进行讨价还价，这就需要谈判者掌握讨价还价的概念、明确讨价还价的做法、了解讨价还价的原则与技巧。

成交阶段，谈判者应能够把握相应的成交信号，及时把握成交机会，进而达成协议并签订合同。

关键术语

谈判过程　摸底　报价　磋商　讨价还价　成交

基础训练

第4章不定项选择题

第4章判断题

❖ **简答题**

1.商务谈判的基本过程包括哪几个阶段？各阶段的主要任务是什么？

2.谈判人员应该怎样营造谈判初期的良好气氛？

3.报价的形式、依据、方法有哪些？在报价阶段，卖方的报价为什么要尽量提高？

4.试就先报价与后报价谈谈你的看法。

5.买卖双方如何进行讨价还价？

❖ **思考题**

你有一笔可供外销的货物。若能卖到10 000美元，你将感到十分满意。某外商提议以20 000美元的现汇购买这批货物。此时，你最明智的做法是什么？请说明理由。

A.毫不犹豫地接受该客商的建议

B.跟他讨价还价

C.告诉他一星期后再做答复

❖ **案例分析**

中德五色套色印刷机技术引进谈判

1992年11月，沈阳某印刷厂赴德国海德堡公司洽谈五色套色印刷机生产线引进项目。德方作为全球顶尖设备制造商，初始报价为218万美元。中方预判谈判难度极大，遂在考察阶段即启动心理战术。

考察期间，中方针对陪同的技术副总监"技术自信"心理，全程不表示肯定，反而不断质疑设备缺陷（如法兰克福工厂生产线裁刀不稳、印刷辊同步问题），迫使德方反复解释，暴露技术短板；同时，刻意询问他国同类产品信息，暗示存在替代选择，动摇德方定价信心。

中方还提前调研德方用户企业，记录设备维修难点、易损件消耗数据，为谈判积累实证筹码。例如，法兰克福迈菲尔印刷厂证实设备换纸后需频繁调试，影响生产效率，成为压价关键依据。

在首轮谈判中，德方重申218万美元报价并强调技术优势，中方直接抛出170万美元超低报价，矛盾激化了。德方销售经理冯·克德利斯情绪激动，否认降价可能，中方立即以设备缺陷实证反击，并迫使在场技术副总监默认问题，成功瓦解德方"技术无瑕"立场。

接下来，德方让步至210万美元，中方报出175万美元的价格，僵持不下后主动中止谈判，冷处理两天，迫使德方主动约谈。德方首席代表施·布劳恩重启谈判时，态度软化，请中方提价。中方顺势报价185万美元，德方让步至200万美元。

最后，中方亮明底线190万美元（附加易损配件），布劳恩以"一锤定音"姿态提出193万美元折中价，较初始报价压降11.5%，突破德方历史让价幅度。

资料来源：丁建忠. 商务谈判教学案例［M］. 北京：中国人民大学出版社，2005.

思考：

1. 中方在谈判中取得成功的原因是什么？

2. 在中方中止谈判时，德方是否可以要求明确下次谈判日程，主动上门约谈呢？

3. 如德方不主动上门约谈，中方能坚持多久呢？届时怎么办呢？

4. 德方最后一次报出了193万美元，报195万美元行吗？

❖ **模拟谈判**

新能源汽车采购模拟谈判

一、模拟谈判目标

综合运用商务谈判理论和技能，灵活运用策略和技巧。

二、谈判背景与内容

（一）项目背景与需求分析

随着全球对环境保护意识的增强及能源结构的转型，新能源汽车作为未来汽车行业的主要发展方向，其市场需求持续增长。本项目旨在为一家大型物流运输公司采购一批新能源汽车，以替换现有燃油车队，实现绿色物流，降低运营成本，并响应国家节能减排政策。需求分析阶段，公司明确了车辆需具备长续航能力、快速充电能力、高效节能以及良好的载重能力，以满足长途运输及城市配送的需求。

（二）供应商筛选与评估

市场调研：通过行业报告、展会参观、网络搜索等方式，收集国内外新能源汽车制造商信息。

初步筛选：基于企业规模、技术实力、市场占有率、品牌口碑等维度，初步筛选出10家潜在供应商。

深入评估：邀请通过初步筛选的供应商提交详细的产品资料、技术规格书、案例分享及价格方案。同时，组织技术团队、财务部门及法务部门对供应商进行实地考察，评估其生产能力、质量控制体系、研发投入及售后服务体系。

最终确定：综合评估后，选定3家作为最终谈判对象，分别为国内外知名的A公司、B公司及新兴企业C公司。

（三）价格与成本分析

成本构成分析：包括车辆单价、税费、保险、运费、充电设施建设成本及后续运营成本（如电费、维护费用）。

价格对比：利用3家供应商提供的报价进行横向对比，结合产品性能、品牌溢价、优惠政策等因素进行综合分析。

成本效益分析：考虑新能源汽车的节油效果、政府补贴政策、减免税优惠等，预计长期运营成本节约金额。

（四）技术规格与标准

核心参数：明确车辆类型（如纯电动、插电混动）、电池容量、续航里程、充电时间、载重量等关键指标。

安全性能：要求车辆符合国家安全标准及行业标准，具备ABS防抱死、ESP车身稳定系统等安全配置。

智能化水平：评估车辆是否具备自动驾驶辅助系统、远程监控与诊断功能等智能化技术。

（五）质保与售后服务

质保期限：谈判确定车辆及关键零部件的质保期限。

售后服务网络：要求供应商在全国范围内建立完善的售后服务网络，提供24小时救援服务。

技术培训：供应商需为采购方提供必要的车辆操作、维护保养等培训。

（六）物流与交付方案

物流安排：与供应商协商确定最优物流方案，确保车辆安全、及时送达。

交付时间表：明确车辆生产、运输及交付的具体时间表，并设置合理的缓冲期以应对不可预见因素。

验收标准：制定详细的车辆验收标准，包括外观检查、性能测试、文件齐全性等。

（七）合同条款与谈判

合同框架：明确合同双方的权利与义务，包括付款方式、交付条件、违约责任等。

价格与支付条款：谈判确定最终价格及分期付款计划，确保资金安全。

附加条款：根据实际需求，可加入技术升级承诺、配件供应保障等附加条款。

（八）风险评估与应对

市场风险：关注新能源汽车行业动态，及时调整采购策略以应对市场变化。

技术风险：确保所选车型技术成熟稳定，预留一定预算用于技术升级或替换老旧部件。

供应链风险：与供应商建立长期合作关系，确保其供应链稳定可靠。

财务风险：合理规划资金流动，确保按时支付款项，同时预留应急资金以应对突发情况。

综上所述，本次新能源汽车采购谈判案例涵盖了从项目背景分析到风险评估应对的全过程，旨在通过科学的决策流程和严谨的谈判策略，实现采购成本的最优化和长期效益的最大化。

三、模拟谈判环节

（一）规则

1.谈判只有两轮。拟订方案要格外小心，要充分发挥群体的智慧，积极思考，充分参与，抓紧时间。

2.谈判内容主要是有关新能源汽车的购销。

（二）步骤

1.分组。将班级学生分为8~10人一组的讨论小组，小组内每4~5名学生组合成一方。各自选出代表公司的总裁。模拟谈判双方。

2.谈判准备。公司总裁召集全员会议：拟订谈判方案；每个小组指定一名主谈，进行谈判人员分工。

3.进行第一轮正式谈判。

4.谈判包括开局阶段（5分钟）。开局阶段双方应完成的任务是：入场、落座、寒暄都要符合商业礼节，相互介绍己方成员；营造良好的氛围，进行开场陈述。

5.讨价还价阶段（10分钟）。此阶段为谈判的主体阶段，双方随意发言，但要注意礼节。一方发言的时候另一方不得随意打断，等双方说完话后己方再说话。此阶段应完成的任务是：

（1）对谈判的关键问题进行深入谈判；

（2）使用各种策略和技巧进行谈判；

（3）寻找对方的不合理方面并就要求对方让步的方面进行谈判；

（4）为达成交易寻求共识；

（5）获得己方的利益最大化；

（6）解决谈判议题中的主要分歧，就主要方面达成意向性共识；

（7）出现僵局时，双方可转换话题继续谈判，但不得退场或冷场超过1分钟；

（8）双方不得过多纠缠与议题无关的话题或就知识性问题进行过多追问；

（9）注意运用谈判中期的各种策略和技巧。

6.休会（5分钟）。在休会中，双方应当总结前面的谈判成果；与组员分析对方开出的条件和可能的讨价还价空间；与组员讨论收尾阶段的策略。如有必要，对原定目标进行修改。

7.收尾阶段（10分钟）。此阶段为谈判最后阶段，双方回到谈判桌，随意发言，但应注意礼节。

本阶段双方应完成如下工作：

（1）对谈判条件进行最后交锋，必须达成交易；

（2）在最后阶段尽量争取对己方有利的交易条件；

（3）谈判结果应该着眼于保持良好的长期关系；

（4）进行符合商业礼节的道别，对对方表示感谢；

如果这一阶段双方因各种原因没有达成协议，则机动5分钟，但双方都会被扣分。

8.拟定合同、签约。

9.小组之间进行评议。

10.讨论。

资料来源：作者编写。

第5章 商务谈判的策略与技巧

学习目标

本章旨在让学习者掌握商务谈判不同阶段中常用的一些策略与技巧，以及应注意的问题，在商务谈判实务中，具备一定的操作应变能力。

❖ 引例

特斯拉与上海市政府的商务谈判策略

2018年，特斯拉（Tesla）与上海市政府就建立特斯拉上海超级工厂（Gigafactory 3）展开了一场具有里程碑意义的商务谈判。这次谈判是国际企业与中国地方政府合作的成功典范，展现了双赢策略的卓越应用。

特斯拉是全球领先的电动汽车和清洁能源公司，长期致力于推动全球向可持续能源的转型。上海市政府则是中国经济的核心区域之一，一直希望通过吸引国际企业入驻来推动区域经济和技术的进一步发展。双方的商务谈判旨在促成特斯拉在中国设厂以降低成本、扩大市场占有率，同时为上海吸引更多的外资与技术，促进新能源产业的发展。

在谈判初期，特斯拉明确提出了自身的核心诉求：独资建厂、政策支持和降低运营成本。当时，中国对外资车企设有外资持股比例限制，要求外国车企与中国本地企业合资且外资持股不得超过50%。然而，特斯拉坚持表示希望以独资形式运营，以保持对技术研发、生产质量及品牌价值的绝对掌控权。为了打破政策限制，特斯拉团队积极与政府部门沟通，强调其独资建厂不仅能够吸引更多国际企业投资中国，还能为上海市新能源汽车产业链上下游注入新动能。

与此同时，特斯拉采用了利益交换策略。为争取政府支持，特斯拉承诺将采取"高水平本地化生产"方案，并计划在未来5年内推动50%以上的零部件由中国本土供应商提供，从而带动国内新能源供应链的快速发展。此外，特斯拉还承诺创造数万个直接就业和间接就业岗位，并在环保领域实现工厂碳排放的最小化标准，符合上海对于可持续发展的战略目标。

为了进一步说服上海市政府，特斯拉通过数据驱动的说服策略，提供了翔实的市场分析和经济效益报告。报告中指出，特斯拉的超级工厂不仅会带来巨大的财政税收，还能提升上海作为全球新能源汽车中心的国际地位。这一说服策略增强了政府对项目长期价值的信心。

上海市政府则采用了灵活性的谈判策略，展现了对外资项目的开放态度。在谈判过程中，政府部门充分考量了特斯拉的诉求，最终同意在上海自贸区内为其提供特例政策，允许其以独资形式建厂。这一突破性举措吸引了国际舆论的关注，展现了中国政府对高端外资项目的高度重视。此外，上海市政府还为特斯拉提供了税收优惠、土地优惠及配套设施建设支持，但同时要求特斯拉将一部分工厂收益投入到本地研发和技术升级中。

特斯拉公司在与上海市政府的商务谈判中采用了双赢策略，通过清晰的利益表达、灵活的谈判技巧以及合作意愿，成功地实现了双方的目标。最终，双方通过一系列灵活而务实的商务谈判达成协议，促成了特斯拉在上海临港新区设立全球首个海外超级工厂。该项目成为中国改革开放新阶段的典范案例，体现了国际企业与本地政府在经济全球化中的高效合作模式。

资料来源：江南冷月.特斯拉上海超级工厂的"生死赌局"［EB/OL］.（2025-02-25）［2025-02-27］.https：//www.dongchedi.com/article/7475164123458716197.

为了使谈判顺利进行并取得好的效果，谈判者会在合适的时机制定并运用相应的谈判策略。本章归纳总结一些常见的谈判策略，有利于读者在谈判中灵活运用，并且能清晰地识别谈判对手的谈判策略，以便自己更好地应对。

5.1　商务谈判策略与技巧概述

5.1.1　商务谈判策略概述

1）商务谈判策略的含义

从商务谈判的角度看，商务谈判策略是指谈判者在谈判过程中，为了达到己方某种预期目标所采取的行动方案和对策。这些策略旨在通过有效的沟通和协商，实现双方的互利共赢，从而达成对双方都有利的商业协议。

2）商务谈判战略与策略

商务谈判战略是相对于商务谈判策略而言的。一般而言，商务谈判战略又称商务谈判宏观策略，它是指实现谈判总目标的原则性方案与途径。其目的主要是获取谈判的全局利益，实现谈判的长远利益。商务谈判战略具有完整性、层次性、阶段性、相对稳定性等特点。

商务谈判策略又称商务谈判微观策略，是完成或实现商务谈判战略的具体方案、手段、战术的总称。商务谈判策略具有派生性、单一性、应变性和针对性等特点。

商务谈判战略和商务谈判策略仅仅是一种理论上的区分。在实践中，它们既相互对应存在又相互转化。应该注意的是，无论商务谈判战略还是策略，都不是谈判的最终目标，从一定意义上讲，它们都是解决问题的方式与方法。

5.1.2　商务谈判策略构成要素

商务谈判策略的构成要素包括其内容、目标、方式和要点等四大方面。

1）策略的内容

商务谈判策略的内容是指策略本身所要解决的问题，是策略运筹的核心。例如，在商务谈判中，价格谈判策略本身所要解决的问题是产品或服务的价值及其表现的认定。

2）策略的目标

商务谈判策略的目标是指策略要完成的特定任务，表现为谈判本身追求什么，避免什么。例如，在商务谈判中，价格谈判的目标表现为确定特定数量的商品的具体价格，最大化己方的利益。

3）策略的方式

商务谈判策略的方式是指策略表现的形式和方法。例如，在商务谈判中的价格让步策略，采取的"挤牙膏"战术，就是一种典型的达到谈判目标的方式方法。

4）策略的要点

商务谈判策略的要点是指实现策略目标的关键点，有时一个策略的要点可能不止一个。例如，在商务谈判中的价格让步策略，运用它的关键在于"让步"的学问和技巧。把握和运用好让的"度"是运用好这一策略的关键点。

除上述4个主要方面外，商务谈判策略的构成要素还包括策略运用的具体条件和时机。

5.1.3　商务谈判策略的特征

商务谈判策略的特征主要有以下几个方面：

1）针对性

在商务谈判中，谈判人员一般主要针对商务谈判的标的、内容、目标、手段、人员风格以及对方可能采取的策略等来制定己方的策略。

2）预谋性

商务谈判策略的预谋性既反映了谈判人员对主客观情势的分析、评估和判断，又在一定程度上检验了商务谈判调查情况的真实性和准确性。通常，谈判实战之前的模拟谈判，会修正商务谈判策略预谋的准确程度。

3）时效性

商务谈判策略的时效性是指商务谈判策略只能在特定环境、特定时间以及特定阶段中使用。

4）随机性

商务谈判策略的随机性是指根据谈判过程的具体情况和变化相应改变策略的方式或做法。

5）隐匿性

商务谈判策略的隐匿性是指在具体的商务谈判实践中，谈判策略一般应该只为己方知晓，要尽可能有意识地保密。

5.1.4　商务谈判策略的作用

总的来看，商务谈判策略的作用包括以下几点：

1）明确谈判目标

有效的商务谈判策略有助于谈判者明确自己的谈判目标和优先级。通过设定清晰的目标，谈判者可以更有针对性地制定和执行策略，从而在谈判中保持方向感。

2）提高谈判效率

有效的谈判策略可以缩短谈判时间，提高谈判效率。通过采用合适的策略，谈判者可以迅速识别并解决分歧，减少不必要的争执和延误。

3）促进双方合作

谈判策略不仅关注于个人利益，还注重实现双方共赢。通过制定有利于双方共同发展的策略，谈判者可以促进双方之间的合作和信任，为未来的合作奠定坚实基础。

4）应对风险和挑战

在谈判过程中，谈判者可能面临各种风险和挑战。通过制定应对策略，谈判者可以预见并准备应对这些风险，降低不利因素对谈判结果的影响。

5）展示实力和信心

谈判策略有助于谈判者展示自己的实力和信心。通过巧妙地运用策略，谈判者可以展示自己的专业知识和谈判技巧，从而在谈判中占据更有利的地位。

虽然商务谈判策略是制约谈判成败得失的一个重要砝码，但并非所有的商务谈判策略都同时具备上述作用和功能。此外，同一策略在不同的环境下运用，其作用也有差异。

5.1.5　商务谈判策略的类型

不同的分类标准得出不同的商务谈判策略类型。在此，本教材介绍几种主要的和常见的分类。

1）个人策略和小组策略

根据谈判人员组成规模的不同，商务谈判策略可被分为个人策略和小组策略。
个人策略是指单个谈判者面对面进行谈判时所运用的策略。
小组策略是指进行集体谈判时所运用的策略。

2）时间策略、权威策略和信息策略

根据影响谈判结果的主要因素来筹划谈判策略并进而划分其类别，商务谈判策略可被分为时间策略、权威策略和信息策略。

3）姿态策略和情景策略

根据谈判人员在谈判过程中的态度与应对姿态，商务谈判策略可被分为姿态策略和情景策略。

（1）姿态策略

所谓姿态策略，是指在谈判过程中，谈判各方采取的旨在应对对方姿态的一种主观性策略。

姿态策略又分为积极姿态策略和消极姿态策略两种。积极姿态策略的特点是正面鼓励或引导。消极姿态策略的特点是持否定姿态，行动上采用负面、防御性的行为阻止对方对自己的不利行为。在谈判中，消极姿态策略可能会表现为拒绝合作、设置障碍、威胁或施压等手段。这两种策略所包含的内容是完全对立的；但在谈判实践中，它们又往往被结合起来使用，如软硬兼施、宽猛相济、红脸白脸等。

（2）情景策略

情景策略是指在某些特定情况下为取得某些利益所使用的特定手法。

情景策略具有相对固定性和明确性两大特点。相对固定性是指在特定情况下应对对方或处理问题的手法形成了一种带有规律性的套路。明确性是指情景策略的固有性，犹如中国象棋的"当头炮，马先跳"。

情景策略又分为攻势策略和防御策略两种。攻势策略旨在采取强化己方优势，保持己方的主动性。防御策略旨在维护既有地位和利益、应对对手进攻。

4）速决策略和稳健策略

从实现目标的速度和风格来分，商务谈判策略可被分为速决策略和稳健策略。

速决策略是指在谈判中能够促进快速达成协议，完成谈判任务的一些策略。速决策略的特点是时间较短、目标设置不高、在让步方法上果断诚实、一步到位、谈判效果较好。

稳健策略是指在谈判中用来与对方持久磋商，在相对比较满意的情况下达成协议的策略。稳健策略的特点是时间较长、目标设置较高、在让步方法上富有耐心、稳健，但有相当的风险。

5）进攻性策略和防守性策略

根据攻击的主动性程度，商务谈判策略可被分为进攻性策略和防守性策略。

进攻性策略是指谈判人员在谈判中采取的具有较强攻击性，取得谈判优势和主导地位的策略。这类策略的特点是主动进攻、态度强硬、难以让步。先声夺人、出其不意、车轮战术以及比尔·斯科特的"以战取胜"等都属于典型的进攻性策略。

防守性策略是指谈判人员在谈判中不主动进攻，采取防守或以守为攻的策略。这类策略的特点是以逸待劳，态度软弱或软中带硬，如"权力有限"策略就是比较典型的防守性策略。

6）回避策略、换位策略和竞争策略

根据谈判中冲突的情形来划分，商务谈判策略可被分为回避策略、换位策略和竞争策略。

回避策略是指以避免正面交锋或冲突的方式来缓和谈判争议点和冲突、赢得谈判目标的策略。

换位策略是指谈判人员从对方的角度来考虑彼此的利益与需要而采取的有关策略。

竞争策略是指在多角谈判或面对潜在对手威胁的情况下，通过运用竞争机制或破坏竞争机制的方式而采取的谈判策略。

7）喊价策略和还价策略

根据在价格谈判中讨价和还价所运用的策略，商务谈判策略可被分为喊价策略和还价策略。

喊价策略是指为达成最有利的交易条件而精心设计的报价艺术与科学。它不仅涉及数字的提出，更是一种心理战术的运用，旨在通过合理的价格定位、灵活的调整机制和巧妙的沟通技巧，引导谈判对手接受己方的条件，从而实现双方利益的平衡与最大化。

还价策略，是谈判人员在对方提出报价后，为了达成更有利于己方的协议而精心策划和实施的应对措施。这一策略不仅要求对对方的报价进行深入分析，评估其合理性与可接受度，还需结合市场行情、自身底线及谈判目标，灵活运用各种谈判技巧，如分阶段让步、条件交换等，以引导谈判向预期方向发展。有效的还价策略能够确保谈判双方在互信基础上，通过理性讨论和策略性妥协，最终实现共赢的结果。

8）单一策略和综合策略

根据谈判策略适用的数量或类型，商务谈判策略可被分为单一策略和综合策略。

单一策略是指谈判人员在谈判过程中使用一个策略或一类策略。

综合策略是指谈判人员在谈判过程中使用多个或多类策略。在谈判实践中，绝大多数的情况是采用综合策略。

9）传统策略和现代策略

根据策略产生的时间，商务谈判策略可被分为传统策略与现代策略。

我国谈判学界以 20 世纪 80 年代为分界线，把在此之前产生的谈判理论和策略称为传统谈判策略；在此以后所产生的谈判理论和策略称为现代谈判策略。

上述谈判策略的划分都是理论性的。在谈判实践中，同一谈判策略可以被归入不同的类别。不同类型的谈判策略有可能是在同一理论基础上产生的。

5.2　商务谈判进程策略

如前所述,商务谈判过程可以划分为不同的阶段,如开局阶段、磋商阶段、结束阶段。在不同的商务谈判阶段,谈判人员会选择与之相适应的谈判策略。

本部分依据商务谈判开局阶段、磋商阶段和结束阶段的划分,介绍与谈判进程相关的应对策略。

5.2.1　谈判开局阶段策略

谈判开局是商务谈判过程的起点。开局的好坏在很大程度决定着整个谈判进程和结果,谈判人员应该高度重视。

在开局阶段,谈判人员的首要任务就是营造适宜的谈判气氛;其次是运用自然的话题进入实质性的谈判阶段;最后是向对方陈述自己的观点、立场,同时注意观察和推测对方的意图。

谈判开局策略是谈判者谋求谈判开局中有利地位和实现对谈判开局的控制而采取的行动方式或手段,包括氛围营造策略、开局陈述策略、察言观色策略。

在商务谈判策略体系中,涉及谈判开局的具体策略有很多。本部分将采用结合谈判实例的分析方法,介绍几种典型的、基本的谈判开局策略。

1)氛围营造策略

(1)协商式开局策略

所谓协商式开局策略,是指在谈判开始时,以"协商""肯定"的方式,使对方对己方产生好感,形成或建立起对谈判的"一致"的感觉,从而使谈判双方在愉快友好的气氛中不断将谈判引向深入。这样,谈判双方在谈判目的、方式和速度达成一致意见后,巧妙地表达了各自的开局目标。

案例窗 5-1

运用协商式开局策略的具体方式有很多。例如,在谈判开始时,以一种协商的口吻来征求对方谈判人员的意见,然后对其意见表示赞同或认可,并按照其意见进行工作。运用这种方式应该注意的是，拿来征求对方意见的问题应是无关紧要的问题，即对方对该问题的意见不会影响到己方的具体利益。另外，在赞成对方意见时，不要献媚，要让对方感觉到己方是出于尊重，而不是奉承。

协商式开局策略的运用还有一种重要途径，就是在谈判开始时以问询方式或补充方式诱使对方谈判人员走入你的既定安排，从而在双方间达成一致和共识。所谓问询方式，是指将答案设计成问题来询问对方。例如："你看我们把价格及付款方式问题放到后面讨论怎么样？"所谓补充方式，是指针对对方意见加以补充，使自己的意见变成对方的意见。采用问询方式或补充方式使谈判步入开局，由于是在尊重对方要求的前提下，形成一种建立在本方意愿基础上的谈判双方间的共识，因而，这种共识容易为对手接受和认可。

协商式开局策略是一种灵活多变的谈判技巧，它能够在高调气氛和自然气氛中游刃有余地施展，然而，在低调气氛中则需慎用。因为在低调的气氛中采取协商式开局，往往会使谈判者陷入不利的被动局面，难以把握谈判的主动权。但是，协商式开局策略如果运用得当，则能够使自然气氛逐渐升温，转化为充满活力和积极性的高调气氛，为谈判的成功奠定坚实的基础。

(2) 保留式开局策略

保留式开局策略是指在谈判开局时，对谈判对手提出的关键性问题不作彻底、确切的回答，而是有所保留，从而给对手造成神秘感，以吸引对手步入谈判。

案例窗 5-2

采用保留式开局策略时不要违反商务谈判的道德原则，向对方传递的信息可以是模糊信息，但不能是虚假信息；否则，会将自己陷入非常难堪的局面之中。

保留式开局策略适用于低调气氛和自然气氛，而不适用于高调气氛。保留式开局策略还可以将其他的谈判气氛转化为低调气氛。

(3) 坦诚式开局策略

坦诚式开局策略是指以开诚布公的方式向谈判对手陈述自己的观点或想法，从而为谈判打开局面。采用这种开局策略时，要综合考虑多种因素，如自己的身份、与对方的关系、当时的谈判形势等。

案例窗 5-3

坦诚式开局策略可以在各种谈判气氛中应用。这种开局方式通常可以把低调气氛和自然气氛引向高调气氛。

（4）进攻式开局策略

进攻式开局策略是指通过语言或行为来表明己方强硬的姿态，从而获得谈判对手必要的尊重，并借以制造心理优势，使得谈判顺利地进行下去。采用进攻式开局策略一定要谨慎，因为在谈判开局阶段就设法显示自己的实力，双方在谈判开局就处于剑拔弩张的气氛中，对谈判进一步发展极为不利。

进攻式开局策略通常只在这种情况下使用，即发现谈判对手在刻意制造低调气氛。这种气氛对己方的讨价还价十分不利，如果不把这种气氛扭转过来，将损害己方的切实利益。

案例窗 5-4

进攻式开局策略可以扭转不利于己方的低调气氛，使之走向自然气氛或高调气氛。但是，进攻式开局策略也可能使谈判陷入僵局。

谈判开局策略的选择要考虑谈判双方的实力对比、谈判形势、谈判气氛营造等一系列因素的制约和影响，选择谈判开局策略，必须全面考虑这些因素，并且在实施时还要依据谈判经验对其进行调整。

2）开局陈述策略

在任何商务谈判中，开始的陈述非常重要，决定着整个谈判的基调。

开局陈述策略是指以言简意赅的语言、诚挚友好的态度向对方叙述自己的观点和立场。

开局陈述的先后顺序和时机应该根据不同的对手、自己的实力和市场需求情况而定。如果对方不肯先发言，那么谈判东道主应该有主人风范，以热情友好的态度先讲话。

3）察言观色策略

察言观色策略是指在谈判开局阶段通过观察对方谈判人员的目光、手势等，判断对方谈判人员的态度和意向，进而确定其相应的谈判策略。

谈判开局阶段，具体还可以采用以逸待劳、盛情款待、先声夺人以及以静制动等策略。

5.2.2　谈判磋商阶段策略

磋商阶段是商务谈判实质性阶段，谈判策略的复杂性在这个阶段体现得最充分。磋商阶段主要包括报价和讨价还价等内容，下面分别介绍报价策略与还价策略。

1）报价策略

报价策略包括报价起点策略、报价时机策略、报价表达策略、报价差别策略、报价对比策略和报价分割策略。

报价起点策略通常是指卖方的报价起点要高，即"开最高的价"；买方的报价起点要低，即"出最低的价"。

报价时机策略是指卖方首先让对方充分了解商品的使用价值和为其带来的实际利益，等买方对此产生兴趣后再来谈价格问题。经验表明，提出报价的最佳时机是在买方询问价格时。

报价表达策略是指无论是口头报价还是书面报价，报价的表达都必须十分肯定、干脆，让人觉得不能再有任何变动，没有任何可以商量的余地。

报价差别策略是指同样的商品根据客户性质、购买数量、需求急缓、交易时间、交货地点、支付方式等方面的不同，应该报出有差别的价格。

报价对比策略是指为了使报价具备可信度和说服力，应采用对比方式进行报价。例如，将本商品的价格与另一可比商品的价格进行对比、将本商品及附加各种利益后的价格与可比商品不附加各种利益的价格进行对比，突出不同使用价值的不同价格。

报价分割策略是指将商品的计量单位细分化，按照最小的计量单位报价，用来迎合买方的追求低价心理。

2）还价策略

还价是指谈判双方针对对方的报价和策略而使用的反提议和相应对策，还价策略有很多，主要包括摸清价格虚实策略和价格让步策略。

（1）摸清价格虚实策略

在还价阶段摸清对方报价的虚实十分重要，也是谈判人员还价的基础。摸清价格虚实的具体策略有很多，包括投石问路、抛砖引玉等具体方法。

第一，投石问路法。提出一组交易的假设条件，向对方进行询价。例如，"假如交易数量加倍（或减半），你方的开价是多少？""假如买下成套设备（或仅购买其中某种产品）你方开价多少？""假如换一种交易方式或条件（如档次、包装、分期付款、交货时间等），那么价格如何？"

案例窗 5-5

第二，抛砖引玉法。在对方询价时，己方不开价，而是举一两个近期达成交易的案例（己方与别的商家的交易，或是市场上的交易），给出其成交价，进行价格暗示，反过来提请对方出价。

（2）价格让步策略

价格让步策略包括先造势后还价、斤斤计较、步步为营、不开先例、最后通牒等策略。

第一，先造势后还价策略。在对方开价后不急于还价，而是指出市场行情的变化趋势（涨价或降价及其原因），或是强调己方的实力与优势（或是明示或暗示对方的弱势），构筑并突出有利于己方的形势，然后提出己方的要价。

第二，斤斤计较策略。叠加各种理由，要求对方在各方面作出相应的让步，虽然每次让步的幅度不大，但也能积少成多，逐步累积成显著的谈判优势。

案例窗 5-6

第三，步步为营策略。首先大幅度地还价（杀价或起价），再一步一步地缓慢退让，最后实现己方的价格目标。

第四，不开先例策略。以我方从未与他人按如此的交易条件（即对方的要价）达成交易，若开此先例，我方将蒙受重大损失，且无法向上级和以往的交易伙伴交代为由，拒绝对方的要价。

案例窗5-7

第五，最后通牒策略。给出我方的最后出价，并声明若对方不接受，我方将退出谈判；或单方宣布谈判结束的最后期限（往往时日临近）。

案例窗5-8

5.2.3　谈判结束阶段策略

经过报价和还价阶段的反复磋商，谈判双方都会不同程度地向对方发出有签约意愿的信号。在这一阶段促成签约的策略主要有：

1）期限策略

这一策略买卖双方都可以采用。供方利用期限的力量促成签约的方法有：存货不多，欲购从速；我们只剩下这么多货了，新的产品要经过很长时间才能生产出来；其他用户也等得不耐烦了；如果现在还不签订合同，我们就无法按规定的期限交货；唯有立刻订货才能保证季节前到货；由于受某些因素的影响，若不尽快签约，以后难免遭受损失。

需方利用期限的力量促成签约的方法有：假如对方对某个条件不肯让步，我们只好另找出路了；我方来电催促，要求五天以内必须到货，否则就不买了；我们不接受某某日期的订单；贵公司先考虑，我去接待其他合作方；告诉对方这时成交最好。

2）优惠劝导策略

谈判者以向对方提供某种特殊的优待作为尽快签订合同的鼓励。例如，采用打折、附送零配件、提前送货、允许试用等手段，促使对方尽快签约。

3）行动策略

假设主要问题已基本谈妥，谈判双方都可采用大胆行动促成签约。如果你是需方，可以拿起笔或向对方借一支钢笔起草协议，边写边询问对方喜欢哪一种付款方法，如果是供方，可以边写边询问对方愿意将货物送到哪个地点或者仓库等。

谈判一方可采取主动提出签约细节的行动策略，向对方提出协议或合同中的某一具体条款的签订问题，如验收条款，需要双方共同商量验收的时间、地点、方式以及技术要求等。

谈判一方可以采取一种表明谈判结束的行动策略，给对方一个购货单的号码，或者和他握手祝贺谈判成功，这些做法有助于加强对方已经作出的承诺。必须注意，不要恭维对方。

5.3 让步的形态、策略与技巧

在商务谈判中，如果谈判双方都坚守各自的边界，互不让步，那么协议将永远无法达成。在价格磋商中，只有双方互有让步与妥协，进行多轮的讨价和还价，才能最终实现交易目标。因此，谈判的过程实质上就是双方不断妥协让步的过程，没有妥协和让步，谈判就失去了意义。

5.3.1 让步的形态

让步本身就是一种策略，在价格谈判中让步的具体方式是多种多样的。下面我们通过一个卖方让步的实例来加以说明。

假设有一位卖主，在讨价还价中准备降价200元，那么他应该如何去做呢？他采取不同的让步形态均能够达到削价的目的。表5-1所列以卖方的让步为例，说明了商务谈判中常见的8种不同的让步形态。

表5-1 常见的让步形态 单位：元

让步形态	最大让步值	一期让步	二期让步	三期让步	最后让步
1	200	0	0	0	200
2	200	200	0	0	0
3	200	50	50	50	50
4	200	60	20	40	80
5	200	80	50	30	40
6	200	80	60	40	20
7	200	140	10	0	50
8	200	160	40	40	−40

1）第一种让步形态

这是一种在让步的最后阶段一步让出全部可让利益的让步方法。使用这种方法，让步方态度果断，有大家风范。这种方法适用于对谈判的投资少，依赖性差，因而在谈判中占优势的一方。让步方有可能在谈判中取得较大利益，但由于开始阶段的寸步不让，有可能失去谈判伙伴，具有较大的风险性。

2）第二种让步形态

这是一种一次性让步的策略，即一开始就拿出全部可让利益的策略。让步方采用这种方法表明其诚恳、务实、坚定的态度，适用于己方处于谈判的劣势或谈判各方之间的关系较为友好的谈判。采用这种方法有可能打动对方采取回报行为，达成交易；但也有可能给对方传递一种尚有利可图的信息，导致其期望值大增，使谈判陷入僵局。

3）第三种让步形态

这是一种等额的让出可让利益的策略。这种方法态度谨慎，步子稳健，适用于缺乏谈判知识或经验的情况，以及在进行一些较为陌生的谈判时应用。这是一种在商务谈判中应用极为普遍的谈判策略。采用这种谈判方法买主不易占便宜，有利于双方充分讨价还价，但谈判效率极低。

4）第四种让步形态

这是一种先高后低又拔高的让步形态。这种方法比较机智灵活，富于变化，适用于在竞争性较强的谈判中，由谈判高手来使用。采用这种方法使谈判富有活力且容易争取较大利益，但由于这种策略表现为由少到多且不稳定，容易鼓励对方得寸进尺，继续讨价还价。另外，这种让步形态还容易给对方造成我方不够诚实的印象。

5）第五种让步形态

这是一种从高到低又微高的让步形态。这种方法以合作为主、竞争为辅、诚中见虚、柔中带刚，适用于以合作为主的谈判。采用这种方法对买主具有较强的诱惑力，谈判成功率较高；但也容易给强硬的买主造成己方软弱可欺的印象，激起对手的进攻性。

6）第六种让步形态

这是一种由大到小、逐次下降的让步形态。这种方法比较自然、坦率，符合商务谈判中讨价还价的一般规律，适用于商务谈判中的提议方。采用这种方法易为人们接受，一般不会产生让步上的失误。但由于买主争取到的利益越来越少，故其终局情绪不会太高。

7）第七种让步形态

这是一种开始时大幅递减但又出现反弹的让步形态。这种方法给人以软弱、憨厚、老实之感，因此成功率较高。这种策略适用于在谈判竞争中处于不利境地，但又急于获取成功的谈判。采用这种方法是一种艺术的求和姿态，有可能换得对方较大的回报；但如果遇到贪婪的对手时，会刺激对手变本加厉，得寸进尺，导致谈判僵局。

8）第八种让步形态

这是一种在开始阶段让出全部利益，前三期赔利相让，到第四期再讨回赔利相让部分的谈判策略。这种方法风格果断诡诈，又具有冒险性。其适用于陷于僵局或危难性的谈判。采用这种方法技巧性极强，但风险也较大，有可能损害己方的利益。

以上各种让步形态，各有其特点和利弊，分别适用于不同的特点、内容和形式的商务谈判。因此，谈判人员应根据具体情况进行选择。

5.3.2 让步的策略与技巧

在讨价还价过程中，让步是使谈判得以继续进行并取得成功的常用方法。但由于牵涉到许多因素，如用什么方式（让步的幅度与节奏）、在什么时候（让步的时机）、在什么方面（让步的来源与代价），因此在让步时需要进行周密的考虑，制定相应的让步策略，才能获得成功。

1）让步的幅度与节奏

（1）一次让步的幅度不宜过大，节奏也不宜太快

因为让步的幅度太大以及节奏太快，会使对方感到己方这一举动是心理脆弱、不堪重负的表现，会导致对方建立自信心，提高期望值，并使其在以后的谈判中占据主动地位。在这种情况下，要让对方作出同等幅度的让步是很困难的。在一般情况下，买方处在比卖方稍为有利的地位，因此买方比卖方的让步幅度稍小一些，即从一开始只做小幅度的让步，并在以后始终保持缓慢让步的节奏。相反，卖方开始所作的让步可以稍大些，以后再缓慢地让步。经验证明，出价较低的买主，通常也能以较低的价格买入；愿意以较低的价格出售的卖主，通常就会以较低的价格卖出。一次只作少许让步的人，结果对他也较为有利；一次就作较大让步的人，通常都会损失较大。

（2）让步的幅度与节奏应具有不可预测性

如果谈判者向对方所作的让步，在让步的幅度与节奏上具有可测性，对方谈判人员就会根据己方让步的幅度与节奏来判断你所作让步的类型，从而易使己方陷入被动

的地位。

(3) 不要承诺作同等幅度的让步

例如，对方在某一条件上向我方作了50%的让步，而己方在另一条件上作了40%的步。如果对方说，"你方也应该对我方作出50%的让步"，己方则可以用"我方无法承受50%的让步"来委婉拒绝对方。

2) 让步的时机

(1) 双方让步要同步进行，以让步换让步

己方在每一次让步以后，对方也必须作相应的让步，在对方作出相应的让步前，不能再让步。来而不往非礼也。当谈判者在商务谈判中采取横向谈判的方式时，谈判双方可以在各个不同的议题上进行利益交换，从而实施互惠互利的让步策略。争取互惠互利的让步，除了跟谈判中采取的商议方式有关外，还需要谈判者有开阔的思路和视野。谈判者要将谈判看成一盘棋来布局，除了某些本方必须得到的利益外，不要太固执于某一个问题的让步，在一个问题上卡死。

(2) 不要作无谓的让步

让步是为了换取对方在其他方面的相应让步或优惠，而且让步要让在刀口上，让得恰到好处，使我方以较小的让步给对方以较大的满足。绝不能以让步作为赢得对方好感的手段，也就是说不要做消极让步而是要做积极让步。

(3) 不要轻易地接受对方首次作出的让步要求

要让对方感到从己方得到让步不是件轻而易举的事，每次作出的让步都是重大的让步，他才会珍惜所得到的让步。因此，作让步时，一定要表现出非常勉强的样子。切莫让对方毫不费力地获得我方的让步，因为从心理学角度来说，人们对不劳而获或轻易得到的东西通常都不会珍惜。

(4) 在实际作出让步之前，不向对方透露相关内容

经验丰富的谈判人员在决定让步以前，是不会向对方透露让步的具体内容的。在需要作让步的时候并不清楚地说出来，而只为以后的让步露出风声，以期对方作出相应的承诺，这时惯用的说法是："好吧，让我们暂时把这个问题放一放。我想这个问题过些时候若要解决是不会太困难的。"

(5) 灵活选择让步的具体时间

让步的具体时间可以提前也可以延后，只要能满足对方的要求就行。选择的关键在于让对方能够马上就接受，没有犹豫不决的余地。

3）让步的来源与代价

（1）设法使对方在重要的问题上先让步，而己方可以在较次要的问题上先作让步

但应该注意的是，该问题对己方可能是次要的，但对对方是重大的问题，此时己方对这类次要问题不要轻易作出让步。经验证明，在重要问题上先作让步的人，一般来说都会失败。

（2）尽量作出对己方毫无损失甚至是有益的让步

这主要表现在谈判者在行为举止上迎合对方自尊的需要，使之产生满足感。例如，注意倾听对方的发言；对待对方的态度温和而有礼貌；尽量给对方以圆满的回答；向他表明他所受到的招待是最高级的；向对方保证未来交易获得的优待；尽量反复地向对方指出这次交易将给他完美的售后服务；让自己组织中高级主管与之谈判以抬高其身价；不厌其烦地向对方指出为何根据我方的条件达成协议对他有利；让对方自由地求证我方所说的一切；经常说"我会考虑你方的意见"或"这件事我会考虑一下"之类的话。

这种无所谓让步会产生意想不到的效果，使对方作出实质性的让步。正如莎士比亚所说的："人们满意时，会付高价钱。"这是因为许多谈判者并不计较许多非根本利益的得失，而更注意维护自尊。因此，在国际商务谈判中，要尽量采取于己无损的让步，发挥其最大的效用。

5.4　僵局处理策略与技巧

在谈判过程中，如果谈判双方的期望相差太大，而彼此又都不肯作出任何让步或妥协，此时谈判就会陷入僵局。这种局面是谈判双方都不愿意面对的。因为僵局是一股巨大的压力，许多谈判者往往因为承受不了这种压力而变得焦虑不安、章法大乱，企图以过大、过快的让步排除这种压力。而事实上让步的一方往往招致损失，有违初衷。因此，在国际商务谈判过程中，一方面要尽可能避免谈判僵局的出现，另一方面一旦发现谈判双方已经处于谈判僵局状态，则双方要针对僵局的类型和起因积极采取相应的措施来打破僵局，以使谈判能够顺利进行。

5.4.1　僵局的种类和起因

1）僵局的种类

按僵局出现的时间划分，僵局可被分为谈判初期僵局、中期僵局和后期僵局。

（1）谈判初期僵局

在谈判初期，由于一方在谈判前准备不够充分，或由于沟通不畅造成误会，可能使另一方在感情上受到很大伤害，导致谈判开局阶段就陷入僵局，甚至使谈判草草收场。

案例窗5-9

（2）谈判中期僵局

谈判中期是谈判的实质性阶段，由于双方在合作背后客观上存在利益冲突，这就可能使谈判难以取得一致，而形成中期僵局。中期僵局常常出现，反反复复，而且形式多样。如果双方目标利益差距过大，或都不愿在关键问题上让步，那么中期僵局往往导致谈判破裂。

案例窗5-10

（3）谈判后期僵局

谈判后期双方已就大多数重大原则性问题达成协议，但仍有如付款条件、产品验收等执行细节问题需要商议。如果对这些问题掉以轻心，则有时仍会出现重大问题而前功尽弃。当然，后期僵局相对而言较易解决，只要某一方大度一点，稍作让步便可顺利结束谈判。

案例窗5-11

按出现僵局时谈判的内容划分，谈判僵局可被分为不同内容的谈判僵局。

一般而言，谈判双方有不同的标准、技术要求、项目合作价格、验收标准、违约责任等，如果双方不能针对这些问题进行有效的协商，则会引起内容方面的谈判僵局。当然，在所有导致内容上的谈判僵局中，价格僵局是发生频率最高的一个方面。

2）僵局的成因

（1）僵局产生的根本原因

谈判双方的利益对立是产生僵局的根本原因。从表面上看，导致谈判产生僵局的原因很多，情况也很复杂，但是谈判僵局出现的深层次原因是谈判双方存在利益上的对立；同时，必须看到，这种利益上的对立多数是局部的。而从整个谈判的全局来看，成功的谈判或谈判成功才能满足双方最大的利益。因此，利益上的对立并非根本利害冲突。看到这一点，谈判者的才智、谋略和技巧才是处理谈判僵局的关键。

（2）僵局产生的具体原因

具体而言，僵局产生的具体原因有以下几个方面：

第一，谈判一方由于实力强大，故意制造僵局来给对方施加压力。在这种情况下，僵局作为一种策略来使用，目的是迫使对方就范。

第二，观点的争执。在讨价还价的谈判过程中，谈判双方因意见分歧，各执己见，必然会发生争执和冲突；当争执和冲突激烈、互不相让时，便会出现僵局。

第三，谈判双方用语不当。谈判双方用语不当造成感情上的强烈对立，双方都感到自尊受到伤害，因而不肯作丝毫的让步，谈判便会陷入僵局。

第四，谈判中形成一言堂。谈判中的任何一方，不管出于何种目的和心理，如过分地、滔滔不绝地讨论自己的观点而忽略对方的反应和陈诉机会，必然会使对方感到不满和反感，造成潜在的僵局。

第五，谈判人员素质低下。谈判人员素质的高低往往成为谈判顺利进行与否的决定性因素。无论是谈判人员工作作风方面的原因还是谈判人员知识经验、策略技巧方面的不足或失误，都可能导致谈判陷入僵局。

第六，信息沟通障碍。谈判本身是通过"讲"和"听"来进行沟通的。双方信息传递失真或理解出现偏差，都极易导致僵局的出现。这种信息沟通方面的障碍可能是口译方面的，也可能是合同文字方面的。

第七，合理要求的差距。谈判双方从各自的角度出发，双方各有自己的利益需求。在双方的要求都很合理的情况下，而且都迫切希望从这桩交易中获得所期望的利益而又不肯作进一步的让步时，僵局也就不可避免。因此，在商务谈判实践中，即使双方都表现出十分友好、真诚与积极的态度，但如果谈判所取得的收益与双方各自所期望得到的收益存在较大差距，就难免会出现僵局。

3）对谈判僵局的正确认识

在谈判实践中，很多谈判人员害怕僵局的出现，担心出现僵局而导致谈判暂停乃至最终破裂。其实僵局的出现并不可怕，重要的是要正确地对待和认识它，并且能够认真分析导致僵局的原因，以便对症下药，打破僵局，使谈判顺利进行。

案例窗 5-12

5.4.2　突破僵局的策略

在谈判遇到僵局的时候要想突破僵局，谈判人员不仅要分析原因，还要明确分歧所在的环节及具体内容。在厘清这些问题的基础上，谈判人员应进一步估计目前谈判所面临的形势，想办法找出造成僵局的关键问题和关键人物，再认真分析在谈判中受哪些因素的制约，并积极主动地做好有关疏通工作，最终形成突破僵局的策略和技巧，以便确定整体行动方案并予以实施，从而突破僵局。现将突破僵局的一般方法分述如下：

1）采用换位思考的方式审视问题

所谓换位思考，即站在对方的立场和角度来看待问题。当谈判陷入僵局时，如果己方能够从对方的角度思考问题，或设法引导对方站到己方立场上来思考问题，构成双方都能接受的方案，那么有积极的推动作用。

案例窗 5-13

2）扩展谈判领域，寻找替代方案

谈判各方在坚持自己的谈判方案而互不相让时，谈判就会陷入僵局。这时破解僵局的最好方法是，各自都放弃自己的谈判方案，共同寻求一种可以兼顾各方利益的第三方案。

　　例如，某大型企业开发出一种新产品，而某小型企业的产品是与之配套的一种零件，两家企业就这种新产品的配套问题进行谈判，因价格问题陷入僵局。大型企业出价每个零件7元，小型企业要价8元，互不相让。大企业的理由是，若每个零件超过7元，就很难迅速占领市场。小型企业的理由是，若零件低于8元，企业就将亏损。从表面上看，双方都要维护自己的利益，实际上买卖做不成，双方都没有利益。在这一前提下，双方交换了意见，最后以每个零件7.3元达成协议。这样的结果是，大型企业解决了占领市场的难题，而小型企业虽然微利供货，但与大客户建立了长期合作关系，拥有长期可观的经济效益。

3）对对方的无理要求据理力争

　　如果僵局的出现是由对方的无理要求导致的，这时任何退让和妥协都是危险的，必须作出明确而坚决的反应。因为此时的退让将可能提高对方的胃口而步步紧逼迫己方承受难以弥补的损失，所以此时必须据理力争，让对方自知观点难以成立，不可无理强争，这样可使他们清醒地权衡得与失，作出相应的让步，从而打破僵局。

案例窗5-14

　　当然，据理力争要讲究方式方法。采用一些机智的办法应对，往往比直接正面交锋要更有效。如采用适当的幽默性语言对对方的无理要求进行解释，可不失体面地使对方了解你的立场，从而知趣地退让，使僵局得以打破。

案例窗5-15

4）休会

　　当谈判形成僵局时，谈判双方可能都需要一定的时间来进行思考、调整思路或者双方的谈判人员之间需要停下来统一认识，商量对策。因此，适当的休会不仅可以缓和剑拔弩张的气氛，也有利于双方冷静而全面地审视问题，理智地作出判断，为重开谈判打破僵局做好准备。

为了使我方的提案能引起对方的重视，在决定休会之前，可以向对方重申一下我方的提议，使对方在头脑冷静下来以后，利用休会的时间认真思考。

休会是打破僵局的一个好方法，但也有可能是谈判对手的一种拖延战术，特别是客场谈判时，应注意这个问题。

案例窗5-16

5）更换谈判人员

如果谈判僵局是由于双方感情上的严重对立而引起的，即对方既不同意你的观点，也不能从心理上接受你，他把你所持的态度不加分析地当成恶意的或恶毒的动机，显然这种情况下无法营造创造性解决问题的气氛。如果是由于你伤害对方的自尊心而引起的，他很可能跟你敌对下去，没完没了，即使你搬出所有的逻辑、事实、观点和证据都无济于事，这时视情况需要可以考虑更换谈判人员。这样可以缓和谈判气氛，为进一步沟通创造条件，从而促使谈判取得进展。

案例窗5-17

6）改变谈判环境，利用场外交易

正式的谈判环境容易给人带来一种严肃的感觉。特别是谈判双方各执己见、互不相让甚至话不投机、横眉冷对时，这样的环境就更容易让人产生一种压抑的、沉闷的感觉。这时，谈判的东道主一方可以组织双方谈判人员进行一些适当的娱乐活动，不知不觉改变谈判环境，使双方人员在不拘形式、融洽愉快的气氛中就某僵持的问题继续交换意见。同时，在这样一种不拘形式的气氛下，双方也可大谈一些共同感兴趣的话题，如大到时事热点、双方公司制度，小到家庭、友人、孩子，这样可以增进彼此的友谊，对问题的解决起到润滑剂的作用。同时，利用场外交易可使一些在会议桌上难以公开谈论的想法、意见，通过私下交谈得以沟通。

当然，任何事物都是一分为二的。利用场外交易也具有一定的危险性，这种危险在于失去原则和分寸。谈判对手可能将场外交易作为对付你的策略。他们可能热情地招待你，说恭维你的话，或者给你看他收到的指示。这时许多人会丧失警惕，轻易相信可能是虚假的信息，吐露商业秘密，或者在自尊心得到极大满足后变得非常慷慨大方，从而最后输得一塌糊涂。现实生活中这样的事例屡见不鲜，应引以为戒。

案例窗 5-18

7) 釜底抽薪

当谈判陷入僵局，经过仔细分析发现双方利益差距在合理限度内，对方坚持仅是想获得更多期望利益时，即可采用釜底抽薪策略，即将合作条件绝对化，明确表明自己无退路，希望对方能让步，否则情愿接受谈判破裂的结局。

运用这种方法突破僵局的前提是双方利益差距不超过合理限度。只有这样，对方才有可能忍痛割舍部分期望利益，委曲求全，使谈判继续进行下去。如果双方利益差距太大，只靠对方单方面的努力和让步无法弥补差距时，采用这种方法，只会导致谈判破裂。因此，这种方法不能随便使用，往往是谈判陷入僵局而又实在无计可施时，将此方法当成最后一个选择，但必须做好谈判因此破裂的思想准备。

案例窗 5-19

8) 借题发挥

谈判实践表明，在一些特定的形势下，抓住对方的漏洞，小题大做，会给对方一个措手不及，这对于突破谈判僵局会有意想不到的效果，这就是所谓的从对方的漏洞中借题发挥。

从对方的漏洞中借题发挥的做法有时被看作一种无事生非、有伤感情的做法。然而，对于某些谈判对手的不合作态度或试图恃强欺弱的做法，运用从对方的漏洞中借题发挥的方法作出反击，往往可以有效地使对方有所收敛。相反，不这样做反而会招致对方变本加厉地进攻，从而使己方在谈判中进一步陷入被动局面。事实上，当对方不是故意地在为难我们，而己方又不便直截了当地提出来时，采用这种旁敲侧击的做法，往往可以使对方知错就改，主动合作。

案例窗5-20

9）有效退让

对于谈判任何一方而言，坐到谈判桌上来的目的主要是成功达成协议，而很少有抱着失败的目的前来谈判的。因此，当谈判陷入僵局时，谈判者应清醒地认识到，如促使合作成功所带来的利益要大于坚守原有立场而让谈判破裂所带来的好处，那么有效的退让也是谈判者应该采取的一种策略。

如果是一个成熟的谈判者，他应该明智地考虑在某些问题上稍作让步，而在另一些方面去争取更好的条件。比如，在引进设备的谈判中，有些谈判人员常常会因为价格上存在分歧而使谈判不欢而散，连设备的功能、交货时间、运输条件、付款方式等问题尚未来得及涉及，就匆匆地退出了谈判。事实上，作为购货的一方，有时完全可以考虑接受稍高的价格，而在购货条件方面，就有更充分的理由向对方提出更多的要求。例如，增加相关的功能，缩短交货期限，或在规定的年限内提供免费维修的同时，争取在更长的时间内免费提供易耗品，或分期付款等。这样做，比起匆匆而散的做法要经济得多。

经验表明，在商务谈判中，当谈判陷入僵局时，如果对国内、国际情况有全面的了解，对双方的利益所在又把握得恰当准确，那么谈判者就应以灵活的方式在某些方面采取退让的策略，去换取另外一些方面的利益，以挽回看来已经失败的谈判，达成双方都能够接受的协议。

案例窗5-21

以上列举了一些突破谈判僵局的策略，谈判实践中还有许多策略，在此不一一列举。在具体谈判中，最终采用何种策略应该由谈判人员根据当时当地的谈判背景与形势来决定。

❖ **延伸学习 5-1**

　　在87版电视剧《红楼梦》第14集中，贾芸求职就采用了多个谈判策略，包括润滑策略、找准谈判时机、给人戴高帽子等多种谈判策略，最终使自己求职成功。

本章小结

　　本章介绍了商务谈判策略的含义、构成要素、特征、作用以及类型，主要介绍了谈判进程相关的策略，同时介绍了妥协让步的策略与技巧，僵局突破的策略与技巧。

　　谈判进程相关的策略包括谈判开局策略、谈判磋商策略以及谈判结束阶段策略。谈判开局策略包括氛围营造策略、开场陈述策略、察言观色策略。谈判磋商阶段的策略包括报价策略、还价策略，谈判结束阶段的策略包括期限策略、优惠劝导策略和行动策略。

　　妥协让步策略包括常见的8种让步形态和相应的让步策略与技巧。

　　谈判中会产生僵局，突破谈判僵局的策略技巧有：采用换位思考的方式审视问题，扩展谈判领域、寻找替代方案，对对方的无理要求据理力争，休会，更换谈判人员，改变谈判环境、利用场外交易，釜底抽薪，借题发挥，有效退让等。

关键术语

　　商务谈判策略　策略构成要素　策略类型　开局阶段策略　磋商阶段策略　结束阶段策略　让步　僵局处理

基础训练

第5章不定项选择题

第5章判断题

❖ **简答题**

1.谈判技巧的选用是否与谈判目标、方针、策略有紧密的关联性？试举例说明。

2.卖方要求以他提供的协议书为蓝本开启谈判的做法属于何种谈判技巧的使用？面对这样的技巧应如何化解？

3.在交锋技巧中，选用"先发制人"与"后发制人"时各需考虑什么样的前提条件？

4.私下谈判技巧使用的前提条件是什么？有可能产生什么问题？

5.当对方坚持立场、毫不退让时，谈判者应当怎样对待？

❖ **思考题**

当你根据合同向一家电影制片厂提供舞台布景时，他们不断以各种方式刁难你，如改变主意、加各种新鲜玩意儿、提出迅速交货的额外要求等；同时，他们要把合同的价格压到最低。你应该怎做呢？这一工作已是毫无赚头了，可是电影并没拍完。

A.立刻作出一份详细报告，记录下对合同的修改，即每一项额外的费用，然后通知制片人

B.一直等到知道全部费用的金额后，再按通常的方式给制片人送去账单，你有权根据法律索取全部额外费用

C.把各种费用都登记在账单上，以便将来你必须与对方谈判并找到一个解决办法时派上用场

D.威胁对方说，除非他们同意付清到目前为止的费用，否则就要撤销合同，并就本合同未完成的部分重新谈判，他们没有你是干不下去的

❖ **谈判实训**

由 3~5 人组成小组，针对下述销售情景，设计一套谈判策略模式。

陈文大学毕业后自己创业，在家人和朋友的帮助下开了一家商贸有限公司，代理销售各种品牌的建筑装修（装饰）材料。日常工作中，陈文几乎每天都与大大小小的客户打交道，与他们就产品交易条件展开谈判。因此，如何筹划安排谈判活动、如何报价还价、如何达成协议，就成了他每天必须面对的问题。

请你的小组为陈文设计出一套产品销售时的谈判策略模式。

❖ **案例分析**

技术谈判的失败案例

中海油某公司欲从澳大利亚某研发公司（以下简称 C 公司）引进"地层测试仪"，双方就该技术交易在 2000—2002 年举行了多次谈判。地层测试仪是石油勘探开发领域的一项核心技术，掌控在国外少数几家石油巨头公司手中，如斯伦贝谢、哈利伯顿等。它们对中国实行严格的技术封锁，不出售技术和设备，只提供服务，以此来占领中国广阔的市场，赚取高额垄断利润。C 公司因缺乏后续研究和开发资金，曾在 2000 年之前主动带着其独立开发的、处于国际领先水平的该设备来中国寻求合作者，并先后在中国的渤海和南海进行现场作业，效果很好。

中方于 2000 年年初到 C 公司进行全面考察，对该公司的技术设备很满意，并就技术引进事宜进行正式谈判。考虑到这项技术的重要性以及公司未来发展的需要，中方谈判的目标是出高价买断该技术。但 C 公司坚持只给中方技术使用权，允许中方制造该设备，技术专利仍掌控在自己手中，不同意将公司赖以生存的核心技术卖掉，委

身变成中方的海外子公司或研发机构。双方巨大的原则立场分歧使谈判在一开始就陷入僵局。

中方向C公司表明了立场之后，对谈判进行"冷处理"，回国等待。迫于资金短缺的巨大压力，C公司无法拖延谈判时间，在2000—2002年就交易条件多次找中方磋商，试图打破僵局。由于种种原因，中澳双方最终没能达成协议，谈判以失败告终。但中海油科技工作者最终走出了一条自力更生的技术创新之路。

资料来源：仰书纲.商务谈判理论与实务[M].北京：北京师范大学出版社，2007.

思考：

1.在谈判过程中，中澳双方谈判僵局的成因是什么？

2.在谈判过程中，为了化解僵局，中方采用了哪些策略？

3.试分析中澳谈判失败的原因。

4.面对中澳谈判的僵局，你受到哪些启示？

第6章 商务谈判的心理

学习目标

本章旨在帮助学习者理解和掌握商务谈判心理的特点、意义和机制，了解商务谈判中的人员个性，掌握商务谈判心理的实用技巧，提高谈判者营造谈判气氛的能力，驾驭谈判进程。

❖ **引例**

【案例1】1986年，日本一个客户与我国某省外贸公司洽谈毛皮生意，条件优惠却久拖不决。转眼过去了两个多月，原来一直兴旺的国际毛皮市场货满为患，价格暴跌，这时日商再以很低的价格收购，使我方吃了大亏。

【案例2】据记载，一个美国谈判代表被派往日本谈判。日方在接待的时候得知对方需于两个星期之后返回。于是，日本人没有急着开始谈判，而是花了一个多星期的时间陪他在国内旅游，每天晚上还安排宴会。谈判终于在第12天开始，但每天都早早结束，为的是客人能够去打高尔夫球。终于在第14天谈到重点，但这时候美国人该回去了，没有时间和对方周旋，只好答应对方的条件，签订了协议。

资料来源：丁建忠. 商务谈判教学案例［M］. 北京：中国人民大学出版社，2005.

风云变幻的商务谈判是人们彼此交换思想，展示谈判者实力、心理与个性的一种活动。谈判桌上所陈述的意见、作出的提议、采取的策略、随机应变作出的反应和最终的决定，无一不是谈判者心理活动的结果。

谈判者的心理与个性对谈判的整个进程都起着潜移默化的作用，产生正面或负面的影响。因此，要使谈判获得成功，就必须研究和掌握谈判心理。只有掌握了谈判者的心理与个性，才能正确判断谈判的发展趋势，占据主动和优势，合理调整自己的对策，控制谈判进程，准确引导谈判，争取最佳的谈判效果。对商务谈判心理的熟悉还有助于增强谈判人员谈判的艺术性，从而灵活有效地处理好各种复杂的谈判问题。本章对商务谈判心理进行系统的分析与探讨。

6.1　商务谈判心理概述

人是具有心理活动的。一般地说，当面对壮丽的河山、秀美的景色时，正常的人会产生喜爱、愉悦的情感，进而会形成美好的记忆；看到被污染的环境、恶劣的天气、战争的血腥暴行，会出现厌恶、逃避的心情，并会留下不好的印象。这些就是人的心理活动、心理现象，即人的心理。心理是人脑对客观现实的主观能动反映。人的心理活动一般有感觉、知觉、记忆、想象、思维、情绪、情感、意志和个性等。人的心理是复杂多样的，人在不同的专业活动中会产生各种与不同活动相联系的心理。

商务谈判心理是指在商务谈判活动中谈判者的各种心理活动，是谈判者在谈判活动中对各种情况、条件等客观现实的主观能动反映。譬如，当谈判者在商务谈判中第一次与谈判对手会晤时，对方彬彬有礼、态度诚恳、易于沟通，就会对对方有好的印象，对谈判取得成功抱有希望和信心；反之，如果谈判对手态度狂妄、盛气凌人，难以友好相处，就会给谈判者留下不良印象，从而对谈判的顺利开展产生不利影响。

6.1.1　商务谈判心理的特点

与其他的心理活动一样，商务谈判心理有其特点和规律性。一般来说，商务谈判心理具有内隐性、相对稳定性、个体差异性等特点。这些特点在商务谈判中发挥重要作用，以下对这些特点进行详细说明。

1）内隐性

商务谈判心理的内隐性是指商务谈判心理是隐藏于谈判者内心的思想性活动，具有一定的隐蔽性，难以被他人直接观察到。然而，由于人的心理与行为之间存在密切的联系，因此可以通过观察谈判者的外显行为来推测其内心活动。例如：在商务谈判中，如果谈判者对所购买的商品在价格、质量、售后服务等方面的谈判协议条件感到满意，那么他们往往会表现出温和、友好、礼貌和赞赏的态度、反应及行为举止；相反，如果谈判者对谈判协议条件感到不满意，他们可能表现出冷漠、粗暴、不友好、怀疑甚至挑衅的态度反应及行为举止。

掌握这些行为反应与心理状态之间的对应关系，有助于谈判者更充分地了解对方的心理状态，从而作出更明智的决策。

2）相对稳定性

商务谈判心理的相对稳定性是指谈判者的某种商务谈判心理现象产生后，往往会在一段时间内保持相对稳定。这种稳定性使得谈判者可以通过观察和分析来认识对方的心理，同时运用一定的心理方法和手段去改变对方的心理，以有利于商务谈判的顺利开展。例如，谈判者的谈判能力虽然会随着谈判经历的增多而有所提升，但在一段时间内，其谈判能力水平是相对稳定的。

谈判者的性格特征，如脾气暴躁或性格内向等，也具有一定的稳定性，这些特征会影响他们在谈判中的表现和策略选择。

了解商务谈判心理的相对稳定性，有助于谈判者更好地把握谈判节奏和策略，以应对不同的情况和挑战。

3) 个体差异性

商务谈判心理的个体差异性是指因商务谈判者个体在成长过程中受遗传和环境的交互影响，个体在心理特征上显示出彼此各不相同的现象。这种个体差异要求人们在研究商务谈判心理时，既要注重探索商务谈判心理的共同特点和规律，又要注意把握不同个体心理的独特之处。例如，不同的谈判者可能具有不同的风险偏好和决策风格，这会影响他们在谈判中的决策和行动。谈判者的文化背景和价值观也会影响他们在谈判中的表现和策略选择。

了解商务谈判心理的个体差异性，有助于谈判者更好地了解对方的心理需求和偏好，从而制定更符合对方心理的谈判策略，提高谈判的成功率。

谈判者需要充分了解上述特点，并灵活运用心理学知识和技巧来应对不同的谈判情境和挑战，以实现自己的谈判目标。

6.1.2 研究和掌握商务谈判心理的意义

商务谈判既是商务问题的谈判，又是心理的较量。它不仅被商务实际条件所左右，也受到商务谈判心理的影响。

掌握商务谈判心理现象的特点，认识商务谈判心理发生、发展、变化的规律，对于商务谈判人员在商务谈判活动中养成优良的心理素质，保持良好的心态，正确判断谈判对手的心理状态、行为动机，预测和引导谈判对手的谈判行为，有着十分重要的意义。此外，商务谈判的虚虚实实、真真假假的心理策略对谈判结果影响很大。

研究和掌握商务谈判心理，对于商务谈判有以下几方面的作用：

1) 有助于培养谈判人员自身良好的心理素质

谈判人员良好的心理素质是谈判取得成功的重要基础条件。谈判人员相信谈判成功的坚定信心、对谈判的诚意、在谈判中的耐心等都是保证谈判成功的必要心理素质。

谈判人员对商务谈判心理有正确的认识，就可以有意识地培养自身优良的心理素质，摒弃不良的心理行为习惯。商务谈判人员应具备的基本心理素质有如下方面：

（1）自信心

所谓自信心，就是相信自己的实力和能力。它是谈判者充分施展自身潜能的前提条件。自信不是盲目自大和唯我独尊。自信是在充分准备、充分掌握信息和对谈判双方实力科学分析的基础上对自己有信心，相信自己要求的合理性、所持立场的正确性及说服对手的可能性。只有自信，才能有惊人的胆魄，才能做到大方、潇洒、不畏艰难和百折不挠。

（2）耐心

商务谈判的状况各种各样，商务谈判人员必须有抵御挫折和打持久战的心理准备。耐心是谈判者抵御压力的必备品质和谈判者争取机遇的前提。耐心也是应对意气用事的谈判对手的策略武器，能取得以柔克刚的良好效果。

此外，在僵局面前，谈判人员也一定要有充分的耐心，以等待转机。谁有耐心、沉得住气，谁就可能在打破僵局后获取更多的利益。

（3）诚意

一般来讲，商务谈判是一种富有建设性的谈判，需要双方都具有诚意。诚意是一种负责的精神，诚恳的态度是谈判双方合作的基础，也是影响、打动对手心理的策略武器。有了诚意，双方的谈判才有坚实的基础，才能真心实意地理解和谅解对方，并取得对方的信赖；才能求大同、存小异，取得和解和让步，促成良好的合作。要做到有诚意，在具体的活动中，谈判人员对于对方提出的问题，要及时答复；对方的做法有问题，要适时恰当地指出；自己的做法不妥，要勇于承认和纠正；不轻易许诺，承诺后要认真履行。诚信能使谈判双方实现良好的心理沟通，保证谈判气氛的融洽稳定，排除一些细枝末节的小事的干扰，使双方谈判人员的心理活动保持在较佳状态，建立良好的互信关系，提高谈判效率，使谈判向顺利的方向发展。

2）有助于揣摩谈判对手的心理，实施心理诱导

谈判人员对商务谈判心理有所认识，经过实践锻炼，可以通过观察分析谈判对手的言谈举止，弄清谈判对手的心理活动状态，如其个性、心理追求、心理动机、情绪状态等。谈判人员在谈判过程中，要仔细倾听对方的发言，观察其神态和表情，留心其举止，包括细微的动作，以了解谈判对手心理，了解其深藏于背后的实质意图、想法，识别其计谋或攻心术，防止掉入对手设计的谈判陷阱，并作出正确的谈判决策。

人的心理与行为是相互联系的，心理引导行为。弗朗西斯·培根（Francis Bacon）在《论谈判》中指出："与人谋事，则须知其习性，以引导之；明其目的，以劝诱之；谙其弱点，以威吓之；察其优势，以钳制之。"培根此言对于从事商务谈判者至今仍有所裨益。

3）有助于恰当地表达和掩饰我方心理

商务谈判必须进行沟通。了解商务谈判心理，有助于表达我方心理，可以有效地促进沟通。如果对方不清楚我方的心理要求或态度，则在必要时我方可以通过各种合适的途径和方式向对方表达，以有效地促使对方了解并重视我方的心理要求或态度。

作为谈判的另一方，谈判对手也会分析研究我方的心理状态。我方的心理状态往往蕴含着商务活动的重要信息，有的是不能轻易暴露给对方的。掩饰我方心理，就是要掩饰我方有必要掩饰的情绪、需要、动机、期望目标和行为倾向等。在很多时候，这些是我方在商务谈判中的核心机密，失去了这些秘密也就失去了主动地位。这些秘密如果为对方所知，就成了助长对方谈判策略的温床。商务谈判的研究表明，不管是红白脸的运用、撤出谈判的胁迫、最后期限的通牒、拖延战术的采用等，都是以一方了解了另一方的某种重要信息为前提，与一方充分把握另一方的心理态度有关，因而对此不能掉以轻心。

为了不让谈判对手了解我方某些真实的心理状态、意图和想法，谈判人员可以根据自己对谈判心理的认识，在言谈举止、信息传播、谈判策略等方面施以调控，对自己的心理动机或意图、情绪状态等作适当的掩饰。如在谈判过程中被迫作出让步，不得不在某个已经决定的问题上撤回，为了掩饰在这个问题上让步的真实原因和心理意图，谈判人员可以用类似"既然你方在交货期方面有所宽限，我方可以在价格方面作出适当的调整"等言辞加以掩饰。若我方面临着时间压力，为了掩饰我方重视交货时间的这一心理状态，可借助多个成员提出不同的要求，以扰乱对方的视线，或在议程安排上有意加以掩饰。

4）有助于营造良好的谈判氛围

商务谈判心理的知识有助于帮助谈判人员协调与对方的互动，形成一种良好的交际和谈判氛围。

为了使商务谈判顺利达到预期的目的，需要适当的谈判氛围的配合。适当的谈判氛围可以有效地影响谈判人员的情绪、态度，使谈判顺利推进。一个商务谈判高手也是营造谈判氛围的高手，会对不利的谈判气氛加以控制。对谈判气氛的调控往往根据双方谈判态度和采取的策略、方法而变。一般情况下，谈判者都应尽可能地营造出友好和谐的谈判气氛，以促成双方的谈判。但适当的谈判氛围并不一味都是温馨和谐的气氛；出于谈判利益和谈判情境的需要，必要时也会有意地制造紧张甚至不和谐的气氛，以对抗对方的胁迫，给对方施加压力，迫使对方作出让步。

6.2 需要、动机与谈判

商务谈判是一种人际交往，因此，许多社会学家、心理学家、商业理论家以及许多工商界、金融界的企业家都在思考和探索其规律和心理方面的理论依据。比尔·斯科特（Bill Scott）认为，对实际从事贸易洽谈工作的人们来说，最重要的理论之一是马斯洛需要层次理论。[①]人类有着种种复杂的需要，需要和对需要的满足是谈判的共同基础和动力。如果不存在尚未满足的需要，人们便不会进行谈判。谈判的前提是谈判双方都要求得到某些东西；否则，一方会对另一方的要求充耳不闻，双方也就不会有任何讨价还价的谈判发生。掌握马斯洛需要层次理论，能使我们找出与谈判双方相联系的需要，使我们懂得如何选择不同的方法去适应、抵制或改变对方的动机。了解每一种需要及其相关的动机，便能对症下药，选择最佳方法。谈判中所针对的需要越是基本，就越有可能取得成功。

6.2.1 需要与谈判

1）需要的定义与类型

（1）需要及商务谈判需要的定义

需要是人缺乏某种东西时产生的一种主观状态，是人的自然和社会的客观需求在人脑中的反映。

所谓商务谈判需要，就是商务谈判者的谈判客观需求在其头脑中的反映。

（2）需要的类型

亚伯拉罕·H.马斯洛（Abraham H. Maslow）对人类的行为进行深入的研究后提出了其需要理论。他把人的各种需要归纳为五大类，并按其重要性的先后次序排列成一个"需要阶梯"，或者一个需要等级，故又被称"需要层次"。人类行为的基本要素有5种需要。

第一，生理需要。马斯洛认为，在人类的一切需要中，物质或生存需要是最优先的需要。人类最重要的需要是能够生存下去，维持生命，即必须有食物、水、住房等，在这种维持身体健康的需要未得到满足之前，他不会对其他形式的需要产生更大的兴趣。他的思想和精力全部投入到寻找生存的必需品中，而无暇顾及其他。如果物

---

① 斯科特. 贸易洽谈技巧［M］. 叶志杰，卢娟，译. 北京：中国对外经济贸易出版社，1986：185.

质需要不能满足，就会有生命的危险。所以，这是最强烈的需要，也是一种不可避免的低层次的需要。

第二，安全需要。马斯洛认为，当人类的生理需要得到基本满足之后，人们接着就要考虑安全和稳定，寻求保障的机制。这不仅包括人身的安全，还包括经济上的安全，如就业保险、退休金制度、银行存款以及劳动保护等。人们希望免于灾难，希望未来有保障，希望物价稳定。

第三，社交需要。马斯洛认为，在一个人的生理需要和安全需要获得了相对的满足，即人们不再为饥饿所困扰，并且有了足够的安全感后，他就会产生一种社交需要，又称爱与归属的需要。他需要从属他人，需要被一个与他关系密切的团体所接纳。在现实生活中，很多人都希望得到友谊、爱情、配偶和孩子。他渴望同人们建立一个充满友情的关系，渴望成为他那个群体中的一员。他既要从那里赢得爱的享受，也希望给予别人友情与温暖。如果一个人被别人抛弃或被拒绝于团体之外，他便会产生一种孤独感，精神不免压抑。所以，社交需要是人类生存和发展的需要。

第四，自我尊重需要。马斯洛认为，所有的人都有其自尊心。人类一旦在生理需要、安全需要和社交需要方面都得到相对的满足，他就非常注意自己的尊严，开始有自尊心，需要受到别人的尊重，即希望得到别人的认可、赏识、尊重。这就产生了如下的追求：①渴望有实力、有成就，并能胜任工作；②对名誉、威望的向往，以及对地位、权利、受人尊重的追求。

如果自我尊重需要得到满足，人们会增强自信心，觉得自己在社会上有地位、有价值、有实力、有发展前途；反之，如果这种需要受到挫折或阻挠，人们便会产生自卑感和失去自信心。当然，这里有一个相互交往的关系问题。在人们的相互交往中，如果你尊重别人，通常也会尊重自己，而自我尊重又会赢得别人对你的尊重。

案例窗6-1

第五，自我实现的需要。马斯洛认为，人类在生理、安全、社交以及自我尊重需要得到满足后，还会产生一种新的需要，这便是自我发掘。这种需要的目的是自我实现。他希望完成与自己能力相称的工作，使自己的潜在能力得到充分的发挥，希望成为期望中的人物或实现理想中的自我形象。这种需要有时又被称为创造性需要。

2）需要层次理论在商务谈判中的应用

谈判活动是建立在人们需要的基础上的，正是因为有了需要，谈判的各方才能坐下来进行磋商，最后达成满足彼此需要的目的。马斯洛的需要层次理论不仅揭示了商务谈判对人类生存发展的必然性和必要性，也是人们在商务谈判中获胜的理论依据。

（1）较好地掌握和运用需要层次理论，为满足谈判者高层次的需要提供条件

马斯洛的需要层次理论从商务谈判方面来看，其物质需要是金钱、物质资料等方面的，精神需要是尊重、公正等方面的。与谈判对手进行谈判，谈判者应注意对方的物质方面的需要，但同时不能忽视对方对尊重、独立自主、平等方面的需要。因此，谈判者在商务谈判中力求做到以下几点：

第一，必须较好地满足双方的生理需要。谈判当事人的生理需要并不是进行谈判的直接动力和原因，但直接关系着谈判成功与否。对谈判者而言，如果最基本的生理需要都得不到很好的解决，他一边进行谈判一边还要考虑如何解决中午吃饭的问题、晚上睡觉的地方，那么谈判结果是可想而知的，甚至无法进行下去。

第二，尽可能地为商务谈判营造一个安全的氛围。在这里，安全既包括谈判者的人身、财产安全，更重要的是谈判内容本身的风险情况。谈判者人身、财产方面安全的保证，是使谈判者全身心投入谈判活动并积极促成谈判的必要保证。在局势动荡或战乱等不能较好保证人身、财产安全的地区，商务谈判往往无法顺利进行，这主要是因为在安全需要无法满足的情况下，对商务谈判的需要就不那么强烈和必需了。对一般的商务谈判而言，除了要满足谈判者对人身财产的安全外，更重要的是要在谈判的具体经济项目上给谈判当事人以安全、稳定、可靠的感觉。这一点对一些对安全需要比较敏感的谈判者而言，意味着谈判成功了一半。一家经济效益良好、生产蒸蒸日上的企业，一家负债累累、濒临倒闭的企业，它们同时找一家银行协商贷款。很显然，银行会把钱借给经济效益好的企业，因为它的条件使银行对所贷出的款项能收回有一种安全感；如果贷给濒临倒闭的企业，银行必然对贷出的资金承担更大的风险。

第三，在进行谈判的过程中，要与对手建立起一种信任、融洽的谈判气氛。就谈判活动本身而言，它是满足人们社会需要的一种典型活动，是为了满足人与人之间的交往、友情、归属问题的。诚然，谈判的双方是有矛盾的、对立的，但这并不意味着谈判者就要互相怀疑、不信任，这样只会使谈判进入僵局，事态变糟。经验告诉我们，谈判双方建立相互信任、依赖的关系，可以使他们联合起来，共同处理不可避免的分歧，为把冲突和对立转化为满意结果打下良好的基础。

案例窗 6-2

第四，在谈判时要使用谦和的语言和态度，注意到谈判对手的尊重和自尊的需要。

案例窗6-3

第五，对于谈判对手的最高要求，在不影响满足自己的同时，也应尽可能地使之得到满足。

（2）较好地运用需要层次理论，满足其他层次需要，弥补谈判中无法满足的条件

某广告公司急需一名设计人员，一个各方面条件都符合要求的人员前来应聘。他提出了年薪30万元的要求，但按照公司的工资级别和他人的工资情况，公司只能给他25万元年薪，而应聘人员反复强调30万元是最低要求。如果就此讨论，很显然无法达成协议，谈判不会成功。那么这个分歧、差异就无法解决了吗？不是的。人事部门负责人在讲明了25万元无法增加的前提下，又提出了可以满足一些其他条件。经过坦率的协商，他们达成了协议，即公司付给他每年25万元的年薪，同时为他免费提供一套住房，解决子女教育问题，让他担任广告总策划的职务，提供商业医疗保险。

虽然这名应聘者最终拿到的年薪只有25万元，与他的要求相差5万元，也就是说他的这一需要没有得到满足，但公司给予的其他条件满足了他的生理、安全、社交、自我尊重及自我实现的需要。

3）需要的存在与发现

（1）谈判中需要的存在

需要是谈判活动的动力和目的，但它绝不是纯粹的、单一的。为了进一步了解影响谈判进行和最后结果的各种需要，需要可以被划分为两类：

第一，谈判的具体需要。这类需要是产生谈判的直接原因和谈判所要达到的第一目的。这类需要相对比较具体，可以协商调整的幅度比较小。比如，某企业实行计算机化管理，需要购进40台计算机，该企业对40台计算机的需要就是促成这次谈判的直接原因，买回40台计算机是谈判的目的。这类需要是通过谈判必须满足或基本得到满足的；否则，谈判本身也就不存在了。

第二，谈判者的需要。谈判者是谈判活动的当事人和直接操作者，其需要虽然不是谈判的动力和目的，但通过对当事人的行为活动的影响而决定谈判结果。这里的需要主要是指谈判者的生理、安全、社交、自我尊重和自我实现的需要。在具体的谈判活动中，表现最强烈、影响最大的主要是交际的需要（即社交的需要）、权力的需要（即自我尊重的需要）和成就的需要（即自我实现的需要）。

案例窗6-4

（2）谈判中需要的发现

所有谈判都是在人与人之间进行的。无论是两个人为一笔小生意谈价钱、大企业为一份合同谈条件，还是国与国之间为签订一项条约而谈判，都是如此。在上述每一种场合，个人与个人都直接打交道。问题的关键是弄清楚他们有哪些需要，包括他们个人的需要和其所代表的某个团体的需要。

要了解对方在想什么、谋求什么，你就必须运用各种方法和技巧，去发现他的需要，即如何彼此沟通。富有经验的谈判者总是十分注意捕捉对方思想过程的蛛丝马迹，以追踪揭示对方动机的线索。他们仔细倾听对方的发言，注意观察对方的每一个细微动作。对方的仪态举止、神情姿势、重复语句以及说话语气等，这些都是反映其思想、愿望和隐蔽需要的线索。

第一，适时提问。获得信息的一种手段就是提问。提问是表达思想的窗口。在适当的场合你可以向对方提问，如你希望通过这次谈判得到什么、你期待的是什么、你想要达到什么目的等。通过这种直截了当的试探，你除了能得到其他信息，还能发现对方的需要，知道对方追求的是什么，并能以此来主导以后的谈判。在谈判中适当地进行提问，是发现需要的一种手段；但在提问中应该注意提出什么问题、如何表达问题、何时提出问题。此外，这些问题在对方身上产生什么反应，也是一个重要的考虑因素。

审时度势地提问容易立即引起对方的注意，保持双方对议题的兴趣，并按照你的意愿主导谈判的方向。提问题使对方作出你所期望的回答，你会发现对方的需要。

在商务谈判中提问要注意两个要点：一是通情达理，说明理由。在提出问题之前，你先要把理由说透，使对方知道你提问的意图。同时，提问一定要用语准确、简练，以免使人迷惑。二是要充分考虑提问的方式，掌握提问的技巧。提问要简明扼要，具体明确，不能含糊其词，使对方无法回答。这些在第7章中会详细讲解。

第二，恰当陈述。巧妙地提问，能够揭示某种激起强烈情绪反应的隐蔽假设。在这种情况下，最好简短地说："我理解你的感受。"这种陈述可以避免对抗。因为这是在告诉对方，你已经注意到了他的意见，理解了他的观点，并认为他的看法是有道理的；这也是告诉对方，你已经洞察了他的心思，所以你就能让他也来揣摩你的意图。

恰当的陈述不仅能控制谈判的进展，而且能把你想让对方知道的信息传递出去。

不管怎样陈述，你都要力求完全控制情绪。当然，你不用忌讳有感情因素的陈述，但一定要使这种陈述有力地推动谈判，而不是中断谈判。

在谈判僵持不下时，你最好直截了当地说一句："在目前情况下，我们最多只能做到这一步了。"这一陈述表明对对方的认识和理解，促使他重新考虑眼前的情况。在这种情况下，你也可以说："我认为，如果我们能妥善解决那个问题，那么这个问题也不会有多大的麻烦。"这一陈述明确表示愿意就第二个问题作出让步，这就有利于谈判的进展。这种陈述心照不宣地传递了信息，既维护了自己的立场，又暗示了适当变通的可能。另一种陈述也可以说："如果您愿意把要求稍微降低一点，我将尽一切可能去说服我的合伙人。"然而，如果对方不能作出任何让步和调整，那么这种陈述很可能导致谈判的破裂。

正确的陈述，在选词、造句和文法上都要十分讲究。要在言出之前，再三思考，每句话都要深思熟虑、审慎斟酌，千万不能信口开河。陈述之前要知己知彼；陈述时要明了概括、措辞得当。

第三，悉心聆听。除了提问和陈述，发现需要的另一个方法是悉心聆听对方说的每一个字，注意他的措辞、表达方式、语气、声调。所有这些都能为你提供线索，去发现对方一言一行背后隐蔽的需要。

对于聆听，必须注意人与人之间的谈话或谈判可以在不同层次的意义上进行。弗洛伊德假设，梦可以在 3 个不同层次上加以解释。同样，一个人的谈话或陈述在许多情况下也都具有多层次的意义。例如，对方作出一项陈述，在第一个层次上可以表明，他想要交换意见；在第二个层次上可以根据他的表达方式和措辞，推知某些信息；在第三个层次上可以根据他探讨问题的方式，得知他的意思。

听和讲一样，是一种引导的方法。在谈判中，听在一定程度上占有相当的位置。任何一个谈判者都应该在善于听和乐于听两方面下功夫。俗话说："听其言而观其行。"这是分析对方、了解对方、洞察对方心理活动的好方法。一个善于听和乐于听的富有经验的谈判者，也一定是能全面了解情况、驾驭谈判形势的人。

我们常常听到这样的说法："顺便提一下……"说话的人试图给人一种印象，似乎他要说的事情是刚巧想起来的，但实际上他要说的事情恰恰是非常重要的。先说这么一句话显得漫不经心、轻描淡写，其实不过是故作姿态而已。当一个人用这样一些词句来提起话头，如"老实说""坦率地说""真诚地说""说真的"等，可能正是此人既不坦率也不诚实的时候，这种词句不过是一种掩饰。因此，只要对方有所言，你就应该留神听，随时注意从他那些似乎出于无意的重要词句中发现隐蔽的动机和需要。

有时你可以根据对方怎么说，而不是根据他说什么，去发现态度的变化。假定谈判一直顺利进行，气氛融洽，大家都相互直呼其名，却突然变为以姓氏相称呼——"琼斯先生"或"史密斯先生"等，那么这可能是气氛转为紧张的兆头，甚至意味着僵局的开始。

　　第四，注意观察。为了了解对方的意愿和需要，你不仅要注意聆听对方的言辞，而且要注意观察对方的举止。例如，在一次气氛友好的会谈中，突然有人往椅背上一靠，粗鲁地叉起双臂，你马上会意识到，麻烦发生了。举止非常重要，其传达着许多微妙的意思，有着种种心理上的含义和暗示。要注意观察对方的举止，从中发现其思路，掌握谈判的脉络。

　　"举止"一词就其广泛的意义而言，不只是指一般的身体动作，咳嗽、脸部表情、手势、眨眼等也能为你提供无言的信息。

　　从脸部表情上看，脸红、面部肌肉绷紧、烦躁不安、过分专注、强笑、冷笑，或者只是默默地凝视，所有这些都反映出人的紧张情绪。当然，有时你也会碰到那种毫无表情的"扑克面孔"。这种极其缺乏表情的神态告诉你，此人一点儿也不愿意让别人知道他的感情。然而尽管有这张假面具，你还是可以千方百计地觉察到他的意图。

　　研究表明，人们在发怒或激动的时候，眨眼的频率会提高。正常的眨眼几乎不为人所觉察，但在其成为一种特别的举动时，频繁又急速的眨眼就会引起人们的注意。人们发现这种反常的举止总是和内疚或恐惧的情感有关。眨眼常被用作一种掩饰的手段。

　　手势当然可以有意识地代替语言，特别是在不允许用语言表达或语言本身不能表达的时候。例如，律师想在陪审团面前表示对法官的异议，士兵想对上级表明自己有不同的意见，都可以通过手势。但是，手势的表达有时过于外露。其表露的内容，也许会超出你本身想要表达的意思。警察们声称，他们能在聚会中根据大家的手势对某人流露出来的极度尊敬，找出这伙人的首领。

　　咳嗽常常也有其含义。有时，它是紧张不安的表现，谈判人员借此稳定情绪，以使自己能继续讲下去。有时，它被用来掩饰谎话。有时，听者会用咳嗽来表示怀疑或惊讶。

　　总之，老练的谈判者始终不会让对方逃过自己的眼睛和耳朵。如果你充分注意谈判中的姿势和举动带来的信息，你在谈判中获得成功的可能性就很大。如果对方采用一项相关的策略，你还之以一种更基本的需要，这样就能增加获得谈判成功的机会。需要犹如一条主线，贯穿于一切谈判之中。只有善于发现需要、利用需要，你才能成为一名老练的谈判者。

拓展阅读6-1

6.2.2 动机与谈判

1）动机的概念

动机是行为的内在原因，主要是指发动一定的行为满足某种需要的意愿。其由需求产生，为行为提供能量，具有目标指向性。在商务谈判中，动机可以解释为获取利益的愿望和激励因素。其与谈判力的增强和下降的关系是A方谈判力的上升伴随着A方愿望的下降；反之，A方的愿望越强烈，其谈判力就越弱。例如，在自由市场上，当你购买某件商品的愿望十分强烈并且让对方了解到这一点时，你的讨价还价能力自然就削弱了。

2）动机的类型

（1）风险动机

风险动机是指决策时敢于冒险，敢于使用新思路、新方法，不惧怕失败的动机。高风险动机的人可能过于莽撞，对可能的危险和损害估计不足，缺乏足够的大局意识和责任感，缺乏对失败的应变策略；低风险动机的人则过于保守、审慎，优柔寡断，谨小慎微，缺乏决断力。

（2）权力动机

权力动机是指人们力图获得、巩固和运用权力的一种内在需要，是一种试图控制、指挥、利用他人行为，想成为组织的领导的动机。

高权力动机的人往往有许多积极有利的特征，如善于左右形势大局，果断自信，试图说服人；但权力动机过高的人也可能成为组织中的危险人物，他们可能只顾及个人权力，在极端的情况下会不择手段，不顾组织的利益，甚至危害组织。总的来说，权力动机是有价值的，一定水平的权力动机是企业管理者实现统率力的行为根源，同时在组织中要控制权力动机的无限扩张。

（3）亲和动机

亲和动机是指人们对于建立、维护、发展或恢复与他人或群体的积极情感关系的愿望。其结果是引导人们相互友好、关心，形成良好的人际关系。

高亲和动机的人能很容易地与他人沟通、交流，并且促进团队积极的社会交往。他们富有同情心，容易接纳别人，减少冲突，避免竞争，有利于合作氛围。亲和型的领导受下属接受和拥护，团队合作密切；但亲和动机过于强烈时可能有副作用，如回避矛盾，害怕被拒绝，过于求同，忽视个性，甚至息事宁人、放弃原则。

（4）成就动机

成就动机是指人们发挥能力获取成功的内在需要。这是一种克服障碍、完成艰巨任务达到较高目标的需要。成就动机表现了人们对成功的渴望，意味着人们希望从事有意义的活动，并获得完满的结果。

由于成就动机具有行为驱动作用，在智力水平和其他条件相当的情况下，高成就动机的人获得的成功更大、绩效更突出。但成就动机过高也使行为驱动力减退，工作任务未必尽善尽美，而且害怕失败就害怕尝试多种可能性，在无形中放弃、丧失很多机会。

3）商务谈判中激发动机的方法

在谈判中为了增强自己一方的谈判力，或者为了削弱对方的谈判力，人们可以使用各种方法来激发对方的愿望，其中最常用的方法如下：

（1）诱导对方或对方的支持者

诱导对方或对方的支持者的目的是通过给对方一些诱人的条件或利益等来引起对方的注意和激发对方的兴趣，并借此来说服对方就你就感兴趣的内容进行谈判。例如，在商品促销活动中，商家常用的诱导消费者的方式有直接降价、打折、买一送一等。精明的促销者总能想出各种各样的办法来吸引潜在消费者的注意，并激发他们的兴趣。

（2）向对方展示你所提供方案的诱人之处

向对方展示你的方案的诱人之处或"卖点"，使对方知道并相信你所提供的方案的确具有吸引力，这是第一步的继续，你可以借此说服对方接受你的方案，并最终达到你的目的。

（3）获取第三方对所提供的具有诱惑力的方案的支持

第三方的支持会提高你的信用度并可通过其榜样带动其他人效仿。人们一般更信任他们的亲人、朋友、同事以及其他所熟悉的人，或者即便是陌生人，但如果他们属于同一群体，也会产生信任感。广告中经常使用的说服技巧即用消费者现身说法，从消费者的角度说明某种产品的好处。一些制药商用患者本人的例子说明某种药物的疗效，患者服用该药后效果如何显著，以此来说服其他病人，这些都是第三方支持的例证。公众人物，如著名的歌手、演员、运动员等经常扮演第三方的角色。

（4）限定获得所提供好处的时间

最重要的一点是让人们知道你所提供的好处不是永远存在的，也就是说那些好处是有时间限制的，人们必须在规定的时间内与提供利益的一方谈判；否则，将过期作废。时间限定或最后期限好似一个助推器，可以起到督促人们立刻采取行动的作用，因为如果没有时间限定，人们观望的态度最终会使他们的热情消失殆尽。精明的商家往往在促销价格提示的后面加上日期限定，相对较短的时间限定比较长的时间限定会产生更佳的效果。

6.3 性格、气质与谈判

在谈判活动中，谈判者的言谈举止等行为都建立在心理活动的基础上，不仅受需要等因素的推动，受感知、情绪及第一印象等的影响，谈判者的行为活动还具有明显的个人特色。比如，有的谈判者非常爽快，觉得对方条件只要不苛刻就成交；有的谈判者在谈判桌上表现得很稳重，对对方的产品或条件要进行多方面的考查和询问，做不到万无一失，绝不轻易成交；有的谈判者喜欢多说；有的谈判者喜欢倾听等。不同的人有不同的行为方式，这种行为上的个体差异是由不同的个性心理特征造成的。

个性心理特征是一个人身上经常表现出来的本质的心理特点，包括气质、性格、能力等。本部分主要研究谈判人员的性格和气质问题，通过对与性格和气质相关知识的介绍，以及对各种性格、气质类型的分析，揭示人们行为特点的内在规律，探讨这些行为特征对谈判活动所产生的影响，更好地发挥谈判人员的长处，克服短处，提升谈判艺术。

6.3.1 性格与谈判

1）性格的概念

性格是指人对客观现实的态度和行为方式中经常表现出来的稳定倾向。[①]

性格是个性特征的核心，决定人的活动的内容和方向。所以，性格的形成和发展对人的行为活动有重要的影响。人们的性格是千差万别的。比如，在人际交往方面，有的人活泼外向，有的人拘谨内向；在待人处世方面，有的人诚实守信，有的人虚伪狡诈；在情绪特点方面，有的人乐观，有的人悲观，这些都会在谈判中表现出来。对不同性格的谈判人员，我们需要采取不同的策略。

2）谈判人员的性格类型及对策

对于性格类型的分析是难以穷尽的。这里就谈判这一特定形式的活动，分析几种具有一定代表性的谈判人员的性格类型及应对之策。

（1）权力型谈判者

权力型谈判者的根本特征是追求权力与成绩，以对人和谈判局势施加影响为满足，目的是自己取得最大成就、获得最大利益。在多数谈判场合中，他们努力使自己

---

① 李品媛. 现代商务谈判［M］. 5 版. 大连：东北财经大学出版社，2023.

成为权力的中心。他们一旦控制谈判，就会充分运用手中的权力，向对方讨价还价，甚至不择手段，逼迫对方接受条件。他们时常抱怨权力有限，束缚了他们谈判能力的发挥。更有甚者，为了体现他们是权力的拥有者，他们热衷于追求豪华的谈判场所、舒适的谈判环境、精美的宴席、隆重的场面等。

权力型谈判者的第一个特点是敢冒风险，喜欢挑战。他们喜欢向对方挑战，能够接受挑战和战胜困难，只有这样才能彰显他们的能力和树立起良好的自我形象。一帆风顺的谈判会使他们觉得乏味；只有经过艰苦的讨价还价，调动他们的全部力量获取成功，他们才会感到满足。

权力型谈判者的第二个特点是急于建树、决策果断。这种谈判者求胜心切，不喜欢、也不能容忍拖沓、延误。他们为了获得更大的权力和更好的业绩，总是迅速地处理手头的工作，然后着手下一步的行动。对大部分人来讲，决策是困难的过程，往往犹豫、拖延、难下决断；权力型谈判者则正相反，他们对决策毫不推脱，总是决策坚决、当机立断、充满信心。

总而言之，权力型谈判者强烈地追求权力，全力以赴地实现目标，敢冒风险，喜欢挑剔，缺少同情。这是最难对付的一类谈判者。这是因为如果你顺从他，你的利益将会很难得到保证；如果你抵制他，谈判又会陷入僵局甚至破裂。

要应对这类谈判者，必须首先在思想上有所准备，针对这类人的性格特点，寻找解决问题的突破口。正像这类谈判者的优点一样，他们的弱点也十分明显：①缺乏必要的警惕性，不顾及风险，易于冲动，一意孤行；②没有耐心，讨厌拖拉；③对细节不感兴趣，不愿陷入琐事；④必须是谈判的主导者，不甘于当配角，希望统治他人，包括自己的同事。

针对权力型谈判者的弱点，你可以采取以下几个方面的对策：

第一，要在谈判中表现出极大的耐心，靠韧性取胜，以柔克刚。即使对方发火，甚至暴跳如雷，你也一定要沉着冷静，耐心倾听，不要急于反驳、反击。如果你能冷眼旁观、无动于衷，效果会更好，因为对方就是想通过这种形式来制服你。如果你能承受住，对方便无计可施，甚至会对你产生尊重、敬佩之情。

第二，努力创造一种直率的并能让对方接受的气氛。在谈判中，你应尽量避免直接冲突。这不是惧怕对方，而是因为这样不能解决问题，你应该把更多的精力放在引起对方的兴趣和欲望上。例如："我们一贯承认这样的事实，你是谈判另一方的核心人物。"（激发其权力欲）"我们的分析表明，谈判已经到了有所创造、有所建树的时刻。"（激起挑战欲）

第三，要尽可能利用文件、资料来证明自己观点的可靠性，提供大量有创造性的情报，促使对方铤而走险。

（2）说服型谈判者

在谈判活动中，最普遍、最有代表性的人是说服型谈判者。在某种程度上，这种谈判者比权力型谈判者更难对付。后者容易引起对方的警惕，但前者容易为人所忽视。说服型谈判者在温文尔雅的外表下很可能暗藏雄心，与你一争高低。

说服型谈判者的第一个特点是具有良好的人际关系。他们需要别人的赞扬和欢迎，受到社会承认对他们来说比什么都重要。他们也喜欢帮助别人，会主动消除交际中的障碍。在和谐融洽的气氛中，他们如鱼得水，发挥自如。他们与下属的关系比较融洽，给下属更多的权力，使下属对其信赖、忠诚。

说服型谈判者的第二个特点是处理问题绝不草率盲从，三思而后行。他们对自己的颜面和对方的颜面都竭力维护，绝不轻易做伤害对方感情的事。在许多场合，即使他们对对方的提议不同意，也不愿意直截了当地拒绝，总是想方设法说服对方或陈述他们不能接受的理由。

与权力型谈判者不同的是，说服型谈判者并不认为权力是能力的象征，而是认为权力只是一种形式。虽然他们也喜欢权力，认识到拥有权力的重要性，但他们并不以追求更大的权力为满足，而是希望获得更多的利益和赞赏。

要辨别说服型谈判者的需要和弱点是十分困难的。这是因为他们把自己掩藏于外表之下，处事精明，工于心计，说话谨慎，不露锋芒，外表和蔼，充满魅力。他们比较随和，善于发现和迎合对方的兴趣，在不知不觉中把人说服。总之，他们的弱点并不十分明显，要认识这类谈判者，需要透过表面现象分析其本质。他们的性格可能隐藏着如下弱点：①过分热心与对方搞好关系，忽略了必要的进攻和反击；②对细节问题不感兴趣，不愿进行数字研究；③不能长时间专注于单一的具体工作，希望考虑重大问题；④不适应冲突气氛，不喜欢单独工作等。

明确了说服型谈判者的性格弱点，你就可以制定相应的策略。具体策略如下：

第一，要在维持礼节的前提下，保持进攻的态度，并注意双方情感方面的距离，不要与对方交往过于亲密。必要时，要保持态度上的进攻性，引起一些争论，使对方感到紧张不适。

第二，可准备大量细节问题，使对方感到厌烦，产生尽快达成协议的想法。

第三，在可能的条件下，努力造成一对一的谈判局面。说服型谈判者群体意识较强。他们善于利用他人造成有利于自己的环境气氛，不喜欢单独工作，因为这使他们的优势无法发挥。利用这一点，你可以争取主动。

第四，准备一些赞赏性的话，但必须赞扬得恰到好处。

（3）执行型谈判者

执行型谈判者在谈判中并不少见。他们的显著特点是对上级的命令、指示以及计划坚决执行，全力以赴，但是拿不出自己的主张和见解，缺乏创造性，维持现状是他们最大的愿望。

执行型谈判者的另一特点是追求工作安全感。他们喜欢安全、有秩序、没有太大波折的谈判。他们不愿接受挑战，不喜欢爱挑战的人。在处理问题时，他们往往寻找先例，如果出现某一问题，以前是用A方法处理的，就绝不会采用B方法。所以，这类人很少能在谈判中独当一面，缺少构思能力和想象力，决策能力也很差，但在某些特定的局部领域中工作起来得心应手、有效率。

这种性格的谈判者喜欢照章办事，适应能力较差。他们需要不断地被上级认可、指示。特别是在比较复杂的环境中，面对各种挑战，他们往往不知所措，很难评价对方提出的新建议的价值，自然也很难拿出有建设性的意见。

执行型谈判者的弱点概括起来有以下几点：①讨厌挑战、冲突，不喜欢新提议、新花样；②没有能力把握大的问题，不习惯也不善于从全局考虑问题；③不愿很快作出决策，也尽量避免作出决策；④不适应单独谈判，需要得到同伴的支持；⑤适应能力差，有时无法应对复杂的、多种方案的局面。

根据上述特点，与执行型谈判者谈判要注意如下问题：

第一，与对方配合，使谈判更有效率，争取缩短谈判的每一具体过程。这类谈判者的谈判时间越长，他们的防御性越强，所以，从某种角度讲，达成协议的速度是成功的关键。

第二，准备详细的资料支持自己的观点。执行型谈判者常会要求回答一些详细和具体的问题，因此必须有足够的准备来应对；但是，不要轻易提出新建议或主张，这会引起他们的反感或防卫。实在有必要时，要加以巧妙掩护或一步步提出。如果能让他们认识到新建议对他们有很大益处，则是最大的成功；否则，会引发他们的反对，而且这种反对很少有融通的余地，就难以说服他们接受了。

第三，讲话的态度和措辞也很重要，冷静和耐心都是不可缺少的。

(4) 疑虑型谈判者

怀疑多虑是疑虑型谈判者的典型特征。他们对任何事都持怀疑、批评的态度。每当一项新建议被拿到谈判桌上来时，即使是对他们有明显的好处，只要是对方提出的，他们就会怀疑、反对，千方百计地探求他们所不知道的一切。

疑虑型谈判者的另一特点是犹豫不定，难以决策。他们对问题考虑慎重，不轻易下结论，在关键时刻，如拍板、签合同、选择方案等问题上，不能当机立断，经常犹豫，拿不定主意，担心吃亏上当，结果常常贻误时机，错过达成更有利的协议的机会。

疑虑型谈判者的特点之三是对细节问题观察仔细，注意较多，常常提出一些出人意料的问题。

此外，疑虑型谈判者不喜欢矛盾和冲突。虽然他们经常怀疑一切，批评、抱怨他人，很少会弄到矛盾激化的程度。他们竭力避免对立，如果真的发生冲突，也很少固执己见。

因此，与疑虑型谈判者打交道应注意以下问题：

第一，提出的方案、建议一定要详细、具体、准确，避免使用"大概""差不多"等词句，要论点清楚、论据充分。

第二，在谈判中耐心、细心是十分重要的。如果对方作出决策的时间长，千万不要催促、逼迫对方表态，不然反会加重其疑心。在陈述问题的同时，你要留出充裕的时间让对方思考，并提出详细的数据说明。

第三，在谈判中要尽量襟怀坦荡、诚实、热情。如果疑虑型谈判者发现你有一个问题欺骗了他们，那么再想获得他们的信任几乎是不可能的。

第四，虽然疑虑型谈判者不适应矛盾和冲突，但不能过多地运用该方法；否则，会促使他们更加防卫、封闭自己，来躲避你的进攻，双方无法进行坦诚、友好的合作。

6.3.2　气质与谈判

1）气质的概念

气质是一个古老的概念。其主要表现为人的心理活动的动力方面的特点。所谓心理活动的动力，是指心理过程的速度（如知觉的速度、思维的灵活程度）、心理过程的强度（如情绪的强弱、意志努力的程度）、心理过程的稳定性（如注意力集中时间的长短），以及心理活动的倾向性（如有的人倾向于外部世界，有的人倾向于内部世界）等。气质就是人们在这些方面的典型的、稳定的心理特点的综合，它使一个人的心理活动具有个人独特的色彩。气质与性格是两个密切联系又非常复杂的问题。在某种意义上说，人的一切心理活动都可凝聚为种种不同的气质与性格。

为了理解气质的性质，我们首先要明确3个问题：

（1）气质是后天的还是先天的

有人认为气质是后天的，有人认为气质是先天的。其实，任何心理都是先天与后天共同形成的。气质也不例外，只不过气质的先天因素占主要地位，但它也不是纯先天的。

（2）气质是不可改变的还是可以改变的

气质主要是先天的，因而它是比较难改变的，所谓"江山易改，本性难移"。但它也不是一成不变的。气质的缓慢改变表现在两个方面：

第一，生来所具有的气质类型及其特征，在长期的生活实践中可以发生某些变化，即减少了或增添了个别的特质。

第二，同样的气质类型及其特征，在不同的情况下，其表现不一定完全一样。例如，不同的活动的内容、动机和目的会影响到气质的表现形式。

（3）气质有无好坏之分

性格有好坏之分，而气质没有好坏之分。一个人的气质不能决定他的成就和社会价值，所以不能有气质歧视。但气质对人的实践活动有一定的影响，这主要表现在其可能影响实践活动的效率。

2）气质的类型

古希腊医学家曾把气质划分为4种基本类型，即胆汁质、多血质、黏液质与抑郁质。现将各种类型的基本特征略作如下说明：

（1）胆汁质

这一类型人的基本特征是直率、热情、精力旺盛、情绪易于冲动、心境变换剧烈等。胆汁质是高级神经活动的"强而不平衡的灵活的兴奋型"在人的行为和情绪等方面的表现。

属于这种类型的人，在情绪反应上，他们的情绪发生得很迅速、猛烈，常有突然爆发的性质，脾气急躁，容易发火；在行为表现上，他们的动作迅速，说话很快，声音很大，对自己的行为常感到难以控制，因而往往会表现出一些粗暴无礼的举动；在性格倾向上，他们胆大心不细，做事很勇敢，情感外露明显。他们的面部表情丰富。

（2）多血质

这一类型人的基本特征是活泼、好动、敏感、反应迅速、喜欢与人交往、注意力容易转移、兴趣容易变换等。多血质是高级神经活动的"强而平衡的灵活的活泼型"在人的行为和情绪等方面的表现。

属于这种类型的人，在情绪反应上，他们的情绪发生得很迅速，但不那么强烈，他们精力充沛、精神愉快；在行为表现上，他们的动作发生得也很迅速，富有朝气、活泼好动、灵活多变；在性格倾向上，他们适应性强、善于交际、待人亲切。他们的面部表情生动，从其脸上很容易猜出其心境、对人对物的态度。

（3）黏液质

这一类型人的基本特征是安静、稳重、反应缓慢、沉默寡言、情绪不易外露、注意力稳定但又难以转移、善于忍耐等。黏液质是高级神经活动的"强而平衡的不灵活的安静型"在人的行为和情绪等方面的表现。

属于这种类型的人，在情绪反应上，他们的情绪发生得缓慢、微弱，心境平稳，不易激动，很少发脾气；在行为表现上，他们外部动作少，很难看出态度变化，容易抑制情绪，无论做什么事，总是不慌不忙；在性格倾向上，他们自制力强，循规蹈矩，富有耐心。他们的面部表情单一，常常沉默寡言。

（4）抑郁质

这一类型人的基本特征是孤僻多疑、行动迟缓、体验深刻、善于观察别人不易觉察到的细微事物等。抑郁质是高级神经活动的"弱的抑制型"在人的行为和情绪等方面的表现。

属于这种类型的人，在情绪反应上，他们的情绪产生得缓慢而持久，常常由于一点小事而感到委屈，情绪不佳，意志消沉；在行为表现上，他们的动作迟缓、无力，说话慢吞吞，做事没精神；在性格倾向上，他们缺乏自信心，常会疑神疑鬼，易于惊慌失措。他们情感不大外露，对事无动于衷，与人在一起，常会局促不安。

3）不同气质谈判者的行为

不同气质类型的谈判人员在与客户谈判过程中所表现出的行为活动是不同的。我们要根据不同气质类型的特点，分析人们的心理活动和行为表现，据此采取恰当的谈判策略和技巧，促进谈判的顺利进行，从而实现与客户谈判的目标。

（1）胆汁质谈判者的行为

高级神经活动强而不平衡型的兴奋型是胆汁质的生理基础。这种气质类型的谈判者在谈判过程中常常表现得干脆利落，从不拖泥带水。对于满足自己需要的条件，这类谈判者反应特别强烈，常常很容易做成交易；但是一旦发生问题，就容易发怒，容易与其他人发生冲突。

如果谈判对手属于这种气质类型，谈判人员应该保持冷静，避免情绪对抗；直接切入核心议题，避免冗长铺垫，强调协议达成的实际利益，迎合他们对效率的追求；在次要问题上给予对方决策权，用事实、数据或行业标准说服对方，避免主观争论；利用时间压力，推动决策。

（2）多血质谈判者的行为

高级神经活动强而平衡的灵活型和活泼型是多血质的生理基础。这种气质类型的谈判者对人彬彬有礼、亲切而且随和。推销人员如果和他们进行谈判会发现他们有敏锐的观察力，但观察时不太细致。此外，这种气质类型的谈判者思维非常敏捷，但是思考问题时容易片面，还容易感情用事。他们在谈判过程中一般表现得很友好，但其目的容易转移。

对于这种气质类型的谈判者，谈判人员应该以主动、热情、积极的态度抓住他们某一阶段的兴趣，趁热打铁，不要拖拖拉拉。

（3）黏液质谈判者的行为

高级神经活动强而平衡的迟缓型（也称安静型）是黏液质的生理基础。这种气质类型的谈判者，每一步行动都表现得很谨慎。例如，他们选择谈判对手、明确谈判目标、确定谈判方案时，要经过很长时间的认真思考，仔细分析和比较，作任何决定前都十分小心，绝不轻易签约。

谈判人员遇到这类谈判对手时，要十分谨慎，不要过分表现自己及产品。因为这类谈判者在谈判以前已经对你的产品及条件有了较多的了解，他们参加谈判是为了更进一步、更全面地证实一下自己的调查，一旦符合他们的要求，他们就会作出决定；反之，则放弃谈判，另觅合作对象。

（4）抑郁质谈判者的行为

高级神经活动弱是抑郁质的生理基础。这种气质类型的谈判者在谈判过程中对谈判的各项条件考查都非常细致，处处小心，很少发表意见，但对别人的意见十分注意，而且十分敏感，容易受伤害。

对于这种气质的谈判者，谈判人员应当以礼相待，让其处于平和、愉悦的气氛中，用语言加以引导，帮助其作出决定。

6.4 情绪、情感与谈判

丰富的情感影响每一个人的行为。人们所追求的不仅有利益的满足，而且有情感的需求。尽管人们自由选择的可能性增大，可以选购中国华为公司的产品，也可以选购美国苹果公司的产品，但当两件产品的质量、售价不相上下时，情感就成了决策天平上具有决定意义的砝码。因此，谈判的成功不仅有赖于双方利益的互惠，也有赖于双方情感上的一致和融洽。

6.4.1 情绪与情感的概念

1）情绪与情感的定义

什么是情绪和情感呢？从19世纪以来，心理学家对此进行了长期而深入的研究，对情绪的实质提出了各种不同的看法，但是，由于情绪和情感的极端复杂性，至今还没有得到一致的结论。当前比较流行的一种看法是，情绪和情感是人对客观事物的态度体验及相应的行为反应。这种看法说明，情绪是以个体的愿望和需要为中介的一种心理活动。客观事物或情境在符合主体的需要和愿望时，能引发人们积极的、肯定的情绪和情感，如渴求知识的人得到一本好书会感到满意，生活中遇到知己会感到欣慰，看到助人为乐的行为会产生敬慕之情，找到志同道合的伴侣会感到幸福等。客观事物或情境不符合主体的需要和愿望，人们就会产生消极、否定的情绪和情感，如失去亲人会引起悲痛之情，无端遭到攻击会产生愤怒之情，工作失误会内疚和苦恼等。由此可见，情绪是个体与环境间某种关系的维持或改变。

2）情绪与情感的区别

情绪与情感是与人特定的主观愿望或需要相联系的，历史上曾统称为感情（affection）。人们的感情是非常复杂的，既包括感情产生的过程，也包括由此产生的种种体验，因此用单一的感情概念难以全面表达这种心理现象的全部特征。在当代心理学中，人们分别采用个体情绪与情感来更确切地表达感情的不同方面。情绪主要指感情过程，即个体需要与情境相互作用的过程，也就是脑的神经机制活动的过程，如高兴时手舞足蹈、愤怒时暴跳如雷。情绪具有较强的情景性、激动性和暂时性，往往随着情景的改变和需要的满足而减弱或消失。从进化方面来看，情绪代表感情的种系发展的原始方面。从这个意义上讲，情绪概念既可以用于人类，也可以用于动物。而情感经常用来描述那些具有稳定的、深刻的社会意义的感情，如对祖国的热爱、对敌人的憎恨以及对美的欣赏等。作为一种体验和感受，情感具有较强的稳定性、深刻性和持久性。情绪和情感是有区别的，但又相互依存、不可分离。稳定的情感是在情绪的基础上形成的，而且它通过情绪来表达。情绪也离不开情感，情绪的变化反映情感的深度，在情绪中蕴含着情感。心理学主要研究感情的发生、发展的过程和规律，因此较多地使用情绪这一概念。

6.4.2　情感的类型

1）兴奋型与稳定型

（1）兴奋型

这一类型的人是以情感的易受刺激性、容易冲动或激动，以及容易变化为特征的。兴奋型的人很容易以激情的形式来表现自己的情感，即来得快，平息得也快。他们往往因为一件小事，或者振奋、激动，情绪激昂；或者动怒、怄气，甚至跟人争吵；或者感到泄气，变得消沉起来。他们的情绪不稳定。例如，当这种人处在烦躁的心境之中时，他们会忽然火冒三丈，甚至与人顶起牛来；或者忽然闷闷不乐，几天都不爱理人。当这种人处在愉快的心境之中时，他们又会人逢喜事精神爽，突然心花怒放、手舞足蹈起来。

（2）稳定型

这种类型的人是以情感比较沉着、稳重、不易变化为特征的。稳定型的人与兴奋型的人恰恰相反，其不易受外界刺激，不大喜形于色，常常用理智来支配情感。古人说的"泰山崩于前而色不变，麋鹿兴于左而目不瞬"，可以说是极端的稳定型的人的写照。

（3）中间型

大多数人属中间型。这大致又有4种情况：①巨大的兴奋性与巨大的稳定性相配合；②巨大的兴奋性与不大的稳定性相配合；③不大的兴奋性与巨大的稳定性相配合；④不大的兴奋性与不大的稳定性相配合。

2）热情型与冷淡型

（1）热情型

顾名思义，这种类型是以富于情感体验为特征的。热情型的人情绪饱满，精力充沛；生活是丰富的和紧张的；勇于追求，并愿献身于自己所热爱的事业。

（2）冷淡型

顾名思义，这种类型是以缺乏情感体验为特征的。这种人的情感的易受刺激性大大降低，对人、对事、对物总是无动于衷。当然，也不能说这种人毫无情感，在任何时候都没有情感体验，对什么都不高兴，对什么也不发愁，其实，他们还是有一定情感的，只是这种情感的作用微乎其微，对其生活和活动几乎不发生影响。他们是靠理智来生活的，不能说冷淡的人就是无情的人。

（3）中间型

热情人人有，但不能说人人都属于热情型；同样，冷淡人人有，但也不能说人人都属于冷淡型。实际上，大多数人都属于中间型，即他们有时热情，有时冷淡；对有的事或人热情，对有的事或人冷淡；在这种情况下热情，在另一种情况下冷淡。绝对的、单纯的热情型或冷淡型是不多见的。

3）外倾型与内倾型

（1）外倾型

这一类型的主要特征是情感外露、表情动作特别明显。在日常生活中，我们可以看到这样的人，他们喜悦时眉飞色舞，手舞足蹈；忧愁时则愁眉苦脸，甚至垂头丧气。这种人的情感显然属外倾型。外倾型的人一般情绪激昂，动作敏捷，而且情感一旦发泄，便一点芥蒂也没有了，所以这种人一般是不会抑郁成疾的。

（2）内倾型

这一类型的主要特征是善于内藏情感，外部表情不甚明显。例如，有的人不管多么高兴或忧愁，总是深深把它埋藏在心底，不愿向别人流露真情，倾吐肺腑之言。这便是情感内倾型的表现。属于这种类型的人，他们一般都多愁善感，动作沉稳；由于情感不大外露，久而久之，有可能抑郁。

（3）中间型

无论情感的外倾型或内倾型，都是比较少见的。大多数人既具有外倾型的某些特点，也具有内倾型的某些特点。一般说来，这种中间型的情感是比较好的。

6.4.3　情绪与情感在谈判中的运用与控制

1）情绪与情感在谈判中的运用

好的谈判者都会自觉地把握自己的感情。他们知道在什么情况下使用哪种感情武器最有效。他们会在各种各样的场合表现各种各样的感情，以达到相应的目的。

第一，笑，可以帮助你选择和改变话题、制止别人的行为，表达你希望打破严肃的谈判气氛的愿望。当谈判气氛过于紧张时，你可以用笑来缓解紧张空气。

第二，哭，可以瓦解对方的斗志。心理学研究显示，面对哭泣者时，大脑镜像神经元会自发产生共情反应。现代谈判专家在必要时会将"哭"作为一种谈判手段，以获取谈判利益。

第三，怒，可以引起别人的注意，表示发怒者的决心，产生胁迫别人的效果。拿破仑在意大利打了胜仗后，曾要求奥地利公使同他签订和约，对方犹豫了几个星期。最后拿破仑大发雷霆，把花瓶摔在地上，使得奥地利公使同意签订和约。

案例窗6-5

2）控制己方情绪的方法

情绪失控是降低和破坏谈判力的重要因素。谈判者的情绪在谈判中扮演一个重要的角色。谈判中总有一些令人恼怒或不愉快的事情，脾气暴躁的人很可能骤然暴怒而破坏宁静的心情，多愁善感的人则可能郁郁寡欢。但不论是怒火中烧还是郁郁寡欢，都势必极大程度地影响谈判的顺利进行。此外，你的谈判对手也可能情绪失控，对你和谈判形成威胁。因此，谈判者忌有烦躁心理。因此，在谈判中谈判者应采取措施控制情绪。

（1）不要让激动的情绪左右你

若处在激动的情绪之中，你就不可能理智地思考问题，更不可能把握住事物的变化，不能敏锐地抓住对方的漏洞，寻求正确的解决办法。你不能控制住自己的情绪，在谈判中忍受不住对方的冷静和沉默，急躁地进行讨价还价，就很容易让对方抓住你情绪上的弱点，攻破你的心理防线，自然败于对方，使谈判结果趋向于有利对方的一面。

（2）设法让自己保持冷静

如果你被他人激怒，谈判势必沦为一场争吵。而在你的行为激怒他人后，除了争吵外，你可能还对自己的过火行为表示怀疑，又害怕事态失去控制，从而前怕狼后怕虎，引发恐惧、烦心等其他更为不利的情绪。

控制情绪，保持冷静，体现了一个谈判者的个人修养。因此，在谈判中谈判者应控制情绪，尽力使自己的语言和行为听从理智和意志的安排，因为你越是以一种理性的方式表现自己，对方就越难以激动起来。当谈判气氛过于紧张时，谈判者应当使谈判建立在一种事实而不是各自的感受的基础之上。谈判者可以重复对方的陈述，表示理解对方的观点；休息一会儿，让己方的情绪有个缓解的机会；尽量忍住己方的怒气，大事化小，小事化了。

（3）把谈判目标分阶段来实现

谈判者在谈判中之所以情绪爆发，很大程度上是因为他们错误地认为谈判是一蹴而就的事情，一旦谈判受挫，他们便难以抑制自己的情绪，动辄发怒、烦躁、不悦。

为此，不妨把己方的谈判目标分成几个阶段来实现。分解总目标的方法从心理上有助于增强己方的自信心，为己方谈判的成功提高保险系数。

具体地说，在争议较多且障碍较多的谈判中，首先要划分阶段，其次要有重点，有详略有先后。对其中争议较大的问题设法尽早在最初阶段中解决，一直这样做下去，相信你一定会势如破竹，获得一个令人满意的完美结局。

3）平息对方愤怒的方法

一般来说，对方感情冲动往往有如下目的：一是从气势上压倒你；二是激怒你；三是尽快发泄心中的怒气。在谈判过程中，当对方感情冲动时，你首先要明白，冲突不是目的，获得收益才是目的。这时候可以运用各种方法缓解对方的情感冲动。

（1）让座

情感冲动者基本上都是站立的，为了缓解对方的冲动，最好请他们坐下来说话，并且坐在较矮的沙发上。坐着的人是很难动大怒的，因为坐的姿势会大大限制胸部扩张，使其怒气不足。

（2）拖延

较为激烈的情绪状态一般均不能长时间维持。因此，时间是情感冲动最好的天敌。拖延也就是利用时间来缓解感情的冲动，待对方平静后再进行正式的谈判。己方可以采取的方法包括请喝茶、接电话、吃午饭、休会等。

（3）换环境

对方情感冲动时，你可以通过换环境来缓解状况，如提议先将问题放一放，进行茶歇。

（4）漠视

与暴怒者争论，己方可以尽可能漠视对方，要么装作没听见，要么不发表任何意见，要么绕过去，要么要求对方"再说一遍"。

案例窗6-6

4）情感的建立和积累

在谈判桌上，谈判双方有时很难建立起友谊和好感。为了把对手变为朋友，谈判高手总是把谈判过程与其他过程交替进行，如参观、访问、宴会、娱乐等，用这些活动建立双方的友谊，为谈判的顺利进行创造条件。谈判者与对方建立和积累情感还可以采取以下方法：

（1）减少时间，增加次数

时间是一种财富。一个忙碌的谈判者能够化在联络情感上的时间总是有限的，那么找到一种方法，以能够用较少时间赢得对方的好感和友谊，这是很迫切的。减少每次会见交往的时间，增加见面次数，就是这样的好方法。这种方法的作用如下：

第一，掩盖不足，充分显示自己长处，给对方留下美好的印象。你只讲几句话，收到妙语连珠、诙谐幽默的效果即可；就一个问题讲了两个小时甚至半天，不免枯燥乏味。若相处半年，诸种恶习难以隐瞒；缩短见面时间，也就减少了暴露自我不足的可能性，在有限的时间里给人留下最佳的印象。

第二，给对方留下更深刻的印象。增加见面的次数，就是让对方不断地复习，防止其遗忘。

第三，节省时间，为更广泛的交往提供时间上的可能。频繁见面能造成一种常来常往、笃厚的朋友印象。

（2）出乎意料

如果要与谈判对手建立友谊，你一定要寻找一个出乎意料的感情投资点，在这种情况下人们容易被感动。

案例窗6-7

（3）打时间差

感情投资的时间差会给投资者带来"利息"，使少量的感情投资收到较好的效果，因此，应当事先进行感情投资，不能"平时不烧香，临时抱佛脚"。在谈判过程开始后，你才开始进行感情投资，效果往往不佳，甚至适得其反。

案例窗6-8

（4）了解对方爱好

一个谈判者要表示对谈判对手的尊重，最经济的方法就是记住对方的姓名。记住对方的名字，不限于对方的主谈人员，要尽可能地熟悉并记住每一个成员的名字。越是普通成员，越希望人们记住他们。你记住了对方阵营中一个普通成员的名字，使他感到被尊重，说不定什么时候你就能用上普通成员中的某一个；不仅要记住对方的名字，而且要了解对方的爱好和关心的问题。

6.5 知觉与谈判

通常人们把知觉理解为人对客观事物的各种属性的整体、概括的反应。知觉对于人们认识客观事物是十分重要的。这里介绍几种主要的知觉现象。

6.5.1 首要印象

在知觉认识中，一个最常见的现象就是第一印象决定人们对某人、某事的看法。这在心理学上被称为首要印象。

当我们与某人初次见面时，有时会留下比较深刻的印象，甚至终生难忘。在许多情况下，我们对某人的看法、见解、喜欢与不喜欢，往往来自第一印象。如果第一面感觉良好，很可能就会形成对对方的肯定态度；否则，很可能就此形成否定态度。

正是由于首要印象的决定作用，比较优秀的谈判者都十分注重双方的初次接触，力求给对方留下深刻印象，赢得对方的信任与好感，以增加谈判的筹码。

人们首要印象的形成主要取决于人的外表、着装、举止和言谈。通常情况下，仪表端正，着装得体，举止大方稳重，较容易获得人们的好感。同时，心理学家研究发现，如果个人很善于沟通或感染别人，那么他的首要印象也比较好。

6.5.2 晕轮效应

晕轮是指太阳周围有时出现的一种光圈，远远看上去，太阳好像扩大了许多。晕轮效应是指人对某事或某人好与不好的知觉印象会扩大到其他方面。最典型的是，如果一个人崇拜某个人，可能把其看得十分伟大，其缺点、怪癖也会被认为很有特点，而这些缺点、怪癖出现在其他人身上，则不能忍受。晕轮效应就像太阳的光环一样，把太阳的表面扩大化了，这是人们知觉认识上的扩大。如果一个人的见识、经验比较少，这种表现就更加突出。

晕轮效应在谈判中的作用既有积极的一面，又有消极的一面。如果谈判的一方给另一方的感觉或印象较好，那么其提出的要求、建议会引起对方积极的响应，要求也容易得到满足。如果能引起对方的尊敬或更大程度的崇拜，他就会具有威慑力量，完全掌握谈判的主动权。但如果一个人给对方的首要印象不好，这种晕轮效应就会向相反的方向扩大，他会对你提出的对双方都有利的建议也不信任。总之，他对你提出的一切都表示怀疑、不信任或反感，寻找各种借口拒绝，甚至回避你。

6.5.3 先入为主

这是指人们习惯于在没有看到结论之前就主观地下结论。比如不等某人说完话就打断他，想当然地认为对方就是这个结论。

先入为主直接影响人们的知觉认识，影响人们的客观判断。这是由于人们日常活动的经验、定向思维和习惯作用的影响。比如，人们看到照片上长条会议桌的两边坐着两排人，中间插着两国国旗，不用看说明就知道是两国之间的政治性谈判。

先入为主的结果可能是正确的，也可能是错误的。最主要的是其影响、妨碍人们对问题的进一步认识，是凭主观印象下结论。这在谈判中常表现为猜测对方的心理活动，自觉不自觉地走向自己认识的误区。在介绍某大公司与煤矿主谈判的例子中，公司聘请的谈判代表想当然推断谈判的焦点就是煤矿的价格，因此，把谈判的重点放在双方的讨价还价上，但几经协商对方丝毫不通融，这才考虑在要价的背后还可能有其他的原因，症结找到后，问题才得以圆满解决。这就是先入为主妨碍了买方了解卖方的真实意图。

6.6　心理挫折与谈判

6.6.1　心理挫折

人的行为活动很少有一帆风顺的，都会遇到这样或那样的困难，碰到各种各样的障碍。实际活动受阻，会影响到人的心理，从而形成各种挫折感。所以，心理挫折是指人在实现目标的过程中遇到自感无法克服的阻碍、干扰，从而产生的焦虑、紧张、愤激、沮丧或失意的情绪性心理状态。

心理挫折是人的一种主观感受，有别于实际上的行动挫折。人的行为活动在客观上遭受挫折是经常的。但是，并不是遇到了挫折，人就会产生挫折感，而且面对同一挫折，人的感觉反应也不相同。有的人遇到了困难，反而可能激起他更大的决心，要全力以赴把这一问题处理好；有的人则感到沮丧、失望乃至丧失信心。

人的行动挫折的产生有主观、客观两方面的原因。其主观原因在于人的知识、经验、智商等方面，而客观原因是活动对象、环境条件的复杂、困难程度等。在人的行为活动遇到挫折时，人的主观心态由于各种原因会产生不同的反应，如对行为挫折的情境的主观判断、遭受挫折目标的重要性、抱负水平及对挫折的忍受力都会影响人在遭受挫折后的心态反应。

6.6.2　心理挫折对行为的影响

1）心理挫折的行为反应

心理挫折是人的内心活动，它是通过人的行为表现和摆脱挫折困扰的方式反映出来的。以下简单介绍一下人的心理挫折的行为反应。

（1）攻击

人在受挫时，生气、愤怒是最常见的心理状态。这在行动上可能表现为攻击，如语言过火、激烈，情绪冲动，容易发脾气，并伴有挑衅的动作等。

攻击是在人产生心理挫折感时可能出现的行为，但攻击的程度因人而异。理智型的人善于作自我调节，比感情易冲动的人能较容易控制自己；文化程度低的人，受挫后产生攻击行为的可能性比较大；经验丰富、见多识广的人受挫后会有多种排解方法，攻击的可能性就比较小。此外，受挫目标的期望程度、动机范围等因素都可能影响人的攻击性。

（2）倒退

倒退是指人遭受挫折后可能发生的幼稚的、儿童化的行为，如像孩子一样哭闹、暴怒、任性等，目的是威胁对方或唤起别人的同情心。

（3）畏缩

畏缩是指人受挫后发生的失去自信、消极悲观、孤僻离群、盲目顺从、易受暗示等行为表现。这时其敏感性、判断力都相应降低。

（4）固执

它表现为顽固地坚持某种不合理的意见或态度，盲目地重复某种无效的动作，不能像正常情况下那样正确合理地作出判断。固执表现为心胸狭窄、意志薄弱、思想不开明，这些都会直接影响人们对具体事物的判断分析，导致行动失误。此外，不安、冷漠等都是心理挫折的表现。

2）摆脱心理挫折困扰的心理防卫机制

出现心理挫折时的情绪状态是人的应激状态，无论对谁，都是一种不适的困扰，甚至是苦恼的折磨。人人都会自觉地采取措施来消除心理挫折，摆脱困扰。比较常见的摆脱心理挫折的方式有下面几种：

（1）理喻

这是指人在受挫时，会寻找理由和事实来解释或减轻焦虑困扰的方式。例如，所签订合同没有达到原定的价格标准，谈判人员会不自觉地拿"今年价格上涨"的理由来安慰自己。

理喻的作用有积极与消极之分，如果是不合逻辑的"自我理喻"，则被称为文饰，寻找不符合客观实际的理由推卸个人的责任。

（2）替代

这是指以调查目标来取代遭受挫折目标，主要采取升华、补偿、抵消等形式。在上笔交易中吃了亏，在下笔交易中赚回来的心理就是如此。消极替代是将自己的不当、失误转嫁到旁人身上，以缓解自己的不安，如自己憎恨某人，却大谈某人憎恨自己。

（3）转移

它是指将注意的中心转移到受挫事件之外的事情中，以减轻和消除心理困扰。消极转移被称为逃避，如有的人现在失意，却大谈自己过去的辉煌。

（4）压抑

它是指人有意控制自己的挫折感，不在行动上表露出来。通常所讲的临危不乱、荣辱不惊、具有大将风度，就是压抑作用的结果。这也是一个优秀的谈判者所应具备的能力。

6.6.3 心理挫折在商务谈判中的表现

谈判活动是一种协调行为，即协调交易各方的利益与冲突。因此，在商务谈判活动中，谈判人员遇到这样或那样的矛盾、碰到各种挫折时，难免会产生心理波动，并直接影响其行为活动。

商务谈判活动所产生的心理挫折主要表现在以下几个方面：

1）成就需要与成功可能性的冲突

成就感在人的需要层次中表现为自我尊重和自我实现，是一种高层次的追求。正是这种追求促使人认真努力，希望有所成就，获得良好的工作业绩。但是谈判活动的不确定性又导致谈判结果的不确定性，由此构成了成就需要与成功可能性的矛盾。

交易洽商涉及交易各方的实际利益，具有很大的伸缩性和变动性。就连什么是成功的谈判、什么是理想的结果都众说纷纭，没有统一的标准。即使谈判前制定详细的目标与计划，谈判结果在很大程度上也取决于双方力量的对比和谈判人员作用的发挥。这既增大了取得工作业绩的难度，也为谈判人员更好地发挥个人潜力创造了条件。在这里，努力、勤奋、创造性都是获得成功的必要因素。

心理挫折对人的行为有直接影响，但并不只是消极影响。对于积极乐观的人来讲，挫折可以激励、鞭策人取得成功。某软件公司销售总监与连锁餐饮集团谈判系统升级项目时，对方技术负责人突然打断演示："你们报价比竞争对手高40%，如果今天不能降到同等水平，我们立刻换供应商。"谈判室瞬间鸦雀无声。销售总监掌心冒汗，但立刻深呼吸，控制表情，笑着起身走到白板前说："您的果断让我更有信心合作——因为只有真正懂技术的人才会关注成本背后的价值差异。"销售总监的从容乐观打动了谈判对手，最后获得了谈判的成功。

2）创造性与习惯定向的冲突

谈判是一种创意较强的社交活动，没有哪两个谈判项目是完全相同的。适用于上次谈判的方式和方法，可能完全不适用于这一次。虽然每进行一定规模的交易活动，各方都要进行详细、周密、认真的准备，但在很大程度上要取决于谈判人员的"临场发挥"。所以，谈判人员的应变能力、创造性、灵活性都是十分重要的。

但是，人们的认知心理都存在一种思维惯性。这在心理学上被称为习惯定向，即人们在思考认识问题过程中，习惯沿着某一思路进行，这样考虑问题的次数越多，采用新思路的可能性就越小，这种习惯思维对人的束缚性就越大。这就导致人们习惯用某种方法解决问题后，对出现的新问题不寻求更好的方法，还是机械地套用老方法去处理。所以，习惯定向是影响谈判人员创造性地解决问题的主要障碍。如何摆脱习惯定向对人认识活动的影响，怎样既重视经验，又不依赖经验，怎样创造性地解决洽商活动的问题，可能是每一个参与谈判活动的人都面临的问题。最重要的是培养谈判人员良好的心理素质、正确的工作态度和坚强的意志品质。

3）角色多样化与角色期待的冲突

在实际生活中，每个人在不同的情况下都可能充当不同的角色。例如，一个人在家里是父亲，在单位可能是领导者，而从事洽商活动又是临时组织的负责人或专业人员，还可能是其他组织的负责人等。不同的角色，所处的社会地位不同，社会规范的行为方式也不同。

由于在不同的情况下担任不同的角色，彼此之间必然有矛盾和冲突。作为具体的个人，要承担如此众多的角色，而且都要符合角色的要求，难免会出现挫折，形成心理冲突，特别是当原有角色与洽商活动中所扮演角色相冲突时，会直接影响谈判者的心理活动，影响其作用的发挥。例如，一个人在原单位是技术人员，但在谈判活动中成为主谈人，还承担着决策重任，那么他很可能不适应这种角色的转化。而一个人在原单位是主要负责人，但在洽商活动中只扮演了一个从属的角色，他会感到不受重用，也会影响其作用的发挥。可见，这种原有角色与实际角色的心理冲突是值得人们加以注意并认真研究的。

6.7　成功心理与谈判

6.7.1　商务谈判中的成功心理

在谈判桌上，谈判人员所具有的实际力量包括物质力量和精神力量两个方面。物质力量是客观的，而精神力量在谈判桌上往往具有决定性的作用，谈判的成功直接源于谈判的信心、诚心和耐心。

1）信心

成功的信念是人们从事一切谈判活动必备的心理要素。只有具备了成功的信念，谈判者才能充分展示自身的才能，潜能也得到充分释放。人们通过谈判来促进自身的发展，完全受人们的需求动机所支配。将需求动机转化为需求行为，并使这种需求行为逐步得到补偿，就必须在成功信念的心理要素支配下开展谈判活动。在形形色色的谈判活动中，无论谈判的哪一方，都有其所追求的目标和所要达到的目的，并且双方都力图不断调整需求的心理强度，巧妙地利用谈判艺术和应变策略，来达到自己拟定的目标。谈判的求胜信心就是为实现自身利益而灵活运用谈判策略，以实现预定的谈判目标的心理过程。

求胜心理是任何一个谈判者都具有的必然的心理状态。求胜心理的强弱，既与自身能力和谈判环境有关，又与谈判双方参与人员的心理状态有关。在具体的谈判活动中，它可被区分为强制性求胜心理和依附性求胜心理。

（1）强制性求胜心理

例如，一家大企业具有经济力量雄厚、技术能力强、市场销路好的竞争优势，而另一家小企业因产品滞销、技术力量落后而一筹莫展，正处于危机的阶段，为了求生存、图发展，双方进行经济互助谈判。这样前者可能利用后者追求生存需要的心理，提出苛刻的要求和条件，而后者为了生存只好忍痛应诺，以求得喘息的机会。这种乘人之危的求胜心理是谈判中的一种不道德行为。

（2）依附性求胜心理

这种求胜心理一般表现在弱者与强者之间的谈判中。如有些企业因生产技术薄弱、设备简陋，单靠自己的力量无法获得转机，于是通过谈判找到"靠山"，攀上"亲家"。目前，许多乡镇企业、中小企业与实力雄厚的大型企业之间联营，就是一方依附另一方的现象。这类谈判通常都是以扩大自身的利益为基本出发点的。谈判成功的标志之一是合作协议的签署。合作协议是经过双方代表磋商的，是双方共同利益的体现。谈判成功意味着双方达成共识。尽管各方都有获得尽量多的利益的需求动机，但若某一方无利可图，合作协议是不可能产生的。虽然合作协议的具体条款与谈判双方的初始要求有某种不同之处，但由于双方实现了心理上的沟通，增强了彼此之间的信任感，在有利于共同目标实现的情况下，谈判双方或者某一方作出让步也是常有的事；但这种让步只是实现共同利益目标的一种策略，绝不意味着谈判的失败。

2）诚心

谈判需要诚意，诚意应当存在于谈判的全部过程与环节之中，受诚意支配的谈判心理是保证实现谈判各方目标的必要条件。从心理学的角度讲，诚意是谈判的心理准备。我们知道，谈判的初始动机受需求和欲望的支配，而为了满足需求和欲望，在单靠自己的力量难以满足时，就得寻找与之相适应的伙伴，而合作伙伴的获得，是在大量了解、全面考察对方的基础上通过谈判而实现的。这种寻求合作对象的过程，本身就是谈判诚意的具体表现。

当然，谈判诚意不仅仅是单方面的，只有在共存于谈判各方的条件下，诚意才能转化为谈判的动力。在谈判开场之前，诚意能促使人们为谈判做大量细致周密的准备工作。由于有了必要的准备，人们就能左右谈判过程，对谈判桌上可能出现的各种意想不到的变化能够镇定自若，并能在复杂的局势中把握战机，扭转局面；同时，有利于在事态突然发生变化时，谈判人员保持心理稳定，不至于因求胜心理过于强烈或者在外界因素的刺激下而情绪波动过大，以保证谈判人员的心理活动始终处于最佳状态之中，提高谈判效率，加快谈判进程，赢得谈判时间。

除此之外，诚意还能强化谈判各方的心理沟通，保证谈判气氛的融洽和谐。只有在谈判各方都有诚意合作的前提下，他们才不至于为一些细枝末节的小事互不相让而延误谈判。在双方基本目标和原则立场不受影响时，双方求大同、存小异，建立彼此之间互相合作、友好往来的关系。

诚意是谈判的心理前提，这已被许许多多的谈判实践所证实。可以相信，没有诚意的谈判是无法获得成功的。如体育比赛一样，在双方运动员都没有诚意竞技时，它是毫无意义和价值的。只有在以诚意为基础的良好的心理环境中，谈判人员才能在保证共同利益不受损害的前提下，根据谈判桌上的风云变幻，灵活应对，运筹帷幄。

3）耐心

耐心是在心理上战胜谈判对手的一种战术与谋略。它在谈判中表现为不急于求得谈判的结果，而是通过自己有意识的言论和行动，使对方知晓合作的诚意与可能。耐心是提高谈判效率、赢得谈判主动权的一种手段，让对方了解自己，又使自己详尽地了解对手。只有双方互相了解、彼此信任的谈判才能获得成功，才能不因为某一句话或某一个要求而谈判夭折。如果谈判双方都通过细致踏实的准备工作，让对方了解自己、相信自己，并且不厌其烦地倾听对方的陈述诉求，就可以精诚合作，默契配合，并在较短的时间内签订谈判协议。谈判人员的这种耐心就是产生谈判效益的一种直接原因。

耐心是气质的体现，谈判人员的气质是其心理状态的具体表现。在谈判桌上，过激的语言攻势和超量的谈判要求应当尽量避免。但是，一旦这种有损谈判气氛和谈判成功的现象出现，谈判人员就必须立即采取回避和转换话题的方式，避免谈判形成僵局，以缓和谈判气氛，再运用对方能接受的方式予以回击。只有在既考虑己方利益又考虑对方利益的情况下，做到利己又利人，谈判合作才成为可能。

耐心是谈判者心理成熟的标志。急躁鲁莽是难以把事情办好的，必须对客观事物和现象作出全面分析和理性思考，然后作出科学决策，这才是成功者的奥秘所在。在各式各样的谈判中，在基本目标一致的前提下，遵循"求大同，存小异"的谈判原则，谈判人员不必计较对方提出的种种细节问题，而是对谈判的关键问题以及对手的心理活动进行准确分析和判断，对谈判趋势和未来可能出现的谈判结果作出合理预测，从而采取进一步的谈判策略。这对于提高谈判效率和谈判效益是至关重要的。由此观之，"耐心"与"拖延"是截然不同的，如果"拖延"是从谋划上战胜对方，"耐心"则是从心理上战胜对方。

案例窗6-9

6.7.2　谈判成功的行为标准

商务谈判是从参加谈判的人本身开始的。谈判者的行为标准是通往谈判成功的桥梁。这些行为标准主要有以下几个方面：

1）责任感

具有责任感的谈判者对谈判工作充满强烈的事业心，总是以百折不挠的精神，运用自己的智慧和能力，克服重重困难，从不轻易放弃自己的立场。他们建立的目标往往比别人高，而且心中有更高的目标，时刻追求谈判的成功。为了对企业负责，对个人的名誉负责，他们尽最大的努力。当努力受挫、面临失败时，他们敢于承担自己应负的责任，勇于进行自我剖析，深入分析成功与失败的原因。

2）创造性与敏感性

（1）创造性

具有成功心理的谈判者以创新为生活的信条，努力奋斗追求最佳的谈判利益，全力以赴地实现目标；在解决问题时，总是在寻找自己的办法，从不盲目效仿别人。他们喜欢与困难交锋，与对手争雄，敢于面对变革的强大压力，善于理解、接受、传播变革的思想。他们能经常地反省自己，按市场需要的行为标准检查自己，发现不足就立即改正。

（2）敏感性

谈判活动的变化、特征都会通过谈判情报信息反映出来。一个好的谈判者能及时、准确地认识和掌握各类信息情报，表现出职业敏感性。这种敏感性还表现在对一切有利于目标实现的机遇，时刻都有清醒的认识，并能抓住不放；在目标确定之后，时刻警惕，头脑清醒，又能及时判明影响目标实现的蛛丝马迹，及时予以处理。

3）交际能力与自我尊重

（1）交际能力

谈判中的交际能力是指与对方沟通感情的能力。显然，这不是花言巧语的伎俩。具有这种能力的人温和、友善，善于做到倾听对方的谈话，对对方的话题、内容、谈话的姿态、表情、语气等都表现出浓厚的兴趣，并且具有把握谈话实质内容的能力。其与人为善，对别人的苦楚抱有真诚的同情心，有良好的人际关系。

（2）自我尊重

自我尊重是谈判人员走向成功的必备素质。虽然人的能力不同，但每一个人都认为自己是有一定能力的有用之人，都抱有一展个人才华的愿望。强烈的职业自豪感和荣誉感驱使他主动工作，想尽办法完成任务。他在成功时不会居功自傲，而是将目光移向新的目标。他不是被迫地顺应命运，而是主动地寻求挑战。这种自我尊重的谈判者会赢得他人的尊重。

4）信任同事与朋友

成功的谈判者必须正确地认识周围的同事、朋友，善于消除同事之间的隔阂，推心置腹，平等待人，相互尊重，愿意与别人合作。这样就能使人感受到相互信赖的气氛，放心地将任务交给卜属去完成，使得每一个人都有机会去展现他的能力与才华，团队成员精诚合作。

5）敢冒风险与经得起困难与挫折

（1）敢冒风险

生活中充满着竞争，要敢于冒风险换取更大的成功。当然，这种重大决策可能导致人生及事业上的大起大落，在作这样的决策时，人应该是完全理智的，而不是带有强烈的感情色彩。

（2）经得起困难与挫折

困难与挫折是人生的正常部分。风平浪静、安逸的生活，易使人失去上进心；敢冒风险，喜欢挑战，战胜困难与挫折，方能显现出人的能力，并能实现自我价值。在这个过程中，一个成功者将表现出足够的承受力和爆发力，以对抗生活的压力。

6）有具体的奋斗目标

世上没有一成不变的事物，万事万物都在变化。一个成功的谈判者应当顺应历史潮流，调整生活方向，面向明天，不断制定新的奋斗目标。人的一生所走过的路是由具体的人生目标标示出来的。成功者总是将人生目标作为激励自己的手段，按自己建立起来的目标行事。这些目标是可触及的具体事物，实现一个目标后再建立下一个目标。一个好的谈判者应当具备脚踏实地、沿着既定的目标大步走的个性素质。在谈判中，由于经济环境的变化，谈判目标将呈现出阶段性的特征，甚至目标本身也呈现出多元化。在这种情况下，谈判者必须根据变化了的经济条件，及时调整自己的目标，推动谈判的顺利进行。

6.7.3 谈判者追求的成功目标

在商务谈判中，谈判人员应怀着必胜的决心、成功的信念去实现谈判目标。不同谈判人员的目标也不一样，有的是为了获得国家、企业的利益，有的只是为了个人利益等。

1）为国家和企业的经济利益谈判

谈判人员应将为国家、民族争取更多的经济利益作为成功目标。商务谈判是国家间对外经济贸易活动的重要内容。商务谈判人员应将肩负起达成国家经济贸易项目和利益的重大使命作为自己的一种追求，树立远大的政治抱负和高度的责任感：既尊重领导，服从上级要求，又尊重同事，虚心听取正确的意见和建议，以求谈判的最佳效果；即使遇到重重困难，也以百折不挠的精神，千方百计地去实现谈判目标；当谈判取得一定成果时，进一步朝更高的目标努力攀登；对自己的业务精益求精，工作作风上雷厉风行，思想作风上谨慎虚心，能自觉抑制个人的任意行为。

在激烈的市场竞争条件下，商务谈判人员不能仅仅依靠自身的力量，而是要通过商务谈判，去寻求外力的支持。通过经济谈判这种手段，商务谈判人员获得一定数额的资金、技术、经济信息与经济资源，开辟新的销售市场和新的经营活动空间，从而摆脱自身的困境，重建良好的经济环境，重振市场雄风。这种谈判也可被看作为企业经济利益而谈判。

2）为了个人利益谈判

有的谈判人员以商务谈判业务为手段，追求个人的经济利益。他们对请客者无原则，与送礼者做生意，给送回扣者优惠。这样做是违法的。他们在谈判中不是精于选择商品、追求最好的经济效果，而是关心一笔商务谈判在结束后能给自己带来多大的经济利益。

有的谈判人员争取谈判成功是为了表现自己，满足自己的虚荣心。他们单枪匹马，不讲谋略，处处显示自己，突出个人权威，盲目自大。他们关心的是赞美词、奉承话，而不是谈判的理想目标。有的谈判人员把商务谈判看作一种吃好喝好的职业，无所用心，草草了事。还有的谈判人员把谈判成功看作晋升的"铺路石"或资本，他们十分注意上级领导的态度和谈判成果，至于谈判结果的公正性与合理性，根本就不理会。

3）为兼顾双方利益而谈判

谈判协议的签署是经济谈判成功的标志之一。商务谈判协议是经过双方磋商，以体现共同利益为基础，在不损害对方利益的原则下签署的。它体现了兼顾双方利益的谈判目的，即让双方都能获得胜利或完满的结果。在谈判过程中，双方实现了思想上的沟通，增强了了解和信任，在有利于总体目标实现的情况下，双方或一方作出某种让步是经常的。这种让步是实现共同目标的一种形式，绝不是失败。尽管谈判各方都有获得尽量多利益的需求动机，但若有一方无利可图，协议就是不可签署的；即使做成了生意，对方也只能上当一次，今后就绝不会再同你做生意了。显然，商务谈判的成功是双方意志的体现。谈判的主要目的是赢得一定的时间和空间，捕捉适宜的发展机会和创造良好的经济环境。它的目标是谈判各方都各有所得，每一方都是胜利者，而不是一方独享胜利果实。

❖ 延伸学习6-1

电影《银行家》里的谈判者通过事先苦背已经准备好的具体数据，成功地让谈判对手误以为自己有过人天赋，能够快速精准计算收益，从而影响谈判对手的心理，最终获得谈判成功。

本章小结

商务谈判是人们彼此交换思想，展示谈判者实力、心理与个性的一种活动。对商务谈判心理的熟悉有助于提升谈判人员谈判的艺术性，从而灵活有效地处理好各种复杂的谈判问题。谈判心理涉及谈判者的需要、动机、气质、性格、情绪、情感等心理问题。人的需要可以分成5种类型，在谈判中要了解谈判人员的需要并尽量予以满足。动机是推动人行动的动力，人们可以使用各种方法来激发对方的愿望或动机，推动谈判的进行。气质和性格是个性心理特征的重要组成部分，对人的行为有着重大影响，在谈判中要认清自己和他人的气质、性格类型，有针对性地运用谈判策略。人们所追求的不仅有利益的满足，而且有情感的需求。情绪和情感也是谈判中要注意的重要的心理。正确运用和合理控制自己的情绪并和谈判对手建立良好的感情是谈判成功的关键。知觉是对客观事物的各种属性的整体、概括的反应，在谈判中要把握运用好首要印象、晕轮效应、先入为主等。心理挫折在商务谈判中不可避免地存在，谈判者应正确地掌握摆脱心理挫折的心理防卫机制，积极应对心理挫折。谈判人员所具有的成功心理在谈判桌上往往具有决定性作用，谈判成功直接源于谈判者的信心、诚心、耐心。谈判者的行为标准是通往谈判成功的桥梁，了解清楚谈判成功的行为标准，从而有助于达成谈判者追求的不同目标。

关键术语

需要　动机　气质　性格　情绪　情感　知觉　心理挫折　成功心理

基础训练

第6章不定项选择题

第6章判断题

❖ 简答题

1.如何发现谈判对手的真实动机?

2.针对不同气质和性格的谈判对手,谈判者在商务谈判中应如何应对?

3.如何理解情绪和情感的概念? 如何在商务谈判中把握自己的情绪和情感? 请举例说明。

4.如何与谈判对手建立感情,以促进谈判的顺利进行?

5.商务谈判中的成功心理有哪些?

❖ 思考题

航班因大雾而延误,乘客陆续到来,中转的乘客将赶不上中转航班。作为航空公司的经理,你的助手碰了一下你的手臂,有一个重要的电话等你去接,扩音器里在喊你的名字,而你的个人通信器也在"哗哗"地响。这时,有一位怒气冲天、面红耳赤的妇女在人群中指着你,大声叫喊着说你的公司把她的行李箱弄丢了,明天她要出席她儿子的婚礼,可她现在只穿着牛仔裤和衬衫。遇到这种情况,你该如何处理?

A.把她交给你的助手去处理

B.在航空公司的休息室请她喝一杯酒

C.告诉她,正如她所看到的那样,你现在忙极了,请她稍候

D.告诉她将得到赔偿

E.请她再重复一遍她的遭遇给你听

❖ 案例分析

百万元巨款丢在哪儿了

1993年,东北某中型木器厂为升级技术,通过代理公司与某外企签订110万美元设备引进合同。设备到货后,中方发现其存在严重质量问题:零件磨损严重,开机率

不足70%。外方3次调试均未达合同标准，但通过拖延战术迫使中方让步，签署了技术标准模糊的《验收备忘录》。该备忘录将原6项量化指标改为4项主观描述条款（如"以手摸光滑为准"），为外方规避责任埋下隐患。

中方因设备停滞已半年无产出，急于妥协，却未意识到外方精心设计的连环陷阱：

第一，模糊条款陷阱：备忘录中缺乏量化标准，外方咬定"达标"，中方因条款表述空泛无法举证。

第二，拖延消耗策略：外方两年内反复调试4次、谈判16次，利用时间差将中方拖至被动。

第三，索赔公式含欺诈内容：合同索赔条款暗藏复杂公式，即使设备报废，外方仅需赔偿总价0.8%（约1万美元）。

第四，仲裁条款压制：合同规定仲裁须在被诉方所在国进行，中方若主动仲裁需承担高额费用及海外法律风险，陷入进退两难境地。

中方还犯了以下关键失误：

第一，合同漏洞：未聘请专业律师审查条款，对技术标准、索赔公式及仲裁机制缺乏警惕。

第二，谈判失策：急于妥协签订模糊的备忘录，未坚持核心利益，让外方掌控主动权。

第三，法律意识薄弱：负责人忽视纠纷风险，依赖银行保函，导致无法以拒付货款倒逼外方妥协。

最终，中方被迫接受外方总赔偿12%（约13.2万美元）加3%零件的方案，但设备仍仅能以60%的效率勉强运转，前期停产损失及后续维修成本远超赔偿金额。

资料来源：朱春燕，陈俊红，孙林岩. 商务谈判案例［M］. 北京：清华大学出版社，2011.

思考：

1.百万元损失究竟丢在哪儿了？

2.谈判人员应该从该案例中吸取哪些教训？

3.根据案例提供的资料，假如你作为中方谈判人员应当怎样去做？

❖ 模拟谈判

公司合并"三国志"

一、模拟谈判目标

1.综合运用商务谈判理论和技能，体验遵循原则、灵活运用策略和技巧的过程。

2.体验在面临三方竞争的环境下，人们的心理状况、人与人之间的信任会有什么变化。

二、模拟谈判背景

甲、乙、丙公司为国内三大采金公司，但目前面临困境，很多设备先进的小公司出现，对它们造成了威胁。同时，三大公司内部存在一些问题，如严重超员，且人事关系复杂，不易裁减；银行也不给贷款，资金周转困难，设备不能更新。此时，生存的唯一希望就是精简机构，扩大市场，走合并之路。如果3家公司都合并在一起，当然很好，但国家市场监督管理总局不允许，只准其中两家公司合并，所以势必淘汰其中一家。如果任何两家公司都未能合并成功，那么3家公司将全部宣布破产，这是最糟糕的结果。公司合并前后的状况见表6-1。

表6-1　　　　　　　　　　　公司合并前后的状况

	公司名称	管理人员数量	市场占有率（%）
合并前	甲	12	24
	乙	10	20
	丙	8	16
	其他	8	40
	联合公司	管理人员数量	新的市场占有率（%）
合并后	甲-乙	11	55
	甲-丙	10	50
	乙-丙	9	45

三、模拟谈判规则

谈判只有两轮。拟订方案要格外小心，充分发挥集体智慧，积极思考，充分参与，抓紧时间。

谈判内容有两项：公司管理层人数和红利的分配。达成协议后要填写合并申请表，只有两家公司申请表的内容完全一致，才能由国家市场监督管理总局批准合并。

四、模拟谈判步骤

1.划分3家公司，分别选出各自的总裁、副总裁。总裁到国家市场监督管理总局（教师处）抽签决定甲、乙、丙公司。

2.公司总裁召集全员会议：①拟订谈判方案；②分成A、B两个谈判小组；③每个小组指定一名第一轮主谈。（10分钟）

3.按甲A-乙A、乙B-丙B和甲B-丙A 3个谈判会场进行第一轮谈判。谈判时只有主谈人发言，其余人员旁听，不得插话；如要讨论，可暂停，但计时。总裁与副总裁分别在A与B组内，并填写观察员表。（10分钟）

4.总裁召集全员开会：①听汇报、讨论；②确定下一轮（即最后一轮）谈判方案；③确定一名第二轮主谈人。（10分钟）

5.仍按第一轮会场进行第二轮谈判。具体做法同步骤3。

6.总裁召集全员开会：最后决定与谁合并，并秘密填写合并申请表交给国家市场监督管理总局（教师处），同时要交观察员表，不得走漏消息给外公司。

7.公布结果。

8.讨论：登台发言40分钟。

（1）各总裁、副总裁讲谈判过程。

（2）两家合并公司谈为何能合并，为何不能与另一家公司合并。

（3）被淘汰公司谈出局原因及感想（尤其是为什么没有把握住"出路是必须合并"这一条）。

（4）公司管理层人数与红利分配是如何确定的？

（5）面临此竞争环境，心理压力如何？

资料来源：作者编写。

第7章 商务谈判的沟通

学习目标

　　本章旨在帮助学习者了解沟通的过程及有效沟通的途径和方式，理解语言沟通、行为沟通、书面沟通、网络沟通的特点和工具等，能够在各种场景下选择适当的沟通方式，运用沟通的相关技巧，提升有效沟通的能力。

❖ 引例

中方现有资产的作价谈判

　　中国某公司与美国某公司谈判投资项目。其间双方对原工厂的财务账目反映的原资产总值有分歧。

　　美方：贵方财务报表上有模糊之处。

　　中方：贵方可以核查。

　　美方：核查也难，因为被查的依据就不可靠。

　　中方：贵方不应该空口讲话，应有凭据证明查账依据不可靠。

　　美方：所有财务账目均系贵方工厂所造，我作为美国人无法一一核查。

　　中方：那贵方可以请信得过的中国机构协助核查。

　　美方：目前尚未找到可以信任的中国机构协助核查。

　　中方：那贵方的断言只能是主观的、不令人信服的。

　　美方：虽然我方没有法律上的证据证明贵方账面数字不合理，但我们有经验，贵方的现有资产不值账面价值。

　　中方：尊敬的先生，我承认经验宝贵，但财务数据不是经验，而是事实。如果贵方诚意合作，我愿意配合贵方查账，到现场一一核对物与账。

　　美方：不必贵方做这么多工作，请贵方自己纠正后再谈。

　　中方：贵方不想讲理？我方奉陪！

　　美方：不是我方不想讲理，而是贵方的账面价值数据让我方没法说理。

　　中方：贵方是什么意思，我方没听明白，什么"不是""不想""而是"

"没法"？

美方：请原谅我方的直率，我方感到贵方欲利用账面价值来扩大贵方所占股份。

中方：感谢贵方终于说出了真心话，给我方指明了思考方向。

美方：贵方应理解一个投资者的顾虑，尤其像我方与贵方诚心合作的情况下，若让我方感到贵方账目有虚占股份之嫌，实在会使我方止步不前，还会产生不愉快的感觉。

中方：我方理解贵方的顾虑。但在贵方的恐惧心理面前，我方不能只自我申辩这个账目是真实有效的，并不是虚张声势的账目，所以还是希望先听听贵方的需求。

美方：我方通过与贵方的谈判，深度认可贵方代表的人品。但是由于账面价值让我方感到疑惑，还请贵方考虑修改账面价值数目。

中方：为了合作，为了让贵方安心，我方可以考虑账面总值的问题，至于怎么做账是我方的事。如果确认账面总值不存在疑问的话，我们双方将就我方现有资产的作价进行谈判。

美方：好的。

资料来源：李言，汪玮琳. 跟我学：谈判口才［M］. 北京：中国经济出版社，2006.

商务谈判的过程其实就是谈判各方运用各种方式进行沟通的过程。有效的沟通对于商务谈判至关重要。沟通的方式的主要分语言沟通、行为沟通、书面沟通和网络沟通。

7.1 沟通与有效沟通

7.1.1 沟通的含义与作用

1）沟通的含义

目前对沟通的学术定义有很多。本教材从商务组织活动及其管理的角度，综合各种有关沟通的定义，把沟通定义为：沟通是发送者凭借一定的渠道（亦称媒体），将信息发送给既定对象（接收者），并寻求反馈以达到相互理解的过程。沟通包含以下几层意思：

（1）沟通首先是信息的传递

沟通包含信息的传递。如果信息没有传递到既定对象，则意味着沟通没有发生。也就是说，如果演讲者没有听众或者写作者没有读者，就无法形成沟通。

沟通的信息可被分为：

第一，语言信息。其包括口头语言信息和书面语言信息，两者所表达的都是一种事实或个人态度。

第二，非语言信息。它是沟通者所表达的情感，包括副语言和身体语言等。

在沟通过程中，发送者首先要把传递的信息"编码"成符号（文字、数字、图像、声音等），接收者则进行"解码"的过程（信息理解过程）。如果信息接收者对信息类型的理解与发送者不一致，则可能导致沟通障碍和信息失真。在许多信息误解的问题中，接收者常会对信息到底是意见、观点的叙述还是对事实的叙述混淆不清。例如，"某人把腿架在桌子上""某人在偷懒"是两个人对同一现象作出的描述，第二句明显带有说话人自己的判断。但是，一个良好的沟通者会谨慎区别基于推论的信息和基于事实的信息。也许某人真的是在"偷懒"，也有可能这是他思考问题的习惯。

另外，沟通双方要完整地理解传递过来的信息，既要获取事实，又要分析发送者的价值观和个人态度，只有这样才能达到有效沟通。

（2）信息不仅要被传递到，还要被充分理解

如果一个不懂中文的人阅读本教材，他所从事的活动就无法被称为沟通。有效的沟通应该是信息经过传递后，接收者所感知到的信息与发送者发出的信息完全一致。值得注意的是，信息是一种无形的东西，在沟通过程中，沟通者之间传送的只是一些符号，而不是信息本身。传送者要把信息翻译成符号，接收者则要进行相反的翻译过程。由于每个人的"信息-符号储存系统"各不相同，常常会对同一符号（如词汇）存在不同的理解。

例如，"定额"这个词汇在不同的管理层有不同的含义。高层管理者常常把其理解为需要，而下级管理者把其理解为操纵和控制，并由此产生不满。问题在于，许多管理人员并没有意识到这一点，忽视了不同成员"信息-符号储存系统"的差异，认为自己的词汇、动作等符号能被对方还原成自己欲表达的信息，但这往往是不正确的，而且会导致不少沟通问题。

（3）有效的沟通并不是沟通双方达成一致意见，而是准确地理解信息的含义

许多人认为，有效沟通就是使别人接受自己的观点。实际上，人们可以明确地理解对方的意思，但不一定同意对方的看法。沟通双方能否达成一致意见、对方是否接受你的观点，往往并不是沟通有效与否这个因素所决定的，其还关系到双方利益是否一致、价值观念是否相似等其他关键因素。例如，在谈判过程中，如果双方存在根本利益的冲突，即使沟通过程中不存在任何噪声（干扰），谈判双方的沟通技巧也十分纯熟，往往也不能达成一致的协议，尽管在这个过程中双方已充分了解了对方的要求和观点。

（4）沟通是一个双向、互动的反馈和理解过程

我们每天都与别人进行沟通，但这并不表明我们是成功的沟通者，正如我们每天都在工作，并不表明我们每天都能获得工作上的成就一样。沟通不是一项纯粹的单向活动。或许你已经告诉对方你所要表达的信息，但这并不意味着对方已经与你沟通了。沟通的目的不是行为本身，而在于结果。如果预期的结果并未产生，接收者并未对你发出的信息作出反馈或者没能理解信息发送者的意思，也就没有形成沟通。著名的传播学者戴维·K. 贝罗（David K. Berlo）指出，当你听到有人说"我告诉过他们，但他们没有搞清楚我的意思"，你可以感觉到此人深信他要表达的意思都在字眼里面，他以为只要能够找到合适的语言来表达意思，就完成沟通了。其实"语言"本身并不具有"意思"，其中还存在一个翻译转化的过程。例如，"北京国安队大败上海申花队"，传递者的意思是北京国安队赢了，接收者却认为北京国安队输了。

2）沟通的作用

商务谈判过程是谈判双方就某项商务项目为达成协议而进行的有来有往的沟通过程。因此，沟通是谈判的基础，贯穿谈判过程的始终。其既是谈判的前奏，也是谈判中的必需部分，更是巩固谈判成果必不可少的手段。

7.1.2　沟通的过程

每一个完整的沟通过程都应该包括发送者、接收者、编码、解码、渠道、信息、反馈等。

1）发送者

发送者又称信息源，是指在沟通中具有沟通需求并发出信息的个人、群体或组织。在沟通过程中，发送者的功能是产生、提供用于交流的信息，是沟通的初始者，具有主动地位，它决定了沟通的内容、沟通何时开始、如何开始、信息传递的对象和目的等。发送者在发送信息前需要进行信息的提取、整理、组织等准备工作活动。

2）接收者

接收者又称沟通对象，是指信息所指向的客体，接收信息的个人、群体或组织。发送者与接收者构成了沟通的主客体。在沟通过程中，接收者被告知事实、观点或被迫改变自己的立场、行为等。但接收者并不完全被动，他可以利用自己已有的经验对接收到的信息进行感知和理解。在完整的沟通过程中，在信息发出阶段，发送者是首要的沟通者；在反馈阶段，接收者则成为首要的沟通者。

3）编码

编码是发送者把自己的思想、观点、情感等信息根据一定的语言、语义规则转换成接收者可以理解的某种符号形式，如语言、文字、图片、手势等，用以完整地表达信息。例如，发送者将自己的观点写成报告上交领导（书面语言），或亲自向领导汇报（口头语言）。人际沟通的主要编码是语言编码。

4）解码

解码是指接收者将获得的信息进行译解，根据自己的知识、经验和思维方式转换为接收者所能理解的意念的过程。解码实质上是接收者对信息的翻译和对发送者的行为赋予意义。沟通的编码和解码的过程将直接影响沟通的效果，是沟通成败的关键。完善的沟通应是发送者的信息经过编码和解码后，接收者所获得的信息含义与发送者完全一致。

5）渠道

渠道或称媒介，是指发送者向接收者传递信息所用的途径或方式。渠道的功能在于使发送者和接收者相关联。渠道的选择要根据具体条件下的有效性而定，主要是考虑是否方便易行、传递的速度与精确性、成本、反馈速度、人际交往的直接程度、语言的丰富性等。

6）信息

信息是指发送者经过编码而形成的一切语言和非语言的符号，也就是发送者所要传递的信息符号，或者接收者由信息渠道所接收到的信息符号。它们可以是语言、文字、图片、手势、思想、观念、情感等。发送者要影响接收者，必须用信息彼此进行沟通。

7）反馈

反馈是指接收者对于发送者传来的信息作出反应后，并将之回传给发送者的过程，以表明对接收到的信息的理解。反馈对沟通质量有重要作用。这是因为如果没有反馈，发送者就无法了解信息的沟通效果，沟通双方就会主观地而不是客观地评价沟通的内容及对方的意愿，从而极容易造成双方的误解。为实现有效沟通，信息接收者应及时、准确、主动地向发送者反馈自己的想法和对信息的理解程度。

7.1.3 有效沟通的特征

有效沟通主要是指信息沟通得及时、完整和准确。有效沟通主要有以下几个方面的特征：

1）及时性

及时性是指信息从发送者传递到接收者那里的及时程度。及时性意味着沟通双方要在尽可能短的时间内进行沟通，并使信息产生作用。这就要求：

第一，传送及时，即在信息传递的过程中，尽量减少中间环节，避免信息的过滤，使信息最快地到达接收者处；

第二，反馈及时，即接收者在接到信息后，及时反馈，以利于发送者进行信息修正；

第三，利用及时，即发送者和接收者双方及时利用信息，增强信息的时效性，避免信息过期无效。

2）完整性

完整性是指发送者必须发送完整的信息，要全面、适量，避免根据自己的意愿进行取舍，以偏概全，而应该适量、充分。信息的接收者也不能断章取义。

3）准确性

准确性是指信息从发送者到接收者那里，保持信息完整而不被歪曲、失真的程度。信息的准确性是有效沟通的最基本要求。有效沟通必须保证信息在传递的过程中准确，既能够准确地反映发送者的意图，也要保证接收者准确地理解信息。只有按照准确的、不失真的信息采取行动才能取得预期效果。失真的信息往往会对接收者产生误导。

7.1.4 有效沟通的原则

在商务谈判中，沟通是很重要的。谈判双方进行有效沟通将有助于把握谈判局势，使谈判获得成功。那么谈判双方应该怎样做，才能使沟通顺利有效呢？

谈判中有效沟通的原则包括：

1）客观性原则

客观性原则要求在商务谈判沟通中以客观事实为依据，运用恰当的方式为对方提供令人信服的证据，确保信息传递的准确度与可信度。

2）针对性原则

针对性原则要求商务谈判沟通需要有的放矢、对症下药。商务谈判的沟通内容非常丰富，每次沟通都应该针对其特定的谈判目标、具体的谈判内容。

3）及时性原则

及时性原则是指在商务谈判沟通中通过快速、高效、客观的信息传递与反馈，确保双方沟通的时效性和有效性，提高其商务谈判效率，获得良好效果。

7.2 语言沟通

谈判是人们出于某种欲望、需求，彼此阐述自我意愿，协调相互关系，为了取得一致、达到目的所进行的语言交流活动。从某种意义上说，谈判就是讨价还价的过程。讨价还价需要以自身的实力、市场形势等情况为依据，而即使有了好的条件，还需要好的语言沟通能力来实现。语言在商务谈判中占有重要的地位，其往往决定着谈判成功与否。

7.2.1 商务谈判语言的类型

商务谈判的语言多种多样，从不同的角度或依照不同的标准，可以把它分成不同的类型。同时，每种类型的语言都有各自运用的条件，在商务谈判中必须相机而定。

1）按语言表达方式划分

依据语言表达方式不同，商务谈判语言可以被分为有声语言和无声语言。在商务谈判中，各种语言都可以被归类为有声语言和无声语言。

（1）有声语言

有声语言是通过人的发音器官来表达的语言，一般理解为口头语言。这种语言是借助人的听觉传递信息、交流思想。有声语言又可被分为同情语、委婉语、幽默语、格言、成语等。

（2）无声语言

无声语言又称行为语言或体态语言，是指通过人的形体、姿态等非发音器官来表达的语言，一般理解为身体语言。这种语言是借助人的视觉传递信息、表达态度、交流思想等。

在商务谈判中巧妙地运用这两种语言，可以产生珠联璧合、相辅相成、绝妙默契的效果。

2）按语言表达特征划分

按语言表述特征分类，商务谈判语言可被分为专业语言、法律语言、外交语言、文学语言、军事语言等。

（1）专业语言

专业语言是指在商务谈判过程中使用的与业务内容有关的一些专用或专门术语。谈判业务不同，专业语言也不同。例如，在国际商务谈判中，有到岸价、离岸价等专业用语；在产品购销谈判中，有供求市场价格、品质、包装、装运、保险等专业用语；在工程建筑谈判中，有造价、工期、开工、竣工交付使用等专业用语。这些专业语言的特征是简练、明确、专一。

（2）法律语言

法律语言是指商务谈判业务所涉及的有关法律规定的用语。商务谈判业务内容不同，要运用的法律语言也不同。每种法律语言及其术语都有特定的内涵，不能随意解释和使用。法律语言的特征是法定的强制性、通用性和刻板性。通过法律语言的运用，双方可以明确各自的权利与义务、权限与责任等。

（3）外交语言

外交语言是一种具有模糊性、缓冲性和圆滑性特征的弹性语言。在商务谈判中，使用外交语言既可满足对方自尊的需要，又可以避免己方失礼；既可以说明问题，还能为谈判决策进退留有余地。例如，在商务谈判中常说的"互利互惠""双方互惠""可以考虑""深表遗憾""有待研究""双赢"等，都属外交语言。外交语言要运用得当，如果过分使用外交语言容易让对方感到无合作诚意。

（4）文学语言

具有明显的文学特征的语言属于文学语言。这种语言的特征是生动、活泼、优雅、诙谐、富于想象、有情调、范围广。在商务谈判中运用文学语言既可以生动明快地说明问题，又可以调节谈判气氛。

（5）军事语言

带有命令性特征的用语属于军事语言。这种语言的特征是干脆、利落、简洁、坚定、自信、铿锵有力。在商务谈判中，适时运用军事语言可以起到增强信心、稳定情绪、稳住阵脚、加速谈判进程的作用。

7.2.2 商务谈判语言的沟通技巧

谈话总要表达某种内容、观点，传达一些信息。在这个前提下，谈话技巧小则可能影响谈判者个人之间的人际关系，大则关系到谈判的气氛及谈判成功与否。语言表达是非常灵活、有创造性的。因此，几乎没有特定的语言沟通技巧适合所有的谈话内容。就商务谈判这一特定内容的交际活动来讲，语言沟通应注意以下几点：

1）准确地应用语言

谈判就是协商合同条款，明确双方各自的责任、义务，因此，不要使用模棱两可或概念模糊的语言。当然，在个别的时候，人们出于某种策略需要则另当别论。例如，卖方介绍产品质量时，要具体说明质量、性能所达到的标准，不要笼统地讲性能良好、质量过硬。在产品广告宣传上也要加以注意，人们在对广告语言使用的研究中发现，使用具体、准确并有数字证明的语言，比笼统、含糊、夸大的语言更能打动消费者，使人信服。

在谈判中，运用准确的语言，还可以避免出现误会与不必要的纠纷，掌握谈判主动权。尼尔伦伯格在他的《谈判的艺术》一书中曾举了这样一个例子：美国大财阀摩根想从洛克菲勒手中买一大块明尼苏达州的矿地，洛氏派了手下一个叫约翰的人出面与摩根交涉。见面后，摩根问："你准备开什么价？"约翰答道："摩根先生，我想你说的话恐怕有点不对，我来这儿并非卖什么，而是你要买什么才对。"几句话就说明了问题的实质，并掌握了谈判的主动权。[①]

2）不伤对方的颜面与自尊

在谈判中，维护颜面与自尊是一个极其敏感又重要的问题。许多专家指出，在洽商中，如果一方感到失了颜面，即使是最好的交易，也会留下不良后果。当一个人的自尊受到威胁时，他就会全力防卫自己，对外界充满敌意，有的人反击，有的人回避，有的人则会变得十分冷淡。这时，要想与他沟通交往，则十分困难。

在多数情况下，丢面子、伤自尊心都是由语言不慎造成的。最常出现的情况是由双方对问题的分歧发展到对对方的成见，进而出现对个人的攻击与指责。

曾有一个保险公司的推销员，在几次拜访了一个客户后，却未能说服他。一次临走时，他说："我将来会说服你的，老家伙！"这句充满感情色彩的话表明了他值得称赞的决心，但这是他绝不该说的话。对方立刻嚷道："不，你做不到——绝无希望！"后来，尽管这个推销员在近十年的时间持续不断拜访这个客户，但都没有成功。[②]

---

① 尼尔伦伯格. 谈判的艺术［M］. 曹景行，陆廷，译. 上海：上海翻译出版公司，1986.

② 文轩. 卡耐基：人际关系学全集［M］. 石家庄：花山文艺出版社，2016：222-223.

　　所以，绝不能站在与客户对立的立场上，去试图说服他，因为很多情况下，没等你说服他，就很可能刺伤了他。当对方提出某种观点而你并不同意时，你可以说："根据你的假设，我可以推知你的结论，但是你是否考虑到……"或者"有些资料你可能还不晓得。"这要比"你们的意见是建立在片面考虑自身利益的基础上，我们不能接受"要好得多。前者既指出了对方用意的偏颇，表明了我方的态度，又避免了直接正面冲突，从而避免了招致对方不满的可能。而后者，虽然维护了己方立场，但很可能激怒对方，使谈判陷入僵局。

　　在谈判中应避免的言辞主要包括以下几个方面：

（1）极端性的语言

　　这类语言如"肯定如此""绝对不是那样"，即使自己看法正确，也不要使用这样的词汇。

（2）针锋相对的语言

　　这类语言特别容易引起双方的争论、僵持，造成关系紧张，如"开价5万元，一点也不能少""不用讲了，事情就这样定了"。

（3）涉及对方隐秘的语言

　　这类语言如："你们为什么不同意，是不是你的上司没点头？"与国外客商谈判尤其要注意这一点。

（4）有损对方自尊心的语言

　　这类语言如："开价就这些，买不起就明讲。"

（5）催促对方的语言

　　这类语言如"请快点考虑""请马上答复"。

（6）赌气的语言

　　它往往言过其实，造成不良后果，如："上次交易你们已经多赚了5万元，这次不能再占便宜了。"

（7）言之无物的语言

　　这类语言如："我还想说……""正像我早些时候所说的……""是真的吗……"许多人有下意识的重复习惯，俗称口头禅，它不利于谈判，应尽量克服。

（8）以我为中心的语言

　　过多地使用这类语言，会引起对方的反感，起不到说服的效果。如："我的看法是……""如果我是你的话……"这两句可以改为："您是否注意到……""您这样做可能带来的后果是……"

(9) 威胁性的语言

这类语言如："你这样做是不给自己留后路。""如果你这样做，后果自负。"

(10) 模棱两可的语言

这类语言如："可能是……""大概如此""好像……""听说……""似乎……"

3) 注意语言沟通的方式

讲话过程中的一些细节问题，如停顿、语调、语速等，往往容易被人们所忽视，而这些方面会在不同程度上影响说话的效果。

一般来讲，如果说话者要强调谈话的某一重点，停顿是非常有效的。实验表明，说话时应当每隔30秒钟停顿一次，一是加深对方印象，二是给对方机会，对提出的问题进行思考或加以评论。当然，适当地重复，也可以加深对方的印象。有时，人们可以运用加强语气、提高说话声音以示强调，或显示说话者的信心和决心。这样做比使用一连串的形容词效果要好。

说话声音的改变，特别是恰到好处地抑扬顿挫，会消除枯燥无味的感觉，吸引听话者的兴趣。此外，清晰、准确的发音，圆润动听的嗓音，有助于提升讲话的效果。在商务洽谈中，我们应注意根据对方是否能理解我们的讲话，以及对讲话重要性的理解程度，控制和调整说话的速度。在向对方介绍谈判要点或阐述主要议题时，说话的速度应适当减慢，让对方听清楚，并能记下来。同时，要密切注意对方的反应：如果对方感到厌烦，那可能是因为你过于详细地阐述了一些简单易懂的问题，说话啰唆或一句话表达了太多的意思；如果对方的注意力不集中，可能是你说话的速度太快，对方已跟不上你的思维了。

总之，你要收到良好的沟通效果，就必须注意说话的方式。

此外，谈话中的随机应变也是十分重要的。

语言的运用要达到说服人的效果，针对说话对象、客观环境的变化加以灵活调整是十分重要的。语言的魅力或艺术性就在于它的创造性。有创造性的语言才具有鲜活的生命力，才能很好地发挥语言的作用。

有这样一个事例，一位把大量时间和金钱都奉献给心脏病研究的慈善家一直想要建立一个心脏研究基金会，经过一番奔走，美国参议院终于开始对设立这个基金会的可能性进行调查，并请这位慈善家到国会作证。慈善家精心准备了内容翔实的演说词，但到开会时，他发现被安排在第六个发言，前面发言的是那些在各个领域学有专长的医生、科学家等。于是，他决定临时改变发言内容。他说："先生们，我准备了一篇发言稿，但我决定不用它了，因为我怎么能同刚才发表过高见的那几位杰出人物相提并论呢？他们已向你们提供了所有的事实和数据，我则是要为你们的切身利益而向你们作出呼吁。像你们这样辛劳的人，正是心脏病的受害者，你们正处于生命最旺盛的时期，处于一生事业的顶峰，但是，你们也正是最容易得心脏病的人。"接着，他一口气说了 45 分钟，那些参议员们似乎还没听够。不久，全国心脏病基金会就由政府创办了，他被任命为首任会长。[①]

7.2.3　商务谈判倾听的技巧

在谈判中，倾听是重要的，也是必需的。一个优秀的谈判者也一定是一个很好的倾听者。富兰克林认为，与人交谈取得成功的重要秘诀就是倾听，永远不要不懂装懂。这就告诉我们要学会倾听，善于倾听。

当然，要很好地倾听对方谈话，并非像人们想象的那样简单。专家的实验证明，倾听对方的讲话，大约有 1/3 的内容是被按原义理解，1/3 被曲解地听取了，1/3 则丝毫没被听进去。

1）要求倾听者心胸开阔，抛弃先入为主的观念

只有这样，才能尽可能正确地理解对方讲话所传递的信息，准确地把握讲话者的重点，才能很好地与对方沟通和交流。

2）要全神贯注，努力集中注意力

倾听对方讲话，必须集中注意力；同时，要开动脑筋，进行分析思考。注意力是指人对一定事物的指向和集中。由于心理上的原因，人们的注意力并不总是稳定、持久的，它要受到各种因素的干扰。在一般情况下，人们总是对感兴趣的事物才加以注意。同时，注意力受到人们的信念、理想、道德、需求、动机、情绪、精神状态等内在因素的影响，受外界因素的影响就更多了。如人们说话并不总是套在一定的框架里，有时出于某种需求，要掩饰主要内容，强调不重要的内容；有时条理不清、内容杂乱，这些都会干扰和分散听者的注意力。因此，要认真倾听对方讲话，善于控制自己的注意力，克服各种干扰，始终保持自己的思维跟上讲话者的思路。

3）要学会约束、控制自己的言行

如不要轻易插话，或打断对方的讲话，也不要自作聪明地妄加评论。通常，人们喜欢听赞扬的语言，不喜欢听批评、对立的语言，当听到反对意见时，总是忍不住要马上批驳，似乎只有这样，才说明自己有理；还有的人过于喜欢表露自己。这些都会导致在与对方交流时，过多地讲话或打断别人讲话。这不仅会影响自己倾听，也会影响对方对你的印象。

要学会倾听、善于倾听，也包括创造倾听的机会。就是说，倾听者要采取一些策略、方法，促使讲话者保持积极的讲话状态。其主要有以下 3 种形式：

---

① 田志华，陈坤荣，章宏益. 实用谈判学［M］. 北京：中国青年出版社，1991：130~131.

(1) 鼓励

面对讲话者，尤其是没有经验、不善演讲的讲话者，我们需要用微笑、目光、点头等赞赏的形式表示呼应，显示出对谈话的兴趣，促使对方继续讲下去。

(2) 理解

这种方式比较常见，也比较自然。在对方讲话时，我们可以"是""对"等表示肯定，在停顿处也可以指出讲话者的某些观点与自己一致，或者运用自己的经历、经验，说明对讲话者的理解，有时可以适当复述。这些方式都是对讲话者的积极呼应。

(3) 激励

适当地运用反驳和沉默，也可以激励谈话。这里的反驳不是指轻易打断对方讲话，有时对方在讲话时征求你的意见或停顿，只有在这时反驳才是适宜的。沉默不等于承认或忽视，它可以表示你在思考，是重视对方的意见，也可能是在暗示对方转变话题。

总之，倾听是谈话艺术的重要组成部分，你要想掌握谈话的技巧，就必须学会倾听、善于倾听，这是一个优秀谈判者的基本技能。

7.2.4　商务谈判提问的技巧

问话的技巧重要吗？许多人对此不以为然，这里有个小例子很能说明这个问题。有一位牧师问一位长老："我可以在祈祷时吸烟吗？"他的请求遭到坚决的拒绝。另一位牧师又问同一位长老："我可以在吸烟时祈祷吗？"因为提出问题的措辞不同，结果，他被允许了。[1]这就是问话的技巧。后者从不同的角度请求了与前者同样的问题，却得到了不同的结果。

掌握商务谈判中问话的技巧应注意以下方面：

1）明确提问内容

提问的人首先应明确自己问的是什么。如果你要对方明确地回答你，那么你的问话也要具体明确。例如："你们的运费是怎样计算的？是按重量计算还是按交易次数估算？"提问一般只是一句话，因此，一定要用语准确、简练，以免使人含混不清，产生不必要的误解。

问话的措辞也很重要，因为发问容易使对方陷入窘境，引起对方的焦虑与担心，因此，在措辞上一定要慎重，不能有伤到对方自尊、为难对方的表现。即使你是谈判中的决策人物、核心人物，也不要显示自己的特殊地位，表现出咄咄逼人的气势；否则，问话就会产生相反的效果了。例如，中美的一次谈判堪称经典。当时

---

[1]　梁言. 成功的谈判策略和技巧［M］. 北京：能源出版社，1988：80.

美方谈判首席代表梅西开场就给中国代表团一个下马威，连起码的外交寒暄都没有，上来就是一句："我们是在与小偷谈判。"中方主帅吴仪反应机敏，马上回应说：我们是在和强盗谈判，看看你们博物馆里陈列的那些物品，有多少是从中国掠夺的。①这种语言表述在谈判中主要是一种心理战，双方一开始就剑拔弩张，通过语言交锋打乱对方阵脚。

要更好地发挥问话的作用，问话之前的思考、准备是十分必要的。思考的内容包括：我要问什么，对方会有什么反应，能否达到我的目的等。必要时我们也可先把提出问题的理由解释一下，这样就可避免许多意外的麻烦和干扰，达到问话的目的。

2）选择问话的方式

问话的方式很重要，提问的角度不同，引起对方的反应也不同，得到的回答也就不同。

在谈判过程中，对方可能因为你的问话而感到压力，烦躁不安。这可能是由于提问者问题不明确，或者给对方以压迫感、威胁感。这就是问话的策略没有掌握好。例如："你们的报价这么高，我们能接受吗？"这句话似乎有挑战的意思，它似乎告诉对方，如果你们不降价，我们就没什么可谈的了。但如果这样问："你们的开价远超出我们的估计，有商量的余地吗？"很显然，后一种问话效果要比前一种好，它使尖锐对立的气氛缓和了。

同时，在提问时，要注意不要夹杂着含混的暗示，避免提出的问题本身使你陷入不利的境地。例如，当你提出议案，对方还没有接受时，如果问："那你们还要求什么呢？"这种问话实际上是为对方讲条件，必然使己方陷入被动，是应绝对避免的。

有时候，我们之所以提出问题，并不是为了从对手那里获得利益，而是在澄清疑点，因此，提出的问题要简明扼要，一针见血，指出关键所在。

3）注意问话的时机

提问的时机也很重要。如果需要以客观的陈述性的讲话作开头，而你采用提问式的讲话，就不合适。就谈判来讲，双方一接触，主持人就宣布："大家已经认识了，交易内容也都清楚，有什么问题吗？"显然，这是不合适的。因为这时需要双方代表各自阐述自己的立场、观点，提出具体条件，过早的问话使人摸不着头脑，也使人感到为难。

把握提问的时机还表现为，交谈中出现某一问题时，应该等对方充分表达之后再

---

① 郭秀闳，孙玉太，于忠荣. 商务谈判名家示范［M］. 济南：山东人民出版社，1995：126-127.

提问，过早或过晚提问会打断对方的思路，而且不礼貌，也影响对方回答问题的兴趣。

掌握问话的时机，还可以控制谈话的方向。如果你想从被打岔的话题中回到原来的话题上，你就可以发问。如果你希望别人能注意到你提的话题，那么也可以发问，并借连续的提问，把对方引导到你希望的结论上。

7.2.5 商务谈判中答的技巧

正像提问是交谈中所必需的一样，回答也是交谈中不可缺少的一部分。通常人们认为，提问是主动的，回答是被动的，回答是遵循提问的内容。如果你仅仅这样认为，你就不会很好地掌握和运用回答的技巧，发挥它的作用。在某种程度上，答比问更重要。回答问题应该和提问相联系、受提问制约，而不是孤立地叙述。一般而言，回答问题有以下技巧：[①]

1）不要彻底回答

这是指回答者将问话的范围缩小，或只回答问题的某一部分。有时对方问话，全部回答不利于我方。例如，对方问："你们对这个方案怎么看？同意吗？"这时，如果你马上回答同意，时机尚未成熟，则你可以说："我们正在考虑、推敲，关于付款方式只讲两点，我看是否再加上……"这样就避开了对方问话的主题，也把对方的思路引到你讲的内容上来。

这种回答是给己方留有余地，因为对有些问题的阐述并不一定是你深思熟虑的，如果回答很干脆，或者回答很彻底，就失去了再调整的余地。这在较为重要的会谈中是比较危险的。特别是一些记者会抓住你的把柄，穷追不舍，造成被动的局面。

2）不要马上回答

对于一些问话，不一定要马上回答，特别是对一些可能暴露我方意图、目的的话题。例如，对方问："你们准备开价多少？"如果时机还不成熟，你就不要马上回答，可以找一些借口谈些别的，转移话题，或闪烁其词，所答非所问，如产品质量、交货期限等，等时机成熟再摊牌，这样效果会更理想。

对这类问题的处理技巧不仅是谈判者需要掌握的，公众人物同样如此，如果处理不好，不仅后果严重，还会衍生其他问题。

3）不要确切回答

模棱两可、弹性较大的回答有时很必要。许多谈判专家认为，谈判时针对问题的回答并不一定就是最好的回答。回答问题的要诀在于知道该说什么和不该说什么，是否需要确切回答也取决于当时的情况，甚至不必考虑所答的是否对题。例如，对方问："你们打算购买多少？"如果你考虑先说出订购数不利于讲价，那么可以说："这要根据情况而定，看你们的优惠条件是什么？"这类回答通常采用比较的语气："据我所知……""那要看……而定""至于……就看你怎么看了"

在销售活动中，推销人员会感觉到有些客户并不一定了解产品的特点和性能，只是一味地觉得价格贵，这时将产品分拆开来计算，更能打动顾客。比如，一桶涂料 500 元可能价格比较高，但如果算到每平方米的费用就会很少，这样具体介绍比较能打动顾客。但有时确切回答并不利于增加客户好感，含糊一点或者策略一点的回答更有说服力。日本著名的推销员原一平，几乎每单生意的获得都不是从保险话题开始的。他认为，因为你是保险公司的员工，所以一见顾客就提保险会引起对方的反感。但他关心的事情都是与保险息息相关的，如财产权继承问题、法律问题、棒球运动等，这些看似与人寿保险风马牛不相及的话题却都是原一平能引起客户兴趣的话题。

4）使问话者失去追问的兴趣

在许多场合下，提问者会采取连珠炮的形式提问，这对回答者很不利，特别是当对方有准备时，会诱使答话者落入其圈套。因此，巧妙地回避或设法阻止其追问应该是谈判人员要熟练掌握的技巧。罗斯福在当选美国总统之前，曾在海军担任要职。有一天，一位朋友向他打听海军在加勒比海一个小岛上建立潜艇基地的计划。罗斯福向四周看了看，压低声音问："你能保守秘密吗？"那位朋友回答道："当然能。"罗斯福笑着说："那么我也能。"[①]

因此，要尽量使问话者找不到继续追问的话题和借口。比较好的方法是，在回答时可以说明许多客观理由，但避开自己的原因。例如："我们交货延期，是由于铁路运输……许可证办理……"但不说自己公司方面可能出现的问题。

有时，我们可以借口无法回答或资料不够，回避难以回答的问题，冲淡回答的气氛。此外，当对对方的问题不能清晰、有条理地回答时，我们可以降低问题的意义。例如："我们考虑过，情况没有你想得那样严重。"

因此，在商务谈判的语言沟通中，我们主要掌握倾听、提问以及回答等技巧，更好地提升商务谈判沟通效率。

---

① 卡耐基. 卡耐基：怎样才能打动人［M］. 北方，墨墨，编译. 北京：北京理工大学出版社，2010：140.

7.3 行为沟通

据研究，高达93%的沟通是行为沟通，而非语言沟通，其中，55%是通过面部表情、形体姿态和手势传递的，38%通过音调传递。在商务谈判中，学会观察人的行为语言是顺利沟通的保证。

7.3.1 行为沟通的含义与作用

行为沟通是指通过行为来传递信息、表达情感和意图的过程，它包括肢体语言、面部表情、语气、声音、姿态、手势等。行为沟通是商务谈判中不可或缺的一部分，它与语言沟通相辅相成、相互补充，共同构成完整的谈判沟通过程，并影响谈判的进程和结果。合理地利用语言沟通和行为沟通可以帮助谈判者更好地表达自己，理解对方，并最终达成满意的协议。行为沟通对商务谈判的主要作用如下：

第一，行为沟通可以辅助语言表达，以增强信息传递的清晰性，增强说服力。行为沟通可以帮助澄清语言信息中的模糊之处，提高沟通的清晰度。比如，人在说话时通过手势表示物体的大小。清晰准确的表达可以增强言语的说服力，使对方更容易接受己方的观点。在跨文化谈判中，行为沟通尤其重要，因为它涉及不同文化背景下的行为习惯和理解能力。

第二，行为沟通可以传递出与口头语言一致或相反的信息，从而强化或削弱语言信息的可信度，更真实地反映一个人的情感状态，谈判者可以据此解读对方意图，以采取相应的对策。例如，如果一个人在说"我很高兴"时，面部表情是冷漠的，那么他的言语信息可能被怀疑。又如，一个人说"欢迎你光临"，却挡住门不让你进屋。通过观察对方的行为，谈判者可以更好地理解对方的需求、意图和可能的反应，如紧张、自信、不安等，这些情感有时比语言更能影响谈判结果。

第三，在某些场合，行为语言可以代替口头语言表达的意图或情绪。例如，伸出两个手指构成V形，表示胜利；伸出大拇指表示赞许、称赞、好样的等多种含义。据载，三国时期的阮籍常以眼神直接表示对人的态度，对器重之人以青眼（眼睛正视）表示尊重；对鄙薄之人以白眼（眼珠向上或向旁，现出眼白）表示轻视和憎恶。

第四，恰当的行为沟通彰显自信、专业、尊重和礼貌，有助于建立信任和维护关系。谈判者通过坚定的目光、自信的姿态和沉稳的语调，可以展示个人的专业和自信，这有助于在谈判中占据有利地位。准时到达，认真倾听，适当的身体语言（如微笑、点头、目光接触等），可以显示对谈判对手的尊重和礼貌，以建立信任和维护与谈判对手的良好关系。

第五，有效利用行为沟通可以控制谈判节奏。在谈判过程中，行为信号，如手势、身体语言等，可以控制谈判的节奏和流程。比如在谈判开场阶段，适当的行为，如微笑、轻松的姿态，可以帮助缓解紧张的谈判气氛。

第六，行为语言在某些场合会起到调节甚至控制情绪的作用。谈话人或听话人有时会拿一张小纸条在手中摆弄，抖一阵脚，拿着笔在本子上随意地写画等，通过这些动作来排解心中的烦闷，调节不适的心理，缓解自己无聊的心境。优秀的谈判者甚至可以通过自己出色的行为语言技巧，作用于对方的视觉，促使对方相信他所听到、看到和想到的一切，从而坚定他作出判断的信心，并使判断结果更加接近己方的目标。

7.3.2　行为沟通的类型

行为沟通包括面部表情、姿态、手势、沉默以及声音与语气等。

面部表情是指通过面部肌肉的变化来传达情感、意图和态度的一种行为沟通方式。它是人类情感表达最直观、最丰富的形式之一。

姿态是指身体在空间中的位置和形状所呈现出的状态。姿态不仅反映了谈判者的自信程度，还影响谈判的氛围和结果。

手势是指通过手臂和手部的动作来传达信息的一种行为沟通方式。

沉默是指在沟通过程中暂时中断言语交流的状态。

声音是指沟通时谈判者的音质、音调、音量和速度。语气是指谈判者在沟通时一定的思想情感支配下具体语句的声音组织形式。声音与语气是传达信息和传递情感的重要途径，它们可以帮助建立情感联系和共鸣，极大地影响信息的接收方式和沟通的效果。声音音量的大小可以传达自信、紧张、兴奋或愤怒等情绪，适当的音量可以确保信息被听到，但过大或过小的音量可能分散注意力或显得不自信。声音的质感，如清晰度、温暖度或粗糙度，可以影响人们对说话者的印象，清晰、温暖的声音通常更容易吸引听众。适中的语速有助于信息的传达，过快或过慢都可能影响听众的理解。使用不同的语调可以表达不同的情感，如疑问、兴奋、悲伤等。沟通是一个双向过程，所以也要留意对方的声音与语气，以便更好地理解他们的信息和情感。

7.3.3　商务谈判中的行为沟通技巧

在商务谈判中，我们会遇到形形色色的人，但是留给每个人的第一印象的机会只有第一次，而这个印象会牢固地印在对方的脑海中，很久不会改变，因此，要对非语言行为进行管理和控制，从而树立良好的第一印象。我们分别从管理面部表情、调整姿态、恰当运用手势、沉默以及声音与语气方面来说明商务谈判中的行为沟通技巧。

1）面部表情

在商务谈判中，面部表情是传达信息、建立信任、影响对方情绪的重要手段。以下是一些关于面部表情的沟通技巧：

（1）保持微笑

微笑是商务谈判中最基本也是最重要的面部表情之一。它能传达友好、合作和积极的态度，有助于缓解紧张气氛，促进双方沟通。

真实的微笑不仅嘴角上扬，还包括眼角的皱纹。这样的微笑更加自然、真诚，能够感染对方，增强信任感。

（2）注意眼神交流

眼神交流是面部表情沟通的重要组成部分。在商务谈判中，保持适当的眼神交流可以表达你的专注和尊重。避免长时间盯着对方看或眼神游离不定，这些都会给对方留下不专业、不友好的印象。根据谈判氛围和对方情绪变化，要适时调整眼神交流的方式和强度。点头和简短的眼神接触能显示你在认真倾听，避免打断对方，展现尊重和礼貌。

（3）控制面部表情幅度

在商务谈判中，面部表情的幅度不宜过大。过于夸张的表情可能让对方感到不安或误解你的意图；保持自然、适度的面部表情，让对方感受到你的自信和冷静。

（4）观察对方的面部表情

商务谈判是双向沟通的过程，除了表达自己的情感和态度外，还需要观察对方的面部表情来判断对方的情绪和意图。注意对方微笑、皱眉、眼神闪烁等细微表情变化，这些都能透露出对方的内心世界，结合对方的言语和行为，综合分析对方的真实意图和谈判策略。

2）姿态

（1）保持自信的姿态

在谈判中展现出自信的姿态，如挺直腰板、保持稳定的眼神交流，这能够向对方传达出你的专业和坚定，提升你在谈判中的地位和说服力。

（2）采用开放性的姿态

使用开放性的身体语言，如双手自然摆放或轻微张开，身体稍微前倾，这能够传达出你的接纳、尊重和合作意愿，有助于营造积极的谈判氛围。避免封闭的身体语言，如交叉双臂或双腿，这可能传达出防御或不信任的信号。

（3）注意姿态的协调性

例如，当展现积极合作态度时，你可以主动调整身体朝向对方，采用双手自然平放桌面或配合话语节奏做掌心向上的手势，同时保持适度的眼神接触与放松的面部表情。这种同步协调的非语言信号，能有效强化"我们正在共同解决问题"的积极意涵，让对方更直观感受到你的诚意与专业程度。

（4）观察并调整姿态

在谈判过程中，注意观察对方的姿态和反应，并根据情况适时调整自己的姿态。例如，当对方表现出紧张或防御状况时，你可以通过调整姿态来传达出你的理解和安慰，以缓解紧张气氛。

（5）保持适度的紧张感

虽然自信是重要的，但过度的放松可能让对方觉得你不够重视这次谈判。因此，保持适度的紧张感，展现出你对谈判的专注和投入，也是姿态沟通的重要方面。在时间管理上，你应该准时甚至提前到达谈判地点，以显示对谈判的重视；同时，注意控制谈判时间，避免拖延，以显示效率。要确保着装在不同文化背景下都是恰当的，符合商务场合的要求。

（6）保持适当的社交距离

尊重对方的个人空间，不要过于靠近对方，以免使其不适。在适当的时候，你可以通过适当的身体接触（如握手）来建立联系。在空间布局上，要避免使用过于正式或过于随意的座位布局，选择合适的座位安排，以促进沟通和合作。

3）手势

（1）自然大方

手势动作应自然流畅，避免生硬和做作。手势要与语言表达相协调，以增强说服力。

（2）适度使用

手势的使用不宜过多、过密，以免分散对方的注意力或引起反感。手势的幅度和频率应适中，保持沟通的连贯性和有效性。

（3）注意文化敏感

了解并尊重对方的文化背景和习俗，避免使用可能引起误解或冲突的手势。不同国家和地区对手势的解读可能存在差异，因此需谨慎使用。

（4）与眼神、表情配合

手势应与眼神、表情等非语言沟通方式相配合，以取得整体的沟通效果。例如，在表达肯定或赞赏时，你可以配合微笑和点头的手势；在表达疑虑或反对时，你可以皱眉并轻轻摇头。

（5）注意细节

手势的细节也需要注意，如手势的力度、速度、方向等。力度要适中，避免过于用力或轻柔无力；速度要与语言表达相匹配，避免过快或过慢；方向要明确指向目标对象。

4）沉默

（1）表达思考

沉默可以表达谈判者正在认真思考对方的发言和议题，有助于展现自己的专业性和严谨性。

（2）施加压力

在关键时刻保持沉默可以施加一定的心理压力给对方，迫使其主动让步或提出新的解决方案。

（3）调节氛围

通过短暂的沉默可以调节谈判氛围，使双方都有时间冷静下来思考问题和调整策略。

5）声音与语气

（1）声音的强度与速度

声学研究表明，发声强度高，说服力的置信度也高；语速特别快的时候能营造压迫感，语速特别慢的时候能形成停滞效应。谈判时，一方在价格磋商过程中突然降低音量至耳语级别，能使对方注意力集中度大幅提升。

（2）清晰度

确保谈判者的声音清晰，发音准确，增强信息传递的准确性。

（3）非语言提示

声音的非语言提示，如笑声、叹息，也可以传达额外的信息。

（4）呼吸

正确的呼吸可以帮助你控制声音，避免紧张时的颤抖或不稳定。自信的声音可以增强说服力，所以即使你不确定，也要尽力表现得自信。

（5）一致性

在整个对话中保持声音和语气的一致性，这样有助于建立信任和可靠性。

7.4　书面沟通

7.4.1　书面沟通的含义与作用

1）书面沟通的含义

书面沟通是一种以文字为媒体的传统沟通形式。在商务谈判中，其包括但不限于电子邮件、商务函件、信件、提案、合同草案、会议纪要、申请报告等，以书面记录的方式加以认同，并成为约束大家行为的手段。

2）书面沟通的作用

"口说无凭，立字为证"，这充分说明了书面沟通在现实生活中的重要作用，而且以文字作为表达方式，是最有效的整理思路、构建严密信息逻辑的手段。书面沟通的作用主要表现为以下几个方面：

第一，沟通信息的内容便于记录、展示和传播。书面文件可以轻松地在团队成员之间共享，确保所有相关人员都能获取相同的信息；能得到永久保存，有利于日后的追溯和审计，这对于合同条款和谈判结果的确认非常重要。由于书面文件易保存，且不易"污染"，可以保证在信息传递过程中使不在沟通现场的受众得到真实的信息。

第二，书面文件通常具有更强的正式性和权威性。书面合同具有法律效力，是解决争议和执行条款的依据，有助于确立谈判双方的承诺和责任。书面文件更加周密、逻辑性强、条理清楚，减少口头沟通中可能出现的误解和歧义，可以确保信息的明确性和准确性。书面确认和承诺可以增强双方的信任，为建立长期合作关系打下基础。

第三，书面沟通可以特别关注问题的细节，更多地获取细节方面的信息，有助于识别和规避潜在的风险，利用详细的条款来保护双方的利益，有助于谈判者制定和调整策略，通过书面提案和反馈来优化谈判立场。

第四，书面沟通的连续性和灵活性强，可以跨越不同的时间和地点，即使在谈判双方不同时在线的情况下，沟通也能持续进行；同时，允许双方有更多的时间来思考和准备回应，这有助于更深入地分析问题和制定策略。对于涉及不同文化和语言的商务谈判，书面沟通可以提供更多的时间来理解和适应这些差异。

第五，书面沟通可以更好地控制非语言因素，如语气和情绪，有助于保持专业和客观。

7.4.2 书面沟通的技巧

商务谈判中的书面沟通技巧对于建立和维护良好的商业关系至关重要。以下是一些有效的书面沟通技巧：

第一，明确目的。在书面沟通之前应明确沟通的目的和预期结果。

第二，格式相对固定。商务谈判中的文字处理的内容均属应用文范畴，一般都有固定的格式。比如，商务信函大致由信头、日期、收信人姓名和地址、称谓及客套语、正文、信尾、结束礼词、署名等组成；如果缺一项，就会给收信人带来疑问。记录、备忘录、合同等更是如此。

第三，语言专业、准确、简明。除记录、备忘录外，商务谈判其他内容的文字处理要求简洁、专业、准确，避免冗长和复杂的句式，使信息易于理解。

第四，及时准确。在商务谈判中书面沟通应尽量准时、迅速。

7.5 网络沟通

7.5.1 网络沟通的含义与分类

1）网络沟通的含义

网络沟通是指借助互联网平台，通过文字、图片、音频、视频等多种媒介形式，实现人与人之间跨越时空的信息传递与交流互动的过程。它打破了传统沟通方式的局限，使得人们能够在任何时间、任何地点，以更加便捷高效的方式与他人进行沟通。

在商务谈判中，网络沟通具体是指利用互联网及相关技术手段，进行商务信息的交换与意见的协商，主要包括电子邮件、即时消息、视频会议等形式。

2）网络沟通的分类

（1）按沟通的实时性分

网络沟通根据沟通的实时性可被分为即时沟通（instant communication）和异步沟通（asynchronous communication）。

即时沟通是指在网络环境下参与者实时交换信息和反馈的沟通方式，如视频会议、电话会议、即时消息等。这种沟通模式要求信息发送者和接收者在同一时间点或极短的时间间隔内进行互动。

即时沟通需要双方在同一时间参与沟通，减少了等待回复的时间，适合需要快速决策的商务谈判。但参与者要实时在线，这对于跨时区的线上谈判可能是个问题。即时沟通对网络稳定性和网络安全性有一定的要求。此外，即时沟通在一定程度上缺乏正式性，对于某些商务场合可能不太适合。

异步沟通则双方不需要同时在线，可以在不同时间发送和接收信息，如电子邮件、语音邮件等。异步沟通一方面提供了更多时间来思考和准备回复，有助于提高信息质量；另一方面避免了即时沟通可能带来的中断，允许参与者在无干扰的环境中沟通。其适用于跨时区沟通、复杂问题的讨论，以及文件和资料共享存档。例如，电子邮件常用于发送正式的商务提案、合同和报告，适合需要详细文档支持或需要时间来准备和审批回复的商务谈判。

网络沟通的即时性和异步性在商务谈判中各有优势和挑战，选择合适的沟通方式需要根据谈判的具体需求和环境来决定。

(2) 按沟通的形式分

网络沟通根据沟通的形式可被分为文字沟通、语音沟通和视频沟通。

文字沟通是通过书面语言进行的信息交流，包括但不限于电子邮件、即时消息、论坛帖子和社交媒体更新。这种沟通方式的核心在于信息的书面表达和传递。文字沟通在商务谈判过程中不可或缺，一方面，在谈判过程中文字信息可以被保存和回顾，便于谈判留痕和后续参考；另一方面，谈判结果需要以文字的形式呈现，如商务文件和官方声明。

语音沟通是通过声音进行的交流，包括传统电话、网络电话、语音消息等。这种沟通方式的核心在于实时的声音传递和互动。语音沟通一方面不需要打字，适合快速传递简单信息；另一方面可以通过语音的语调和节奏传达情感，增加沟通的温度。其适用于紧急沟通、非正式沟通和客户服务场景。

视频沟通是通过视觉和声音同时进行的交流，包括视频会议、网络直播和视频聊天。这种沟通方式的核心在于提供面对面交流的体验。视频沟通可以通过面部表情和肢体语言传递信息，提供更接近面对面交流的体验，并且互动性比较强，适合远程会议谈判和产品展示。

单一的沟通方式往往难以满足复杂的沟通需求。因此，几种沟通方式通常组合使用，如在视频会议前通过电子邮件交换议程，或在语音通话后通过即时消息确认行动项。

在实施具体沟通策略时，需要根据目标选择最合适的沟通方式，了解并尊重参与者的沟通偏好，确保所有参与者都能顺利使用所选的沟通工具。

（3）按沟通的交互性分

网络沟通根据信息流向和参与方的数量，可以被分为单向沟通（one-way communication）、双向沟通（two-way communication）和多向沟通（multiway communication）。

单向沟通是指信息从一方单向传递给另一方，无须反馈或回应的沟通方式。这种方式在网络沟通中表现为单向的信息发布，如公告、通知等。单向沟通能够迅速将信息传达给目标受众，发送者可以完全控制信息内容，确保信息的一致性和准确性，适用于政策宣导、产品发布等场景。

双向沟通是指信息在双方之间有来回交流的沟通方式，如在线讨论、聊天室等。在网络沟通中，这种方式允许双方互相传递信息并给予反馈。双向沟通可以通过互动和反馈，使双方更好地理解对方的立场和需求，有助于建立和维护双方的信任关系。其适用于谈判的初步接触和需求调研阶段，双方通过电子邮件或即时消息工具进行交流。

多向沟通是指三个或更多的参与者之间进行的信息交流。在网络沟通中，这种方式常见于网络会议、论坛讨论和社交媒体互动。多向沟通能够汇集多方的观点和建议，促进创新和问题解决，也可以在一定程度上增强各个参与者的参与度和责任感。

单向沟通、双向沟通和多向沟通在商务谈判网络沟通中各有其特点和适用场景，合理组合这些沟通方式，可以确保所有参与者都能有效地交换信息，提高沟通效率，增强谈判效果。例如，在多方会议中，主持人可能需要发布单项信息，同时鼓励双向和多向的讨论和反馈。

7.5.2　主要的网络沟通工具

1）电子邮件

（1）电子邮件在商务谈判中的作用

电子邮件通常被视为较为正式的沟通方式，适用于传达重要的商务信息、谈判议题和合同条款等。其格式规范、语言严谨，能够体现谈判双方的专业素养和对谈判的重视程度，有助于建立良好的商务形象，为谈判营造正式、专业的氛围。此外，所有的邮件往来都有记录可查，方便谈判双方在整个谈判过程中回顾之前的沟通内容、确认双方的立场和承诺。当出现争议时，电子邮件记录可以作为重要的证据，帮助双方明确责任和解决问题。

与即时通信软件相比，电子邮件可以一次性发送更多的文字内容，使谈判者能够更详细地阐述自己的观点、需求和解决方案；可以附上相关的文件、图表等资料，为谈判提供更充分的支持。

（2）电子邮件的格式与礼仪

第一，电子邮件的格式。

主题：应简洁明了，准确反映电子邮件的主要内容，便于收件人快速了解电子邮件的重点。

称呼：根据收件人的身份和关系，使用恰当的称呼，如"尊敬的【对方姓名】"或"亲爱的【对方称呼】"等。

正文：内容应条理清晰、语言简洁。开头部分可以简要问候并说明发送电子邮件的目的；中间部分详细阐述主要内容；结尾部分可以表达感谢、期待回复等。

签名：包括发件人的姓名、职务、联系方式等信息，以便收件人在需要时能够及时联系到发件人。

第二，电子邮件的礼仪。

语言得体：使用礼貌语言，避免使用过于口语化或随意的表达方式；避免使用情绪化的语言，保持冷静和客观；在商务邮件中使用专业术语和缩写可以展示专业性，但前提是对方也熟悉这些词汇，应适当使用专业词汇。

语气得当：根据收件人的身份和关系，选择适当的语气，如对上级或重要客户应使用尊敬的语气；对同事或合作伙伴可以使用较为亲切的语气，但仍要保持专业。

拼写正确：在发送电子邮件之前，仔细检查电子邮件中的拼写和语法错误，确保电子邮件的准确性和专业性。

（3）电子邮件沟通的流程与跟进策略

第一，电子邮件沟通的流程。

发送电子邮件：在撰写完电子邮件后，仔细检查主题、称呼、正文和签名等内容，确保无误后发送电子邮件。

接收电子邮件：及时查看收件箱，对收到的电子邮件进行分类和整理。例如，对于重要的电子邮件，应尽快回复；对于需要进一步思考或处理的电子邮件，可以先标记为未读，以便后续跟进。

回复电子邮件：根据电子邮件的内容和要求，及时回复电子邮件。回复应简洁明了、针对性强，避免冗长和模糊回答。如果需要进一步讨论或协商，可以在回复中提出具体的问题或建议。

第二，电子邮件沟通的跟进策略。

确认收到：在收到重要的电子邮件后，可以回复一封简短的电子邮件，确认已经收到并表示会尽快处理。

定期跟进：对于需要对方回复或采取行动的电子邮件，可以在适当的时间间隔后进行跟进，提醒对方关注并回复电子邮件。跟进电子邮件应保持礼貌和耐心，避免给对方造成压力。

谈判总结：在谈判的不同阶段，可以通过电子邮件对之前的沟通内容进行总结，明确双方的立场和下一步的行动计划。这有助于确保谈判的顺利进行和避免误解。

2）即时通信软件

即时通信（instant messaging，IM）软件是指通过网络实现即时信息交换的计算机软件。它允许用户通过文字、语音、视频等多种方式，进行实时沟通和交流。

（1）特点

即时通信软件的特点主要体现在以下几个方面：

第一，即时性。即时通信软件能够实现双方或多方的实时交流，无论身处何地，都可以迅速进行信息交换。与传统的邮件相比，即时通信软件的回复速度更快，避免了长时间等待，极大地提高了谈判效率。

第二，多样性。即时通信软件不仅支持文字交流，还可以进行语音通话、视频通话等。沟通时人们可以根据实际情况选择合适的方式，增强沟通效果。例如，简单问题可以通过文字对话解决，避免环境干扰；对于复杂的问题，可以通过视频通话进行面对面的讨论，更加直观地表达自己的观点。

第三，便捷性。在谈判沟通中人们常常需要交换各种文件，如合同草案、产品资料等。即时通信软件可以方便地进行文件传输，提高工作效率。一些即时通信软件还支持在线编辑文件，方便文档共享和群组沟通。

第四，可追溯性。对于商务谈判来说，留痕非常重要。即时通信软件通常会保存聊天记录，可以随时回顾谈判过程中的重要信息，避免遗漏或误解。在出现争议时，聊天记录也可以作为证据，帮助解决纠纷。

因以上特点，即时通信软件主要被应用于谈判的初步沟通与准备、实施谈判与反馈、谈判跟进与关系维护等方面

在谈判开始前，双方可以通过即时通信软件进行初步沟通，了解对方的需求和期望，为谈判做好充分的准备。在谈判过程中，双方可以通过即时通信软件进行实时沟通和反馈，及时调整谈判策略，确保谈判的顺利进行。谈判结束后，双方可以通过即时通信软件进行后续跟进，了解合同的执行情况，也可以通过沟通维护良好的商业关系。同时，即时通信软件的文件传输功能使得双方可以方便地共享和确认谈判所需的资料，避免资料不全或错误而导致的谈判延误。

（2）国内外即时通信软件比较

在现代商业环境中，即时通信软件种类繁多，各具特色。表7-1对几种常见即时通信软件的特点和适用场景进行了比较。

表7-1　　　　　　　　　　部分国内外即时通信软件比较

软件	特　点	适用场景
微信	普及度高，功能丰富，可以通过小程序进行简单业务操作	客户关系管理、小型商务会议和非正式商务沟通
QQ	功能丰富，群组功能强大，文件传输速度快，支持远程协助	企业内部协作和文件共享
钉钉	企业级沟通工具，集成企业管理办公功能，安全性较高，视频会议质量高	企业内部管理、知识共享和流程审批
Slack	团队协作工具，具备强大的集成扩展性，支持频道聊天、文件共享等	跨国会议、项目管理、跨部门沟通和团队协作
WhatsApp	全球广泛使用，支持端到端加密，保障通信安全	国际商务沟通、客户服务和市场营销

3）视频会议平台

视频会议平台是一种远程通信工具，它允许两个或多个不同地点的参会者通过视频和音频进行实时交流。视频会议技术的发展经历了从传统视频会议、互联网视频会议到云视频会议的阶段。随着云计算技术的成熟，云视频会议以其灵活、便捷的特点，成为现代企业协作的重要工具。

（1）常见视频会议平台及其特点

常见视频会议平台及其特点见表7-2。

表7-2　　　　　　　　　　常见视频会议平台及其特点

平台	特　点	适用场景
腾讯会议	专业会议平台，提供屏幕共享、文档共享和多人视频功能	正式商务会议、远程培训和团队协作
钉钉会议	与钉钉办公系统集成，安全可靠，支持大规模会议	远程办公、商务谈判、培训学习、项目管理
Zoom	用户友好，支持大规模在线会议，但安全性问题曾受关注	中小企业到大型企业的远程会议和培训
Microsoft Teams	与Office 365集成，提供灵活的安全管理选项，但无端到端加密	企业内部协作和会议

（2）视频会议平台的核心功能及应用

第一，视频和音频通信。视频会议平台提供高清视频和音频通信功能，确保参与者能够清晰地看到对方的面部表情和肢体语言，以及听到对方的声音，从而实现更有效的沟通。

第二，屏幕共享和协作。屏幕共享功能允许用户在会议中展示文档、幻灯片或其他视觉材料，而协作工具支持实时注释和编辑，提高了团队合作的效率。

第三，文件共享和存储。用户可以在视频会议平台上共享和存储文件，确保所有参与者都能访问最新的资料，并便于会后跟进和记录保存。

第四，会议管理和控制。视频会议平台提供会议管理和控制功能，包括参与者管理、会议录制、会议锁定等，以确保会议的顺利进行和信息的安全。

依托以上功能，视频会议常用于远程会议、商业洽谈、远程培训和演示以及远程签约。

（3）视频会议平台的注意事项

视频会议平台不同于电子邮件和即时通信软件，其具有远程实时沟通的特征，是网络沟通中最接近面对面沟通的方式。沟通过程中双方可以观察对方的行为、语言信息，因此需要更加注意。

第一，提前准备。在谈判前，要对视频会议平台进行充分的测试，确保音频和视频质量稳定、网络连接顺畅，避免因技术问题影响谈判进程；同时，要准好谈判资料，并确保参与人员按时就位。

第二，注意形象和环境。在视频会议中，要注重礼仪和形象，穿着得体，言行举止大方得体，给对方留下良好的印象；还要选择安静、整洁的环境进行会议，注意光线和背景，避免出现逆光或杂乱的背景。

第三，灵活运用平台功能。视频会议平台提供了许多功能，要学会灵活运用这些功能，使谈判更加直观、高效。例如，人们可以通过屏幕共享展示产品图片、演示文稿等资料，更好地说明自己的观点。

7.5.3　网络沟通的技巧

在商务谈判中利用网络进行沟通时，要选择合适的网络沟通工具进行商务沟通，并且充分利用网络沟通工具的各项功能。

1）有效利用网络工具进行商务沟通

（1）选择合适的网络沟通工具

网络沟通工具多种多样，如电子邮件、即时通信软件、视频会议平台等，可以根据不同的需求选择合适的工具。电子邮件适用于正式的沟通和文件传递。即时通信软件更适合实时交流和快速决策。视频会议平台可以提供更加直观的沟通体验，是最接近面对面交流的网络沟通方式。

（2）充分利用网络沟通工具的功能

网络沟通工具通常具有多种功能，可以帮助我们更好地进行商务沟通。例如，电子邮件可以设置邮件规则和过滤器，自动分类和处理邮件，提高工作效率；同时，可以使用邮件签名，展示自己的联系方式和专业形象。即时通信软件可以发送文件、图片、语音消息等，丰富沟通方式；还可以创建群组，方便团队协作和信息共享。视频会议平台则可以共享屏幕、录制会议、进行投票等，增强沟通效果。

2）明确网络沟通中文字的信息组织和传递

在商务谈判中利用网络沟通尤其需要进行信息组织和传递。

第一，网络沟通需要在信息开头明确主题，用简洁的标题或开头语概括主要内容，让接收者一眼就能明白信息的要点。例如，在邮件主题中写明"关于【项目名称】谈判的重要问题"，或者在即时通信的开场白中说"此次沟通是关于合同条款的讨论"。

第二，为使观点表述清晰，可以利用数字编号、项目符号等方式将信息进行结构化呈现。比如，在阐述多个观点时，我们可以用"（1）……（2）……（3）……"的形式，使信息更加清晰有序。对于复杂的内容，我们可以采用分段的方式，每段围绕一个小主题进行阐述，避免长篇大论的段落让接收者感到困惑。使用表格或图片来展示数据和信息对比，这样更直观，便于理解。例如，在比较不同方案的优缺点时，我们可以制作一个表格，清晰地列出各项指标。

第三，必要时可以使用加粗、变色、下划线等方式突出关键信息。例如，我们可以将重要的条款、数字或决策点进行突出显示，让接收者能够迅速抓住重点。在信息中，我们可以重复强调关键内容，但要注意适度，避免过度重复导致信息冗余。

第四，在信息传递的过程中及时回复和要求回复信息是非常重要的。接收到消息时，我们尽量在合理的时间内回复对方的电子邮件、即时消息或视频会议邀请，以显示对对方的尊重和重视。如果无法立即回复，我们可以先发送一条简短的消息告知对方预计回复时间，避免让对方长时间等待。在发送信息时，我们也可以提出让对方在一定时间内回复，或设置邮箱阅读回执。在传递重要信息后，我们可以请求对方确认理解，如："请你确认一下我的意思是否正确。""你对这个方案有什么疑问吗？"如果对方的回复不明确，我们可以进一步追问，确保双方对信息的理解一致。

3）网络沟通中行为信息传递

（1）表情符号

在网络沟通中，表情符号作为行为信息的重要载体，能够丰富信息的表达，增强沟通的情感色彩。然而，并非所有表情符号都适用于商务谈判。谈判者应选择那些能够准确传达积极、专业情绪的表情符号，如微笑、点头等，避免使用过于夸张或不当的表情符号，如大笑、哭泣等，以免给对方留下不专业或轻率的印象。由于网络沟通具有跨地域性，不同文化背景对表情符号的理解可能存在差异。谈判者在使用表情符号时，应充分考虑对方的文化背景和习惯，避免使用可能引起误解或冒犯的表情符号。

此外，过度使用表情符号会分散对方的注意力，甚至导致信息混淆。因此，谈判者在使用表情符号时应保持适度，根据沟通情境和对方的反应灵活调整。在正式或紧张的谈判阶段，我们应减少表情符号的使用，以保持沟通的严肃性和专业性。

（2）语气

语气是传递态度和情感的重要方式，谈判者应通过语气来展现自己的礼貌和专业性。使用敬语、礼貌用语和恰当的问候语，能够给对方留下良好的第一印象，有助于建立信任和合作关系。积极的语气能够营造和谐的沟通氛围，促进双方的合作。在表达观点或提出意见时，谈判者应采用富有建设性的语气，避免使用带有攻击性或负面的言辞。表达理解和尊重能够增强双方的沟通意愿和合作意愿。在紧张或冲突的情况下，谈判者应保持冷静和理性，通过调整语气来缓和紧张氛围，寻求双方都能接受的解决方案。

（3）语言规范与信息回复

网络沟通虽然具有便捷性，但同样需要遵循语言规范。谈判者应避免使用网络缩写、错别字和不规范的表达方式，以免给对方留下不专业或敷衍的印象。使用准确、清晰、简洁的语言表达观点，有助于增强沟通的有效性和准确性。

回复及时性是衡量网络沟通效率的重要指标，但谈判者应根据沟通情境和对方的期望，合理把握发送信息的时间间隔。在紧急或重要的商务谈判中，谈判者应及时回复对方的信息，以展现自己的诚意和专业性。然而，在对方未明确表达紧急需求的情况下，过于频繁的回复可能给对方带来压力或不适。一般来说，对于非紧急的商务沟通，即时通信软件的回复时间应在24小时内，电子邮件的回复时间可根据具体情况适当延长，但应尽量在48小时内回复；对于紧急或时间敏感的沟通，应立即回复或按照事先约定的时间期限回复；对于跨时区沟通，要考虑到对方的工作时间来调整回复时间。谈判者可以根据实际情况灵活调整回复频率，以保持沟通的顺畅和高效。

❖ 延伸学习 7-1

在电视剧《永不妥协》第5集里，朱莉娅·罗伯茨所饰演的艾琳·布劳克维奇（Erin Brockovich）通过语言艺术成功说服谈判对手。她首先利用除法原理说明 2 000 万美元的赔偿总额除以 400，每户居民到手微乎其微。其次，她问谈判对手对自己的子宫和脊柱估价多少，再来计算赔偿金额。最后，她告诉谈判对手水杯里的水是取自被污染的水源，对方并不敢喝这杯水，从而获得谈判的巨大成功。

本章小结

沟通是发送者凭借一定的渠道（亦称媒体），将信息发送给既定对象（接收者），并寻求反馈以达到相互理解的过程。沟通过程包括信息的传递与信息的反馈。每一个完整的沟通过程都包括以下要素：发送者、接收者、编码、解码、渠道、信息、反馈。有效沟通具有及时性、完整性和准确性等特征。有效沟通的原则是客观性、针对性、及时性。沟通的方式主要包括语言沟通、行为沟通、书面沟通和网络沟通。要增强商务谈判的有效性，谈判人员就要掌握语言沟通、行为沟通、书面沟通和网络沟通的含义、作用和技巧，从而增强自己的沟通能力。

关键术语

沟通　有效沟通　语言沟通　行为沟通　书面沟通　网络沟通

基础训练

第7章不定项选择题　　　　　　　　第7章判断题

❖ 简答题

1.你如何理解沟通？沟通过程中包括哪些要素？

2.有效沟通的特征是什么？

3.要增强语言沟通的有效性需要从哪些方面提高自己？

4.行为沟通的类型有哪些？行为沟通的技巧有哪些？

5.商务谈判语言的沟通技巧表现在哪些方面？

6.倾听的技巧有哪些?

7.你同意"提问的技巧是谈判者应掌握的重要技能"的观点吗?

8.商务谈判中回答的技巧主要表现在哪些方面?

❖ 思考题

多年来,某家公司的劳资关系一直非常糟糕,员工和领导层矛盾很多,双方经常起冲突,导致公司的生产效率很低。假设你是公司的新老板,对这些问题的解决办法有哪些?

A.对大家讲明生活的现实,让他们明白谁是老板

B.随着问题的出现一件一件地来解决

C.说服员工,使其相信就生产率进行谈判对员工一方有很多好处

D.重组公司的管理团队,寻求合作

E.组建一个忠于你的新的管理团队

F.照通常那样行事,但是抓住每一次机会来表明你所说的话是表里如一,不夸大也不隐瞒事实,让对方认为自己没有讨价还价的余地

第8章 商务谈判的礼仪

学习目标

本章旨在帮助学习者掌握商务谈判环节中各种礼仪规范的基础知识与注意事项，以应对多种社交场景的需求。学习者应了解礼仪的作用，提升对礼仪重要性的认识；掌握迎送客人、相互介绍、名片使用、宴请招待、礼品赠送、签字仪式等具体礼仪规范与流程安排。

❖ 引例

谈判礼仪与谈判结果

一家中国公司与一家欧洲企业展开谈判。谈判开始前，中国代表团按照礼仪要求，提前到达谈判地点，并亲自迎接对方代表团，展示了尊重与礼貌。双方落座后，中国代表团递给欧洲企业代表印有本公司标志的优质名片，并确保名片递送时双手捧上，以示诚意，也注意以对方母语标注职位和名称。

在谈判过程中，中国代表注重言辞表达讲礼貌，避免使用可能引起对方不适的词语，并通过积极倾听和适时点头回应，表达对欧洲代表意见的尊重。为了体现开放与合作的态度，中国代表还准备了一份小型欢迎礼物——当地的特色工艺品，礼物经过精心包装，并在谈判即将结束时由负责人亲自递送，进一步拉近了双方的关系。

最终，这次谈判不仅取得了合作协议的突破，还通过良好的礼仪和专业态度，为双方后续合作奠定了信任基础。

涅尔基什·亚诺什在《谈判的艺术》中曾说：我开始从事自己的职业时，持这样的观点：在这一工作中所见到的是"贵族"式的狡猾奸诈，卖弄辞藻，看重身份，讲究礼节，故作文雅。这一切不仅使我怀疑这些注重外表的人是否真诚，还怀疑他们智力是否健全。不久我便懂得，事实并非如此。原先我所鄙视的他们的讲究穿着很快使我产生这样的看法，即在考究的服饰、礼貌的待人接物等外表现象后面的则是坚定、清醒、沉着的意志和力量，这种意志和力量是看不起这些细节的那些谈判新手所不得不重视的。

亚诺什的这段话详细、深刻地揭示出礼仪在谈判中的重要作用，端庄的仪容仪表、礼貌周到的言谈举止、彬彬有礼的态度，虽然不是决定谈判成功的唯一因素，却是保障谈判过程顺利进行的重要前提。

资料来源：孙绍年. 商务谈判理论与实务［M］. 北京：清华大学出版社，北京交通大学出版社，2007.

8.1　礼仪概述

8.1.1　礼仪的含义

礼仪是人类社会活动的行为规范，是人们在社交活动中应该遵守的行为准则。礼仪具体表现为礼貌、礼节、仪表、仪式等。礼貌是指人与人之间在接触交往中，相互表示敬重和友好的行为。礼节是指在交际场合，迎来送往、相互问候、致意、祝愿、慰问等方面惯用的形式。仪表是指人的外表，包括容貌、姿态、服饰、个人卫生等内容。仪式是指在比较大的场合举行的、具有专门规定了的程序化行为规范的活动，如颁奖仪式、签字仪式、开幕仪式等。

礼仪就其本身来说，其形式是物质的，体现在人的口头语言、书面语言、形体语言、表情语言、服饰语言等诸多方面，作用于人的感官。但礼仪的含义是精神、意识方面的，反映不同的意识形态，其随着生产力的发展而发展，随着经济基础的变化而变化。现在礼仪规范已被列入正式的国际公约，成为各国正式交往不可缺少的行为准则。

8.1.2　礼仪的作用

在商务交往中，礼仪的作用是显而易见的，主要表现为以下几个方面：

1）规范行为

礼仪最基本的功能就是规范各种行为。在商务交往中，人们相互影响、相互作用、相互合作，如果不遵循一定的规范，双方就缺乏协作的基础。在众多的商务规范中，礼仪规范可以使人明白应该怎样做、不应该怎样做、哪些可以做、哪些不可以做，有利于确定自我形象，尊重他人，赢得友谊。

2）传递信息

礼仪是一种信息，通过这种信息可以表达出尊敬、友善、真诚等感情，使别人感到温暖。在商务活动中，恰当的礼仪可以获得对方的好感、信任，进而有助于事业的发展。

3）协调人际关系

人际关系具有互动性。这种互动性表现为思想和行为的互动过程。如当你走路妨碍了对方时，你表示歉意后，对方还你以友好的微笑；当你遭天灾人祸时，朋友会伸出友谊之手援助你。人与人之间的互谅、互让、相亲相爱等，都是这种互动行为产生的效应，而这些互动行为往往是以礼仪为手段去完成行为的过程。

4）树立形象

一个人讲究礼仪，就会在众人面前树立良好的个人形象；一个组织的成员讲究礼仪，就会为自己的组织树立良好的形象，赢得公众的好感。现代市场竞争除了产品竞争外，更体现在形象竞争上。一家具有良好信誉和形象的企业，更容易获得社会各方的信任和支持，就可在激烈的竞争中立于不败之地。所以，商务人员时刻注重礼仪，既是个人和组织良好素质的体现，也是树立和巩固良好形象的需要。

8.1.3　交往中的一般礼仪

1）守时守约

守时守约是最基本的礼貌。参与各种活动，我们都要按约定的时间到达，既不要太早，也不要太晚。若登门拜访，则我们需要提前约好，不要贸然造访；如果遇到特殊情况不能按时赴约，则需要设法提前通知对方。

约会见面的事情在日常生活中频繁发生，即使是朋友之间，迟到、失约也会严重影响一个人的声誉。

在商务礼仪中，如果由于某种原因不能如期赴会，一般要提前24小时通知对方。这种情况大多数是由个人身体健康状况不允许或者其他极其特殊的原因造成的。人们的时间一样珍贵，无论是领导还是下级，尊重别人的时间是对别人的基本尊重，也是对自己的基本尊重。

通常，在约会中赴会者应该提前5分钟到达。如果无法准时到达，赴会者应该礼貌地打电话告诉对方："我由于某种原因，将迟到15分钟，请您原谅。"人们会尊重一个懂得信守自己承诺、尊重他人的人。遵守时间、准时赴约的人，能够赢得对方对其无言的信任、尊重。对于商人而言，没有比商业信誉更重要的"不可见资本"了。

在正式的商业交往中，人们只能从交往的礼仪等行为方面判断对方，而有无准确的时间观念是对合作伙伴的为人和生活原则的考验。遵守时间是在商业活动中建立个人信任的第一步。

2）尊妇敬老

许多国家的社会场所和日常生活都奉行"女士优先"的原则。如上下电梯、进出门厅等，应让妇女和老人先行，男士应帮助开门和关门；同桌用餐，两旁若坐着老人和妇女，男子应主动照料，帮他们入座。

3）举止得体

要站有站相，坐有坐相，不要放声大笑或高声谈论；在公共场所，应保持安静，不要喧哗。在听演讲、看演出等隆重场合，不要交头接耳、窃窃私语，或者表现出不耐烦的情绪。如果陪同宾客走入房间，应先请客人坐到各自的座位上，然后自己轻步入席。在剧场、商店、博物馆、会议室等场合不得吸烟。在工作和进餐中，一般不要吸烟或少吸烟，在大街上不要边走边吸烟。当新到一个地方，进入办公室或私人住宅，不知道是否允许吸烟时，要先询问一下主人："允许吸烟吗？"如果对方不吸烟，或有女宾在座，欲吸烟应征得对方同意以示礼貌。如果在场的人较多，或在座的身份高的人士不吸烟，最好不要吸烟。

4）尊重风俗

常言道，"三里不同风，五里不同俗""入境问禁""入乡随俗"。不同的国家、民族，由于不同的历史、文化、宗教等原因，各有其特殊的风俗习惯和禁忌，应该了解和尊重。譬如基督教徒忌讳"13"这个数字，尤其是"13日，星期五"，遇上这个日子，不宜进行宴请活动。在印度、印度尼西亚、马里、阿拉伯国家等，不能用左手与他人接触或用左手传递东西。在使用筷子的国家，用餐时要注意准备公筷，也不能把筷子插在饭碗中间。日本人特别注意筷子的使用礼节。在保加利亚、尼泊尔等一些国家，摇头表示同意，点头表示不同意。比利时人最忌讳蓝色等。不了解或不尊重本国和其他民族的风俗习惯，不仅失礼，严重的还会影响相互关系，妨碍商务往来，酿成外交事件。除了要学习、了解之外，在没有把握的情况下，要多观察、仿效别人。

🀫 8.2 迎送客人的礼仪 🀫

迎来送往是商务谈判中经常发生的行为，是常见的社交活动，也是商务谈判中的一项基本礼仪。一般来说，在谈判中，对重要客商、初次打交道的客商要去迎接；对一般的客商、多次来往的客商，不接也不失礼。总之，谈判一方对应邀前来参加谈判的人员、对将要到来和即将离去的客人，都应根据其身份、交往性质、双方关系等因素，综合考虑安排相应的迎送。

8.2.1 确定迎送规格

对来宾的迎送规格，一般遵循"对等原则"；如果需要顾及双方关系和业务往来等具体情况，也可以安排破格接待。

对等原则，即确定迎送规格时，应主要根据来访者的身份和访问的目的，适当考虑双方的关系，同时注重通用惯例，综合平衡地进行迎送工作。在实际接待过程中，当因为机构设置不同，当事人身体不适或不在迎送地等一些原因而不能完全对等接待时，要灵活变通，由职位和身份相当的人代主人来迎送。当事人不能亲自出面迎送时，还应礼貌地自己或通过别人向迎送对象作出解释，表示歉意。

破格接待是指在迎送者和陪同者身份、数量以及迎送场面等方面给予客人较高的礼遇。对于破格接待应十分慎重，非有特殊需要，一般都按对等原则来接待。如果我方经常有迎送活动，尤其是有同时进行的迎送活动，应妥善安排，不能造成厚此薄彼的印象。如果我方安排了破格迎送和接待，就应该利用介绍、会见等适当方式，让对方明白我方进行了破格迎送和接待，这样才能收到破格接待的效果。

8.2.2 掌握抵离时间

迎送人员必须及时、准确掌握客人的抵离时间，提前到达机场、车站或码头，以示对对方的尊重，绝不能让客人等候。客人经过长途跋涉到达目的地，看到有人在等候，一定会感到十分愉快。如果客人第一次来这个地方，则能因此而获得安全感。

当原定抵离时间发生变动时，负责人员应及时通知全体迎送人员和有关部门，同时对原定迎送计划作出相应的调整。

迎送人员应在客人抵达前到场，送行应在来客登机（车、船）前到场。总之，要做到既顺利接送来客，又不过多耽误时间。

对于迎送过程中的有关手续和购买票证等具体事务，应指定专人办理，如办理车票、飞机票、船票、出入境手续、行李提取、行李托运等。如果客人人数众多，可请他们派人配合办理。有些重要的来访团体，人数和行李都很多，应将主要客人或全部客人的行李提前取出，及时送往酒店，以便对方及时更衣，开始活动。

8.2.3 做好准备工作

每一次迎送活动都应指定专人负责迎送具体事宜，或组织迎送工作小组具体办理。迎送人员应及时将有关迎送信息、迎送计划和计划变更情况通知有关部门和有关人员，也应及时向迎送人员反馈迎送信息。

在迎送活动中，应及早安排汽车、办理住宿事宜。如果有条件，应在客人到达之前，将酒店和乘车号码等通知客人；也可以在客人刚到达时，将住房表和乘车表等及时发放到每个人手中。这样既可以避免混乱，又可以使客人心中有数，主动配合我方的迎送工作。

客人刚刚抵达酒店后，一般不要马上安排活动，让客人稍事休息。

8.2.4 迎送礼仪中有关事宜

1）献花

在某些迎送场合，要举行相应的欢迎仪式或给客人献花。献花是对来客表示亲切和敬意的一种好方法。尤其是来客中有女宾或携有女眷时，在其尚未到达旅馆之前，预先在其房间摆一个花篮或一束鲜花，会给她们一个惊喜，有时甚至会收到意想不到的效果。如果安排献花，必须使用鲜花，不得用塑料花或绢花等代替。献花时要保持花朵整洁、鲜艳。献花者通常由少年儿童或青年女子充当，也可由女主人向女宾献花。献花活动通常在主人与客人握手以后进行。

送花时要尊重对方的风俗习惯，尽量送对方最喜欢的花，不能犯其禁忌。如日本人忌讳荷花和菊花；意大利人喜爱玫瑰、紫罗兰、百合花等，但同样忌讳菊花；俄罗斯人则认为黄色的蔷薇花意味着绝交和不吉祥等。如果对方是夫妇同来，我方送花者应以负责人夫妇的名义或公司的名义送给对方夫妇。给对方女性送花，最好以我方某位女性人员的名义或单位的名义赠送，切忌以男性的名义送花给交往不深的女性。

2）陪车

在迎送活动中，为了表示我方的热情和关心，一般情况下，都安排陪车，即主人陪同客人乘车前往酒店、活动地点、车站、码头或飞机场等。

主人陪车时，应先由主人或陪同人员打开车门。上车时，先请客人从右侧车门上车，主人再从左侧车门上去，以避免从客人膝前穿过。若客人先上车，坐到主人位置上，则不必请客人移动位置。一般应将客人安排到主人的右侧。司机旁边的座位不宜安排客人就座，而应安排陪同人员乘坐。如果客人夫妇同时与主人乘坐一车，则应请客人夫妇坐在后面，主人坐在前排司机旁边。待客人上车坐稳后，主人或陪同人员应帮助客人关闭车门，然后由车体尾部绕到自己座位一侧，开门上车。切不可让客人在车内变动位置，或与客人从同一车门上车。

8.3 互相介绍的礼仪

介绍是谈判双方互相认识和了解、增强信任的开端，也是双方建立联系和进一步合作的基础。得体的介绍可以降低人们戒备心理，增强合作意识，提高谈判成功的概率；反之，不得体的介绍可能给谈判带来麻烦。不管是通过他人介绍还是自我介绍，要高度重视介绍中的一些礼仪。

8.3.1 介绍的顺序

第一，先把年轻的介绍给年长的。

第二，先把职位、身份低的介绍给职位、身份高的。

第三，先把男性介绍给女性；即使女性只有十八九岁或刚涉足谈判工作不久的，也应如此。

第四，先把未婚的介绍给已婚的。

第五，先把客人介绍给主人。

第六，先把个人介绍给团体。

8.3.2 介绍的称谓

介绍时称谓要适当、有礼；否则，如果不加以注意，称谓错误，不仅会使对方不高兴或反感，还会影响谈判的顺利进行。在对外谈判交往中，对一般男士均称"先生"，对未婚女性称"小姐"，对已婚女性称"夫人"或"太太"，在不知其婚姻状况时称"女士"。对有职衔的，在一些场合称其职衔更合适。要注意国内外称谓礼节上的一些差别，以免弄巧成拙。不同国家、民族的语言、风俗习惯不同，反映在称谓方面，有着不同的礼节。

8.3.3 介绍的其他礼仪

第一，不把女士引荐给男士，除非这位男士是国家或地方高级领导人，或是一些重要组织的领袖。

第二，直接报出双方的姓名。如果能表示出热诚的态度，则比任何言辞更让人感觉可亲。

第三，当两位客人正在交谈时，切勿介绍第三者。

第四，在介绍之后，要进行致意或行礼以及寒暄等应酬。

8.4 名片使用的礼仪

名片是自己的替身，是商务活动中不可缺少的。名片被用作各种正式宴会、舞会、茶会等聚会的请柬或回帖；祝贺或劝慰之词，也常写在名片上寄给亲友；介绍友人相识或托人取物，也常以名片作为简单的介绍信。此外，送礼时，名片也常被夹在礼品中，既简单又体面。在商务谈判中与对方谈判人员初次见面时，互赠名片既简单又礼貌。

8.4.1 名片的规格

名片的尺寸通常视上面字数多少而定，一般多为6厘米×9厘米。男士的名片可稍狭长一点，女士的名片可稍小一点。名片通常选用白色、乳白色、黄色卡片纸。

名片的字体多采用仿宋体、楷体或手写体，若印外文，则可选用罗马字体或草写体。采用横排的名片，一般把姓名印在中间，把地址、电话、电传号码以较小的字体印在名片的右下角，竖排的名片则把地址等印在左下角。

8.4.2 名片的使用

名片不能像散发传单那样使用。在我国，事先约好后访问时，可自然拿出名片再交谈，在有介绍人介入商谈的场合，应经过介绍、握手之后，再进行交谈。这时，如果想让对方记住自己的名字，则临别时可递上名片并告诉地址。

8.4.3 名片的递接

名片的递送先后没有太严格的礼仪讲究。一般是地位低的人先向地位高的人递名片，男士先向女士递名片。当对方不止一人时，应先将名片递给职务较高或年龄较大的人；如果分不清职务高低或年龄大小，则可先和自己的左侧方的人交换名片。

向对方递送名片时，应面带微笑，注视对方，将名片正对着对方，用双手的拇指和食指分别把握名片上端的两角递送给对方。递送时，可以说"我是某某，这是我的名片，请笑纳""我的名片，请您收下"之类的客套话。

接收他人递过来的名片时，除女性外，应尽快起身或欠身，面带微笑，用双手的拇指和食指捏住名片下方两角，并视情况说"谢谢""能得到你的名片，十分荣幸"。等名片接到手后，要认真看一下；如果是初次见面，最好将名片内容读一下。切不可在手中玩弄名片，也不要将名片随意放在桌子上。

8.5　招待宴请的礼仪

在谈判活动中，招待宴请本身就是谈判双方的一种礼仪形式，可以增进相互了解和信任，联络感情，进而达成在某些严肃谈判场合难以达成的协议，促使谈判成功。

8.5.1　宴请的种类

1）宴会

宴会为正餐，即坐下进食，由服务员顺次上菜。宴会是较为隆重的正餐，可分别在早上、中午、晚上举行，而以晚宴最为隆重。宴会一般分为以下几种类型：

（1）正式宴会

正式宴会多用于规格高而人数少的官方活动。正式宴会十分讲究排场，宾主均按身份排位就座，对餐具、酒水、陈设以及服务员的仪表和服务方式要求很高。通常情况下，正式宴会中，中餐用四道热菜，西餐用两三道热菜，另外有汤、冷盘、点心、水果等。

（2）便宴

便宴是招待宾客的一种非正式宴请形式，多适合于宾主的日常性友好交往，以午宴和晚宴居多。举行此类宴会时，宾主可不排座次，可不作正式讲演，一般是相互之间进行随意而亲切的叙谈。

（3）家宴

家宴即在家中招待客人，往往由主妇亲自掌勺，家人共同招待，不拘束。西方人喜欢这种形式，以示亲切友好，以为上礼。

2）招待会

招待会是指各种非正式的、较为灵活的宴请形式。这种宴请形式通常不排座次，可以自由走动，备有食品、酒水及饮料等。常见招待会有冷餐会和酒会等。

（1）冷餐会

冷餐会又称自助餐，宴请形式灵活方便，易于操作。冷餐会一般不安排席位，菜肴以冷食为主，也可用热菜，连同餐具陈设在餐桌上，供客人自取。客人可以自由活动，多次取食。酒水放在桌上，由客人自取，也可由服务员端送。

（2）酒会

酒会又称鸡尾酒会。这种招待宴请形式比较活泼，便于宾主之间进行广泛的接触和交流。酒会以酒水为主，略备小吃。酒会不设座椅，仅设小桌或茶几，以便客人随意走动。

（3）茶会

茶会是一种更为简便的招待形式，举行的时间一般在16：00左右，通常设在客厅，厅内设茶几和座椅，不排座位。如果是为某贵宾举行的茶会，在入座时，可有意地将主宾同主人安排在一起，其他人随意就座。茶会备有点心和地方风味小吃。

（4）工作餐

工作餐是近年来较为流行的一种非正式简便宴请形式，特点是利用进餐时间边吃边谈问题。在活动繁多、安排其他类型宴请有困难时，往往采取这种宴请形式。

8.5.2 宴会活动组织安排

1）确定宴请目的

宴请目的是多种多样的，可以是欢迎某一个人，也可以是庆祝某一事件，如欢迎代表团来访，庆祝某一节日、纪念日，祝贺外交使节或外交官员的到任、展览会的开幕和闭幕、某项工程动工和竣工等。在国际交往中，人们还可以根据需要举办一些日常的宴请活动。

2）确定宴请名义和对象

确定宴请名义和对象的主要依据是主、客双方的身份，其应对等。身份低的人邀请对方高级人士，会使对方感到受冷落、不礼貌；反之，身份高的人邀请对方低级人士，则使对方感到无所适从。日常交往的小型宴请可根据具体情况以个人名义或夫妇名义出面邀请。

3）确定宴请范围

确定宴请范围，即确定请哪些人士、什么级别、多少人、主人一方请什么人作陪等。确定宴请范围要考虑多方面的因素，包括宴请的性质、主宾的身份、国际惯例、对方招待我方的做法以及政治气候等。多边活动尤其要考虑政治关系，对政治上相互对立的国家是否邀请其人员出席同一活动，要慎重考虑，除非是为了斡旋。

4）确定宴请形式

宴请采取何种形式，在很大程度上取决于当地的习惯做法。目前，世界各国的礼宾工作都在简化，宴请范围呈缩小趋势，形式更为简便。冷餐会和酒会等被广泛采用。

5）确定宴请时间

宴请时间应对主、客双方都合适，注意尊重对方在时间上的禁忌和不便。如伊斯兰教徒在斋月内白天是禁食的，宴请应安排在日落以后进行。小型宴会主办以前，应先就时间征询主宾的意见，最好在适当的时候当面邀请主宾，也可以用电话联系。

6）确定宴请地点

宴请地点要根据活动性质、规模、宴请形式、主人意愿和实际可能等情况具体选定。选定场所要能够容纳全部人员。举行小型正式宴会，在可能的情况下，应在宴会厅外另设休息厅，供宴会前简短交谈使用，待主宾到达后，一起进入宴会厅入席。

7）发出邀请

各种宴请活动一般用发请柬的形式来发出邀请。请柬具有礼貌和对客人起备忘的功能，也是进入宴会的凭证。请柬一般提前一周或两周发出，以便对方及早安排、答复。

8）现场布置

冷餐会的菜台应用长条桌，通常靠四周陈摆；也可根据宴会厅的情况，摆在房间的中间。如果安排坐下用餐，可摆四五人一桌的方桌或圆桌，座位数要略多于全体宾主人数，以便席间宾主自由就座、活动交谈。

酒会一般摆小圆桌或茶几，以便放花瓶、烟缸、干果和小吃等。主宾席背向其他参加者的一边或背向主宾席的座位可不安排坐人。当主宾身份高于主人时，可以将其安排在主人席位上，以示敬重，主人则坐在主宾席上，第二主人坐在主宾的左侧。如果我方出席人员中有身份高于主人者，也可由身份高者坐主位，主人坐身份高者左侧，主宾坐身份高者右侧。在座位安排好后，应制作席位卡。我国习惯中文写在上面，外文写在下面。

8.5.3 宴会程序

1）迎接和小叙

一般情况下，由主人到门口迎接客人。有时，正式场合可在存衣处与休息厅之间，由主人及其主要陪同人员排成行列迎宾。宾主握手后，由工作人员引导客人进入休息厅。客人进入休息厅后，要有相应身份的主方人员陪坐小叙，并由招待员送饮料。如果没有休息厅，则可直接进入宴会厅，但不入座。

2）开宴和致辞

宾客到齐后，由主人陪同客人步入宴会厅，宴会即可开始。宴会开始后，宾主要适当祝酒。如果有演讲，应事先落实讲稿。通常双方事先交换讲话稿，由举办宴会的一方先提供。讲话的时间一般安排在宾主就座以后，或在热菜上桌之后、甜食上桌之前。冷餐会和酒会的讲话时间可灵活掌握。

3）宴毕和告辞

吃完水果，主人与主宾起立，以示宴会结束。这时，客人应向主人道谢，并称赞主人的饭菜。宴后，宾主可以再次进入休息厅小饮片刻或直接道别。主宾告辞时，主人应送至门口。主宾离去后，主方人员依序排列，再与其他客人一一致意，相互告别。

8.5.4 赴宴礼仪

1）赴宴

（1）应邀

接到宴会的邀请后，能否出席，应尽早答复对方，以便主人安排。在接受邀请后，不得随意改变主意；应邀出席前，要核实活动举办的时间、地点等。

（2）掌握出席时间

宾客出席宴请活动，抵达时间的迟早、逗留时间的长短在某种程度上反映了对主人的尊重程度，要根据活动的性质和习惯来掌握。迟到、早退或逗留时间过短，被视为失礼或有意冷落主人。一般客人应提前一点到达，身份高者可略晚抵达。当然，赴宴的时间不宜太早，也不宜太迟，因为太早可能使对方不方便，妨碍准备工作的进行；太迟会使对方感觉你对其不够尊重。在席间，确实有事需提前退席，应向主人说明后悄然离去或事先打招呼，届时离席。

(3) 抵达

抵达宴请地点时，应先到衣帽间，脱下大衣和帽子；然后前往主人迎宾处，主动向主人问好。如果宴请属吉庆活动，则应表示祝贺。

(4) 入座

出席宴请活动，应客随主便，听从主人的安排。入座前应先了解清楚自己的桌次、座次，不宜随便坐。如果左右邻座是长者或女士，应先主动协助他们坐下，自己再入座，宜从右侧入座。

(5) 进餐

进餐时，第一次动筷要等主人招呼了再开始。如果有几桌筵席，则不宜在主宾席尚未进餐时率先进餐。进餐时，夹菜不要去拣大块或精食，宁可少吃一口，不可多贪一勺，坚持先人后己，否则会降低自己的身份；更不能狼吞虎咽，放口大嚼。遇到从未吃过的菜，在没有弄清楚吃法的情况下，不要抢先动筷，以免闹出笑话来。

用餐时一般不要把桌面弄得很乱，不要用筷子或刀叉指点议论他人。不要只顾吃喝而沉默不语或高谈阔论、反客为主。要配合主人的安排，善于调节宴席上的气氛。席间说话时嘴里不可有食物，不可唾沫横飞。打嗝、打哈欠、剔牙缝均是不礼貌的行为，实在忍不住要咳嗽、打喷嚏时，可用手帕捂住嘴。席间若有人失手碰倒了碗或杯子，弄洒了汤菜甚至弄脏了你的衣服，你应表现大度，并用语言或行动来宽慰对方。

(6) 祝酒

作为主宾参加宴请，应了解对方的祝酒习惯，即为何人何事祝酒、何时祝酒等，以便作必要的准备。碰杯时，主人先和主宾碰杯，人多时可同时举杯示意。祝酒时，注意不要交叉碰杯。碰杯时，要目视对方，微笑致意，嘴里同时说着祝福的话。在正式宴会上，由男主人向来宾提议，提出某个事由而饮酒。在饮酒时，通常要讲一些祝愿、祝福类的话，甚至主人和主宾还要讲祝酒词。要是致正式祝酒词，就应在特定的时间进行，并不能因此影响来宾的用餐。祝酒词适合安排在宾主入座后、用餐前，也可以在吃完热菜后、甜品上桌前。

宴会上相互敬酒，表示友好，活跃气氛，一般应控制在自己酒量的1/3，不可贪杯，切忌喝酒过量，逞强好胜；否则，会失言失态。不要强行劝酒。如果自己不会喝酒，可用其他饮料代替。当别人第一次向你敬酒时，你应起身回敬，说声"谢谢"，不要自己先喝，须待对方"请"过之后才可举杯。

有时，宴会主人为客人准备小纪念品或一朵鲜花。宴会结束时，主人请客人带上纪念品，客人可说一两句赞扬纪念品的话。应注意，除主人特别示意作为纪念品的东西外，各种招待用品，包括宴会剩余的糖果、水果和香烟等，都不要拿走。

2）餐姿、餐巾与餐具

（1）餐姿

餐桌前的坐姿和仪态很重要，适度文雅和细心，可以防止餐桌上许多不快之事发生，且能获得众人的赏识与尊敬。从椅子的右侧入座后，理想的坐姿是身体挺直而不僵，仪态自然，身体与餐桌应保持两个拳头左右宽度的距离，两只手搁在桌沿上，眼睛不要东张西望，更不要斜视看人。开席前不要摆弄碗筷。就座后，尚未上菜前最好不要静坐等待，一般应与座位两边的人轻声交谈，内容可限在相互了解的方面，但不要夸夸其谈，否则会给人不稳重的感觉。

（2）餐巾

餐巾须等主人动手摊开使用时，客人才能将其摊开在膝盖上。进餐前用餐巾纸擦拭餐具是极不礼貌的行为。如果发现不洁餐具，则可要求服务员调换。餐巾的主要作用是防止油污、汤汁粘到衣服上，也可用来轻擦嘴边油污，但不可用来擦脸、擦汗。离座取食时，可将餐巾放到座椅上；用餐完毕，餐巾放于座前桌上左边，不可胡乱揉成一团。

（3）餐具

中餐宴请外商时，既要摆放碗筷，也要摆放西餐刀叉，以中餐西吃为宜。西餐刀叉的使用是右手持刀，左手持叉，将食物切成小块后用叉送入口中。吃西餐时，按刀叉顺序由外往里取用，每道菜吃完，将刀叉并拢放于盘中，以示吃完；否则，摆成八字或交叉形，刀口向内。除喝汤外，不要使用汤匙进食。

3）吃喝禁忌

第一，再难吃的东西多少要吃几口，不要轻易拒绝主人送过来的食物。

第二，用西餐时，不要一次取食过多，应按需取食。取食的顺序一般是冷菜、汤、热菜、甜点、水果、冰激凌；取食时不要谈话，以免污染食物。

第三，不要将自己用过的餐具放在大家共同吃的食物旁边。

第四，吃面条之类食物时，不要吸食出声，应用叉、筷卷起一口之量，小口进食。

第五，未经主人示意，不要用手撕食物。

第六，喝汤时，宜先试温，待适合时再食，忌用口吹或吸食出声。

第七，宴席中最好不要抽烟。

8.6　赠送礼品的礼仪

谈判人员在相互交往中馈赠礼品，一般除表示友好、进一步增进友谊和今后不断联络感情的愿望外，更主要的是表示对本次合作成功的祝贺，以及对再次合作能够顺利进行所作的促进。因此，选择适当的时机，针对不同对象选择不同礼品馈赠，便成为一种敏感性、寓意性很强的活动。礼品一般应偏重意义价值，同时给人带来惊喜。

8.6.1　馈赠礼品

1）注意对方的文化背景，切忌触犯对方的禁忌

由于谈判人员所属国家、地区不同，文化背景各不相同，爱好和要求必然存在差别，因此，必须注意根据对方的习俗、兴趣与爱好选择合适的馈赠礼品。例如，在阿拉伯国家，不能将酒作为礼品，不能给对方的妻子送礼品；在英国，人们普遍讨厌有送礼单位或公司印记的礼品；在法国，一般不能送菊花；在意大利，不要赠送手帕，因为人们认为手帕是最亲爱的人离别时擦眼泪的用物，送手帕象征着情人的离别；在日本，狐狸是贪婪的象征，所以日本人不喜欢有狐狸图案的礼品。

2）讲究数量

我国认为偶数吉祥，而日本以奇数表示吉利，大部分西方国家忌讳"13"。如果到日本人家里做客，切记不能带16瓣的菊花，因为那是皇室的标记；礼品不能是"4"的倍数，数字"4"有不健康、生病的含义；不能单独送梳子，在日文中梳子同"苦死"发音相同，意为极其辛苦。

3）注意时机和场合

一般情况下，各国都有初交不送礼的习惯。此外，英国人多在晚餐或看完戏之后乘兴送礼；法国人习惯下次重逢时送礼；日本人比较特殊，他们通常是第一次见面时就送出礼品；我国则在离别前赠送礼品。

4）礼品的细节处理要仔细

当选择了称心的礼品后，在礼品送出之前要再作一番最后处理，使礼品更加出色，让对方一眼就能感受赠送者的心意。礼品上如有价格标签，必须事先撕掉，然后包上对方喜欢的外包装。例如，在德国，礼品包装是非常重要的，但不能用白色的、透明的或棕色的礼品纸或绸带包装；在日本，包装时禁用暗灰色、黑色、白色和大红

色的纸。

8.6.2 接受礼品

接受别人馈赠的礼品时,应双手捧接,并立即表示感谢。在西方国家,受礼后要当着客人的面打开礼品包装并轻声称赞礼品。因为按照欧美人的习惯,受礼时若不是对礼品当即表示赞赏及感谢,送礼者就认为这份礼品不受欢迎,或者对方不接受自己的情谊。所以,不管受礼者是否真正喜欢别人送的礼品,一般都要边拆看边说"这正是我所需要的""太好了,我很喜欢它"等有礼貌的话。这一点与中国人的受礼习惯是截然不同的。

一般而言,接受别人馈赠的礼品后应回赠相应的礼品,或以适当的方式表示感谢,但要注意各国的风俗习惯。例如,在日本,送礼作为形式比内容更重要。不要因日本人所送礼品简单或不值钱而感到受侮辱。日本人送你礼品之后,你不要马上把回礼拿出,应在以后的某次会谈中再把你的礼品回赠对方。这样做的意义在于表明你早有准备,是诚心诚意的。

8.7 签字仪式的礼仪

双方经过会谈磋商,就某项重要交易或重大经济合作项目达成协议后,一般都要举行签字仪式,这时要注意以下方面:

8.7.1 签字前的准备

安排签字仪式,首先,要做好文本的准备工作,及早对文本进行定稿、翻译、校对、印刷、装订、盖章等工作。其次,准备好签字用的文具。同时,要安排好签字地点,既可在谈判间,也可在宴请的饭店设桌签字。政府间的签字还要准备小国旗,重要的签字仪式要干杯或举行宴会庆祝。

8.7.2 签字人的选择

主谈人有时不一定是合同的签字人。签字人应视协议或合同文件的性质由各方商议确定,但双方签字人的身份应大体相当。商业合同一般应由企业法定代表人签字,政府部门代表一般不签字。在目前的商务业务中,签字人为4种情况:

第一,成交额与合同内容一般(成交额在百万美元以内,货物比较普通)的合同由业务员或部门经理签字;

第二，成交额较大（百万美元以上）、合同内容一般的合同由部门经理签字；

第三，成交额在 500 万美元以上的合同多由企业领导签字；

第四，成交额大（千万美元以上）、合同内容系高技术领域的合同多由企业法定代表人签字，与合同相关的协议由政府代表、企业代表共同签字。

其中，属于由企业非法定代表人签字的情况时，签字人在签字之前还应出示由其所属企业法定代表人签发的授权书。法定代表人签字的时候需要看是否和营业执照上的法定代表人一致，还需要核实签字人的身份信息是否和营业执照上的法定代表人信息一致。

签字人的选择主要是出于对合同履行的保证之考虑。复杂的合同涉及面广，上级、有关政府部门了解、参与后，执行中若产生问题容易解决，对合同的顺利执行有所保证。

8.7.3　参加人员的确定

参加签字仪式的有双方参加会谈的全体人员，如果一方要求未参加谈判的人员出席，则对方应予同意，但双方人数应大体相等。

重大合同即涉及政府部门参与的合同的签字仪式比较隆重，参加的人比较多和重要。这时，需选择较高级的饭店或隆重的会堂作为签字仪式举办地点。签字在一个厅，宴会在另一个厅。安排高级领导会见对方代表团成员。签字时，专设签字桌，后排站高级领导及双方贵宾（包括使领馆的代表），请媒体人员参加。

8.7.4　签字仪式的安排

签订谈判协议通常使用长方形或椭圆形桌子，宾主相对而坐。客人面对正门，主人背门而坐。如果长桌的一端向正门，则以入门的右方为客方，左方为主方。对一些重大协议（如条约等）的签订，只有代表双方的两个人签字时，则两个人坐在一起签字，其他人站在后面或旁边。协议签订完毕，双方签字人应起立握手致意，互祝双方签订协议成功，其他人员则应鼓掌响应。

本章小结

商务谈判礼仪是谈判顺利进行的重要前提，是影响谈判结果的重要因素之一。迎送客人时要注意确定迎送规格、掌握客人抵离时间等问题。相互介绍礼仪包括介绍顺序、称谓等。名片递送要得体，符合规范，以发挥其应有的效果。无论是举办宴会还是参加宴会，要注意各种宴会礼仪。赠送礼品要选择适当，价格适中，符合各国文化习俗和习惯。签字仪式的安排要准备充分，签字人的选择要恰当。

关键术语

礼仪规范 对等原则 宾客迎送 相互介绍 名片使用 宴会招待 礼品赠送 签字仪式

基础训练

第8章不定项选择题

第8章判断题

❖ 简答题

1. 迎送礼仪有哪些?

2. 宴请有哪些种类?

3. 赠送礼品应注意什么?

4. 名片递接应注意什么?

5. 介绍的顺序有哪些?

❖ 思考题

在一次商务谈判中,某谈判人员首先进行自我介绍。此时,他最好的介绍方法是:

A. 我是×××,请多指教

B. 我是××集团总裁×××,是从××大学毕业的,×××教授是我的老师,×××部长曾是我的同学,我曾在××公司当过总经理

C. 我是××集团总裁×××,请多指教

第9章　商务谈判的风格

学习目标

　　本章旨在帮助学习者理解谈判的共性，了解亚洲、欧洲、美洲、大洋洲商人谈判风格的不同特点，并注意到与中国文化背景下谈判的差异，具备在跨文化环境下开展谈判的能力，提高谈判效率和成功率。

❖ 引例

各国人员谈判风格与文化背景

　　【案例1】某欧洲企业计划与一家日本公司达成合作协议。在谈判过程中，欧洲企业发现日本团队非常注重团队合作和决策的一致性。日本团队在谈判中不急于直接讨论合同细节，而是花费了较多时间进行寒暄和建立信任关系，同时反复确认双方的合作目标是否一致。当欧洲企业试图加快谈判进程时，日本团队表现得非常谨慎，明确表示需要公司内部进一步讨论再达成共识。最终，欧洲企业尊重日本团队的文化习惯和耐心沟通，双方成功签署了协议。

　　【案例2】一家中国公司与一家德国企业进行谈判。谈判伊始，德国团队展现出了高度的条理性和专业性。他们注重细节，准备了详细的数据分析报告，并且提前规划了谈判议程；在谈判过程中对于合同条款进行了逐一讨论，并提出改进意见。德国团队非常重视事实依据，避免情感化交流，而是通过理性和逻辑来推动谈判进程。中国公司最终适应了这种注重效率和数据的谈判风格，与德国企业达成了互利的合作协议。

　　【案例3】一家墨西哥公司与一家美国公司展开合作谈判。在谈判中，美国团队表现得非常直接，倾向于快速进入合同细节部分，明确指出自己的需求和期望。他们追求效率，不喜欢过多的寒暄或不必要的形式，而是集中于目标和结果。同时，他们表现出强烈的自信，积极主导谈判进程。墨西哥团队则更注重谈判中的人际关系和情感交流，倾向于用更多的时间来增进双方的信任。经过多次沟通，美国团队调整了谈判节奏，最终双方顺利达成合作。

　　【案例4】一家新西兰公司与一家中国企业展开合作谈判。新西兰团队在谈判中表现得非常友好且开放，重视平等与合作，倾向于采用一种轻松的氛围来推动谈判。在谈判过程中，他们经常以幽默缓解紧张气氛，但同时在核心议题上保持坚定立场。他们希望达成双赢的结果，因此倾向于以灵活和妥协的方式解决分歧。这种方式让中国企业感到轻松，双方最终快速达成共识。

【案例5】 一家法国企业与一家肯尼亚公司进行谈判。在谈判中，法国团队发现肯尼亚团队更倾向于建立私人关系，并基于信任来达成合作。于是他们表现出较好的耐心，不急于快速进入正式谈判，而是希望通过非正式的互动加强对彼此的了解。肯尼亚团队重视谈判中的灵活性，愿意在谈判中调整自己的立场，以达到对双方都有利的结果。法国团队通过参与肯尼亚团队安排的社交活动和私人聚会，成功地拉近了彼此关系，最终达成合作协议。

资料来源：罗树民，周茂涛，郭小婷，等. 国际商务谈判 [M]. 上海：上海财经大学出版社，2004.

本章引例表明，世界各国文化习俗不同，导致不同国家和地区的商人形成不同的谈判风格。自改革开放以来，我国大力发展与加强同世界各国和地区的经济、贸易与投资往来。因此，在对外商务活动中，为了能够灵活运用各种谈判技巧，掌握谈判的主动权，取得谈判的成功，商务谈判人员必须了解不同国家和地区的商人的谈判风格。本章将对亚洲、欧洲、美洲、大洋洲商人的谈判风格加以概括介绍。

谈判风格是指在不同环境中生活的谈判人员，在谈判思维、谈判行为、谈判语言、谈判策略等方面具有不同的特点。不同的谈判风格影响谈判的速度、谈判的节奏、谈判的方式与方法、谈判的议题、谈判的气氛、谈判的态度、谈判的沟通和结果。

9.1 亚洲商人的谈判风格

9.1.1 日本商人的谈判风格

日本商人的谈判风格一般具有以下特点：

第一，日本商人在正式谈判之前喜欢和人接触，注重在交易谈判中建立和谐的人际关系，以了解对方及增进感情，在建立了友好的人际关系基础上才考虑成交。他们愿与熟人长期打交道，不喜欢也不习惯直接的、纯粹的商务活动。

第二，日本商人很重视信息收集工作。在谈判前，日本商人会通过各种渠道收集与谈判有关的各种信息，如市场信息、对手情况等。

第三，日本存在等级意识，重视尊卑秩序。日本企业都比较重视资历，一般能担任企业谈判代表的人都有15～20年工作经验。他们不愿与年轻的谈判对手商谈，因为他们不相信对方年轻的谈判代表会有真正的决策权。因此，日本商人非常注重谈判对手的身份、地位、年龄和性别，要求对方在这些方面与己方相匹配。

案例窗9-1

第四，日本商人注重礼仪。与日本商人初次见面，双方人员互相鞠躬，互递名片，一般不握手；没有名片就自我介绍姓名、工作单位和职务。他们常用的寒暄语是"您好""您早""再见""请休息""晚安""对不起""拜托您了""请多关照""失陪了"等。日本人鞠躬很有讲究，往往第一次见面时行"问候礼"，即30°鞠躬；离开时行"告别礼"，即45°鞠躬。

第五，维护颜面是日本人的普遍心理。日本人认为，颜面是受尊敬的标志，是自信的源泉，是关系自己的地位和别人的地位的极为微妙、重要、无所不在的事情。日本人对任何事情都不愿意说"不"，因为他们觉得断然拒绝会伤害对方的感情。

案例窗9-2

第六，日本商人喜欢并且善于讨价还价。在谈判过程中，日本商人一般报价虚头很大，杀价也较狠。

第七，日本商人在对方阐述立场、提出要求甚至讨价还价时讲得最多的就是"哈噫"，其实这仅仅是意味着"我在听你说"。这种情况经常给初次与日本商人接触的外国谈判者尤其是西方谈判者造成极大的误会，因为西方谈判者通常以为"哈噫"是"好"或者"同意"的意思。

案例窗9-3

第八，日本商人具有强烈的团队意识。在谈判中，日本商人协同作战，配合默契，集体决策。参加谈判的每一个人都对某一问题具有决策权，都有责任保证谈判成功。同时，对于较重要的问题，日本企业的谈判代表一般不能马上作出决定，而是需要通过国内公司有关人员层层上报批准，才能予以答复。

第九，日本商人在签约前习惯对合同进行详细审查，不喜欢快速的、推销式的谈判。在谈判中，日本商人经常主动地承担合同的整理和审查工作，不顾疲劳、夜以继日地工作。这一过程虽然较长，但是一旦作出决定，他们就能很快地执行。

第十，日本商人的时间观念较强。日本商人很注重时间价值，性格有时显得急躁。

拓展阅读9-1

9.1.2 韩国商人的谈判风格

韩国商人的谈判风格一般具有以下特点：

第一，韩国商人重视谈判前的准备工作。韩国商人在谈判前通常要对对方进行咨询了解，一般是通过海内外有关机构了解对方的情况，如经营规模、范围、企业知名度、经营能力等。一旦韩国人与你坐在一起谈判，就可以肯定地说，他已对这场谈判进行了周密的准备，对谈判的内容和对方的情况摸得十分清楚，因此提出的方案常常使人很难找到破绽。

第二，韩国商人注重谈判礼仪。韩国商人很注意选择谈判地点，一般喜欢选择有名气的酒店。如果他们是东道主，则他们会提前一点时间到达。如果是对方选择的谈判地点，则他们会推迟一点时间到达。在进入谈判地点时，一般是地位高的谈判决策者走在最前面。

第三，韩国商人重视营造良好的谈判气氛。韩国商人十分重视谈判开局的气氛，会全力营造良好的谈判气氛。他们一见面总是热情地打招呼，向对方介绍自己的姓名、职务等；就座后，请对方喝饮品，和对方聊一些话题（如天气、旅游等），来和对方拉近距离，然后才正式开始谈判。

第四，韩国商人逻辑性强，做事有条理。韩国商人会首先从原则的讨论开始，让对方先接受这次谈判中解决问题的一系列原则；在原则达成一致后，再从若干具体问题着手进行协商；问题明确后，从解决问题的措施上讨论。他们由浅入深、由粗到细、由表及里地进行条款讨论。

第五,韩国商人注重谈判技巧的运用。在谈判开始后,韩国商人往往要与对方明确谈判的主要议题。虽然每次谈判的议题不尽相同,但一般包括阐明各自的意图、报价、讨价还价、协商、签订合同。他们善于讨价还价,甚至到最后一刻仍会提出"再优惠一点"的要求。他们的让步往往体现以退为进的思想,也体现韩国人的顽强精神。他们常常会根据对手的不同特点、谈判的不同情况,使用"声东击西""疲劳战术""先苦后甜""化整为零""挤牙膏"等各种策略。

拓展阅读9-2

9.1.3 新加坡商人的谈判风格

新加坡商人的谈判风格一般具有以下特点:

第一,新加坡商人乡土观念很强。在新加坡人口中,华人占绝大多数,其次是马来人,再次是印度人、其他少数民族等。因此,华人在新加坡的对外贸易中占垄断地位,他们具有强烈的民族意识和对故乡的归属感。

第二,新加坡商人勤勉、能干,具有强烈的同甘共苦精神。

第三,新加坡商人很重视颜面,讲信用。在谈判中遇到重要的决定,他们有时不立书面的字据,感情和信用往往在商务谈判中起决定性作用。一旦签订了合同,新加坡商人一般就不会违约;同时,他们对对方的背信行为是深恶痛绝的。华侨一般很珍惜同对方已经建立起来的合作关系和朋友关系,并且注重信义;一旦双方有了良好交往,就可以长期保持下去。

第四,新加坡商人忌讳跷二郎腿。在与新加坡商人谈生意时,不要跷二郎腿;否则,可能丧失成交的机会。

案例窗9-4

9.1.4　泰国商人的谈判风格

泰国商人的谈判风格一般具有以下特点：

第一，泰国商人不信赖外人，家族企业比较盛行。

第二，泰国同业间互相帮助，但不会结成一个组织共担风险。这可能是因为彼此过于谨慎。与泰国商人建立亲密的交情，要花很长一段时间，但一旦建立了友谊，他们就会比较依赖你；当你遇到困难时，他们也会帮助你。在与泰国商人进行商业往来时，不仅要给他们留下你精明能干的印象，更重要的是要让他们认为你诚实且富有人情味。

第三，泰国商人注重对颜色的运用。如泰国商人惯用不同的颜色表示一星期内的不同日期，从星期日到星期六分别用红色、黄色、粉色、绿色、橙色、蓝色、紫色，人们常在不同的日期穿着不同色彩的服装。泰国过去白色被用于丧事，现在改用黑色。

案例窗 9-5

9.1.5　阿拉伯商人的谈判风格

阿拉伯商人的谈判风格一般具有以下特点：

第一，阿拉伯人大都信奉伊斯兰教，因此与阿拉伯商人进行谈判时，需要对伊斯兰教进行必要了解，尊重当地习俗。

第二，阿拉伯商人认为，一见面就谈生意是不礼貌的事。因此，他们特别重视营造良好的谈判气氛，一般要用一些时间同对方商谈社会问题或其他问题（但忌讳谈论中东政治问题和国际石油政策），在双方接触几次后才进入正式商谈。

第三，阿拉伯人有时不太讲究时间观念，谈判中会出现随意中断或拖延谈判的现象，决策过程也比较长。但是阿拉伯人决策时间长，不能完全归结于他们拖拉和无效率。这种拖延也有可能表明他们对你的提议有不满之处，尽管他们暗示了哪些地方令他们不满，但是你可能没有捕捉到信号。他们并不直接说"不"，而是根本不作任何决定，希望时间帮助他们达到目的，让谈判在长时间的置之不理中自然地告吹。

第四，阿拉伯商人喜欢讨价还价。他们认为没有讨价还价就不是场严肃的谈判。

在阿拉伯国家，无论大店、小店均可以讨价还价，标价只是卖主的报价。

第五，阿拉伯国家的企业的中下级人员在谈判中具有举足轻重的作用。在阿拉伯国家，谈判的决策是由企业的高层管理者作出的，但决策的意见和依据是由精通业务的中下级人员提供的。阿拉伯国家的企业高层管理者往往把自己视为战略家，不喜欢处理日常事务，缺乏实际业务经验，依靠自己的下级工作人员和助手。因此，外国谈判者常常需要和两种人打交道，即决策者和专家以及业务人员。前者对一些宏观的、原则性的问题感兴趣，不喜欢对方的长篇大论；后者却希望对方尽可能多地提供内容翔实的技术业务资料，以便进行仔细的论证。

第六，在阿拉伯国家，初次见面时送礼可能被视为行贿；不能把酒作为礼品，最好送些办公室里可以用得上的物品；一般不可送礼给有商务往来的熟人的妻子，但是如果被邀请去其家里做客，要记得给女主人带礼品。同时，不要盯住阿拉伯主人的某件物品，这是很失礼的举动，因为主人很可能让你收下这件物品。

第七，阿拉伯国家的企业流行代理谈判。几乎所有的阿拉伯国家都坚持让外国公司通过阿拉伯代理商来开展业务，不管他们的生意伙伴是个人还是政府部门。代理商积累了大量的经验，在一定程度上为外国公司提供了交易的便利，如帮助雇主同政府部门搞好关系，早日获得政府的支持；保证货款回收、劳务使用、运输、仓储、销售等环节的正常进行。

9.2 欧洲商人的谈判风格

9.2.1 俄罗斯商人的谈判风格

俄罗斯商人的谈判风格一般具有以下特点：

第一，俄罗斯人性格开朗豪放，热情好客。在迎接贵宾时，俄罗斯商人通常会向对方献上面包和盐。

第二，俄罗斯商人非常看重个人关系，愿意与熟识的人谈生意。俄罗斯商人的商业关系是以个人关系为基础建立起来的；如果没有个人关系，一家外国公司即使进入了俄罗斯市场，也很难维持其商业成果。

第三，俄罗斯商人是精通古老的以少换多的谈判之道的行家。在价格谈判阶段，无论外商的开盘价多么低，他们也绝不会相信，更不会接受，会千方百计地迫使外商继续降低价格。

第四，俄罗斯商人重视合同的履行。一旦达成谈判合同，他们就会按照合同的字面意义严格执行。同时，他们很少接受对方变更合同的要求。在谈判中，他们对合同的条款，特别是技术细节十分重视，并在合同中精确表示各条款。

第五，俄罗斯商人有时受官僚主义办事作风的影响，这增大了谈判的难度。他们不会让自己的工作节奏去适应外商的时间表。在谈判期间，如果外商向他们发送信件或传真，征求他们的意见，往往得不到回应；在谈判之后，他们一般不会迅速向上级作详细汇报，除非外商供应的商品正好是他们很需要的商品。

第六，俄罗斯商人比较遵守时间。在商务往来中，他们在会见前会预约，并准时赴约。

第七，与俄罗斯商人打交道时，要称呼对方的父名和姓，只称呼其姓是不礼貌的。俄罗斯人的姓名一般由3节组成，排列通常是名字、父名、姓。此外，俄罗斯人的地位意识较强，称呼时要加头衔，如部长、主任等。

第八，俄罗斯人常有较多的身体接触，但不善于使用手势和面部表情。如在见面和离开时，他们都要和对方有力地握手或拥抱。

9.2.2　英国商人的谈判风格

英国商人的谈判风格一般具有以下特点：

第一，英国人比较注重传统、保守，喜欢按程序办事，对新鲜事物不是很积极。

第二，英国人一般比较冷静和持重，不愿意跟陌生人交谈，不喜欢表露自己的感情。因此，英国商人与对方接触，开始时往往保持一定距离，然后才慢慢地接近对方。

第三，在谈判过程中，英国商人讲究礼貌，善于与人打交道，对老朋友和老客户态度友好，十分健谈，但对初交者比较谨慎。

第四，英国商人很注意逻辑，凡是自己所想的事，总要想办法作出逻辑性很强的说明。

第五，英国商人谈判善于简明扼要地阐述立场、陈述观点。在谈判关键时刻，他们又经常表现得很固执，不肯花大力气争取。

第六，英国商人在谈判过程中不喜欢讨价还价，但喜欢认真解决每一个细节问题；否则，绝不会同意签字。

第七，英国商人的时间观念很强，洽谈生意要事先约定且准时到达。另外，他们不喜欢进餐中谈及生意。

第八，英国人讨厌把皇家的事作为谈资，也讨厌对方问及他们的私事和向其打听别人或别的公司之事。英国人有两个最爱谈的话题——天气和新闻。

案例窗9-6

第九，与英国人洽谈生意，要注意避开节假日。英国人的家庭收入比较高，生活条件比较优越，往往在周末全家人一起旅行。英国每年冬、夏两季有 3~4 周的假期，他们常常利用这段时间出国旅游。因此，在夏季以及从圣诞节到元旦这段时间内，英国人较少做生意。

9.2.3　法国商人的谈判风格

法国商人的谈判风格一般具有以下特点：

第一，法国的居民主要是法兰西人，法语是官方语言，谈判时往往要求将法语作为谈判语言。

第二，法国商人勤劳俭朴，天性乐观，生活节奏感鲜明，工作时态度认真，讲究效率。

第三，法国商人在谈判之初往往闲聊一些社会新闻或文化生活等问题，以便和对方建立感情。他们只有在建立一定感情基础之后，才开始进行实质性谈判。到最后要作决定阶段，他们会高度集中精力，运用才智来应对各种情况。与法国人交谈不要过多地提及个人问题，他们不喜欢涉及自己的家庭私事和生意秘密。

第四，在谈判过程中，法国商人认为具体问题可以以后再商量或日后发现问题时修改，有时出现签协议草案后第二天就要修改的情况。因此，与其签约，最好用书面合同加以确认，以确保其履行合同。

第五，法国商人个人办事的权力很大，在谈判时负责人可以立即作出决定。因此，他们要求对方也能立即作出决策，否则他们会不满意。

第六，法国商人在就餐时忌讳谈生意。在法国，无论是家宴还是午餐招待，都不会被看作交易的延伸。因此，如果将谈判的议题带到餐桌上来，法国人会极为不满；当你要招待对方时，若流露出此次招待想促使生意更顺利，他们马上会断然拒绝你的好意。

第七，法国人一般都很注重衣着。他们认为衣着代表一个人的修养与身份、地位，因此，在与法国人谈判时必须注意自己的服饰。

第八，法国人很珍惜假期。每年 8 月，大部分法国人会放下工作去旅游度假，因此，与法国人做生意要避开他们的假期。

9.2.4　德国商人的谈判风格

德国商人的谈判风格一般具有以下特点：

第一，德国商人性格刚强，坚持己见。他们在谈判中缺乏融通性，不愿意向对方作较大的让步，比较坚持自己的意见，讨价还价的余地很小，而且喜欢强调自己方案的可行性。

第二，德国商人非常相信本国产品的质量、性能，在他们购买其他国家产品时常常把本国产品作为选择的标准。

第三，德国商人在谈判中稳重、严谨，谈判前的准备工作做得很充分。他们在会谈时会围绕谈判议题进行认真的商谈。他们对签订合同非常审慎，对合同的每一个细节问题都要弄清楚；一旦签订了合同，他们就会信守合同。

第四，德国商人讲求效率。他们具有极为认真负责的工作态度、高效率的工作程序。所以，德国商人的办公桌上看不到搁了很久没有处理的文件。他们认为，一个谈判者是否有能力，只要看一看他经手的事情是否快速、有效地处理就清楚了。

9.2.5 意大利商人的谈判风格

意大利商人的谈判风格一般具有以下特点：

第一，意大利商人很注重发挥个人的作用。在做生意方面，意大利商人的个人权力很大，出面谈判的人可以决定一切，并且做生意是以个人对个人的关系为基础的。因此，同他们做生意就必须先同他们建立友好的人际关系，与他们相处得好是生意能做成的决定因素之一。

第二，意大利商人精明能干。他们的国际贸易业务水平较高，谈判技巧熟练，企业中具备丰富知识的员工为数较多。

第三，意大利商人善于社交，谈话投机，但这并不意味着一和他们见面就能做成生意。他们在做生意时比较专注、认真，不要被他们爽快的作风所迷惑。

第四，意大利商人在谈判和日常生活中一般不招待晚餐。

第五，意大利商人的时间观念有点淡薄。他们不像英国和德国等国商人那样对时间特别看重，约会赴宴会有迟到的情况。

9.2.6 瑞士商人的谈判风格

瑞士商人的谈判风格一般具有以下特点：

第一，瑞士人比较团结，具有一定的排他性，待人处事比较严格。

第二，瑞士商人作风保守、慎重，遵守时间。外商与他们做生意，需要花相当长的时间与他们交朋友，建立信任关系，因此要有耐心。

第三，瑞士商人愿意和固定的商务伙伴交易，而且一旦决定购买你的产品，几乎就会一直购买下去，很少中断交易。如果他们说了"不"，那么别人很难改变他们的主意。

第四，瑞士商人注重历史悠久的公司，愿意同该类公司做生意。

第五，瑞士商人注重合同，诚实无欺。

9.2.7　北欧商人的谈判风格

北欧一般指欧洲北部的斯堪的纳维亚半岛、日德兰半岛一带，主要包括挪威、瑞典、芬兰、丹麦、冰岛。这5个国家的商人的谈判风格大致相同，一般而言具有下面的特点：

第一，北欧商人在谈判中十分沉着冷静，喜欢按照谈判程序逐一进行谈判，并且注意到每一细节问题；同时，他们善于把握时机签约成交，而且签约后大多能信守合同。

第二，北欧人的共同特点是喜欢蒸桑拿，这已经成为他们生活中的一部分。如果你被对方邀请去蒸桑拿，表明你是很受欢迎的，并且受到了良好的招待。

第三，北欧人特别珍惜阳光和假期。由于这些国家所处纬度较高，冬季时间较长，北欧人在夏天与冬天分别有3周与1周的假期。因此，与他们做生意应该尽量避开假期。

9.3　美洲商人的谈判风格

9.3.1　美国商人的谈判风格

美国商人的谈判风格一般具有以下特点：

第一，美国是个移民国家，开放程度较高，因此美国人的性格通常比较外向、热情奔放、坦率开朗、好客自信，他们喜欢交际。

第二，美国人喜欢追求物质上的实际利益，因此，他们在谈判中往往以获得最大的经济利益为目标，时间观念很强，办事干脆利落，不喜欢漫天要价。

第三，美国商人在谈判过程中如果感到有些问题不清楚，会毫不客气地向对方询问；对他们所不能满足的要求，也会直言拒绝。因此，与美国人做生意时，"是""否"必须表达清楚，不要含糊其词；有疑问时，应不客气地向他们问清楚，这样做他们不但不会不高兴，而且会对你有好的印象。

第四，与美国商人谈生意不必过多客套，可以直截了当地进行。洽谈活动可以在吃早餐的时候立即开始，美国人有边进餐边谈生意的习惯。

第五，与美国商人谈话时，绝对不要指名批评某人或指责某些客户的缺点，避免把处于竞争关系的公司的问题披露出来，加以贬低；否则，会使对方不快。

第六，在实质性谈判阶段，美国商人喜欢逐一进行讨论，讨价还价，施展谋略。同时，他们在谈判桌上喜欢搞全盘平衡的"一揽子交易"。他们较注重大局，善于通盘筹划。

第七，美国商人很重视律师和合同的作用。他们在谈判过程中经常要请律师参加，并严守合同信用。

第八，在美国，如果出席家庭宴会，你应带上些小礼品。中国人做客可赠送一些小工艺品，如茶叶、丝绸、字画、泥塑、檀香扇、唐三彩马、瓷器等。如果赴宴时不带礼品，在美国人看来，这意味着你准备回请一次。

9.3.2 加拿大商人的谈判风格

加拿大商人的谈判风格一般具有以下特点：

第一，加拿大人大多是法国人和英国人的后裔，在谈判风格方面带有法国人和英国人的特点。

第二，加拿大是冰雪运动大国，因此加拿大商人喜欢讨论冰雪运动话题。

第三，加拿大商人有较强的时间观念。他们十分讲究工作效率，一般会在事前通知你参加活动的时间。

第四，加拿大人重视服饰审美，喜欢别人称赞他们的着装，也希望对方衣着整齐、庄重、得体。因此，在与加拿大商人进行谈判时，你的衣着一定要整齐庄重。

9.3.3 南美洲商人的谈判风格

南美洲商人的谈判风格一般具有以下特点：

第一，南美洲商人的时间观念不太强，谈判节奏缓慢。与他们谈判时常听他们说"明天就办"，但到了明天仍然是这一句话。同时，南美洲商人休假较多，在洽谈中经常会遇到参加谈判的人突然请了假，如果遇到这种情况，只好等他休假回来才能继续谈判。

第二，南美洲人具有强烈的民族自尊心，以自己国家悠久的历史传统和独特的文化而自豪，因此和他们打交道时要尊重他们的历史文化。在谈判中，南美洲商人忌讳谈论政治问题。

第三，在订立合同条款时一定要写清楚，以免事后发生麻烦与纠纷，因为南美洲各国对进出口的限制和外汇管制差别很大。

第四，南美洲商人虽然重视合同，但更注重实际效果和双方的信任关系。他们一旦选定供应商，通常不会轻易更换，因为更换供应商需要重新磨合，过程较为麻烦。南美洲商人将合同视为一种理想状态，签字只是为了避免争论，并不一定严格按照合同执行。这种灵活性在一定程度上减少了他们与供应商之间的摩擦和误会，有助于达成共赢。

第五，南美洲各国工人常常罢工，有时会持续一个月的时间。在此期间，金融活动也就只好停顿，因此，与南美洲国家进行贸易往来时必须考虑这个因素。

第六，到南美洲各国谈生意，宜穿深色服装。南美洲人认为赠送与刀剑有关的礼品意味着割断双方的关系，所以不要赠送该类礼品。

9.4 大洋洲商人的谈判风格

9.4.1 澳大利亚商人的谈判风格

澳大利亚商人的谈判风格一般具有以下特点：

第一，澳大利亚商人非常注重与人交流的第一印象，重视友情，相信老朋友。

第二，澳大利亚商人很重视办事效率。在谈判中，他们不喜欢一开始报高价再慢慢讨价还价的做法，不愿意把时间浪费在讨价还价这种事情上。因此，他们进口货物，大多采用投标的方式，不给对方讨价还价的机会。澳大利亚谈判人员一般都具有决策权，也要求对方如此。

第三，澳大利亚商人责任心较强，注重信用，一旦签约，很少违约。

第四，澳大利亚行业范围狭小，信息传递很快，因此，在谈判中讲话要小心。

第五，澳大利亚商人工作热情，待人随和，愿意接受招待邀请，但是公私分明，不会将招待和做生意混为一谈。

案例窗 9-7

9.4.2 新西兰商人的谈判风格

新西兰商人的谈判风格一般具有以下特点：

第一，新西兰商人在国际贸易中展现出高度的契约精神，他们恪守合同条款，保持着极低的违约率。这种长期稳定的守信表现让新西兰商人拥有优质口碑。

第二，新西兰商人善于谈判，具有较强的谈判能力。他们通常在谈判中会直接进入主题，谈判进程比较快。

第三，新西兰国家福利水平比较高，很多员工拒绝加班，因此，与新西兰人进行商务谈判，应尽量在工作时间进行。

本章小结

由于世界各国的历史传统、政治制度、经济状况、文化背景、风俗习惯以及价值观念存在明显差异，所以各国谈判者在商务谈判中都会具有不同的谈判风格。一个合格的谈判人员必须熟悉各国文化的差异，把握对方的价值观念、思维方式、行为方式、心理特征以及相应的谈判风格，确定不同的谈判策略，从而巧妙地加以利用，掌握谈判的主动权，取得预期的谈判效果。

关键术语

谈判风格

基础训练

第9章不定项选择题

第9章判断题

❖ **简答题**

1.韩国商人、俄罗斯商人、德国商人的谈判风格分别是什么样的？

2.人们在商务谈判中的行为受文化的影响很大，试举例评论之。

3.美国和日本商人的谈判风格分别是什么样的？

❖ **思考题**

你正在为从英国制造商那里购买一套动力系统而进行谈判，你预感到最难达成的合同条款是什么？理由是什么？

A.价格条款　B.信用条款　C.交货条款　D.质量条款

❖ **案例分析**

日航缘何贱买麦道客机

一、谈判背景

20世纪80年代，日本航空公司计划引进10架美国麦道公司的新型客机，于是组成由常务董事任领队、财务经理任主谈人、技术经理任谈判助理的高规格谈判团队赴美国。

二、开局阶段：以静制动的心理战

日方代表抵达美国后，麦道公司急于在次日开启谈判。当美方团队精神饱满地展示精心准备的多媒体资料（包含技术参数、定价分析等核心内容）时，日方表现出明显疲态：缓慢入场，频繁喝咖啡，全程保持沉默。面对美方追问，日方以"从拉上窗帘起就不明白"为由要求重新演示，成功消耗对方锐气。这种"装傻战术"既隐藏了真实意图，又迫使美方重复展示关键信息，暴露出急躁情绪。

三、交锋阶段：语言博弈与心理施压

进入实质磋商阶段后，日方主谈人突然出现"语言障碍"，通过断断续续发言诱导美方代其表达诉求：当结巴说出"第……"时，美方主动接话"是第一点吗"；提及"价……"时，美方直接解读为"价钱问题"。这种策略使麦道公司在无实质抵抗的情况下率先作出让步承诺。日方成功将谈判焦点锁定在价格维度，为后续博弈奠定基础。

四、僵局突破：极限施压与戏剧转折

在首轮报价中，日方要求降价20%，美方仅接受5%，双方陷入拉锯战。经历多轮交锋（日方降至12%~18%，美方提至6%~7%）后，谈判濒临破裂。在美方收拾文件准备离场的关键时刻，日方主谈人突然消除"语言障碍"，流畅提出折中方案：降价8%就签订11架客机订单。这种戏剧性转折既保全美方面子（增加1架客机订单），又将价格压至历史低位，最终以看似妥协的方式达成最优目标。

日本航空公司以最低价格购进了当时世界上最先进的飞机，这归功于其谈判代表在谈判中充分利用了美国人率直的谈判风格。而相反的是，美国麦道公司失利主要是因为他们没有充分了解日本人的谈判风格。这正来自双方的文化差异。

资料来源：冯砚，丁立. 商务谈判 [M]. 北京：中国商务出版社，2009.

思考：

1.美、日两国商人的谈判风格有何不同？

2.日本商人是如何赢得胜利的？

3.在与美、日两国商人进行谈判时应注意哪些问题？

第10章 商务谈判的后续工作

学习目标

本章旨在帮助学习者掌握合同履行与管理、谈判总结的核心知识和技能。具体学习目标包括：理解合同履行的相关内容及合同管理制度的具体要求，能够针对已签订的合同进行切实履行，建立并执行必要的合同管理制度；熟悉谈判总结的内容和步骤，能够科学、系统地对谈判过程进行总结，并撰写规范的谈判总结报告。

❖ 引例

中国出口企业与南美零售商长期供货合同的谈判总结

在一次国际商务谈判结束后，一家中国出口企业对谈判过程进行了全面总结，以评估谈判效果，并为未来谈判积累经验。这次谈判的主要议题是与一家南美零售商就长期供货合同的条款进行协商。经过多轮谈判，双方在价格、付款方式和交付时间上达成了一致，成功签署了供货合同。

在总结过程中，中国企业的谈判团队首先梳理了谈判的成果，确认了双方达成的主要合同条款，包括价格条件、交货周期和付款安排。他们发现，谈判结果基本符合企业的预期，既实现了销售目标，也为企业在南美市场的进一步拓展奠定了基础。

其次，中国企业的谈判团队回顾了谈判中的亮点与不足。在亮点方面，他们总结出充分的前期准备和精准的数据分析是谈判成功的关键。例如，通过深入研究南美市场的需求和零售商的采购习惯，他们在谈判中能够有针对性地提出解决方案，赢得了对方的信任。在不足方面，他们认识到，在第一次谈判中未能准确预判对方的议价策略，导致在价格讨论阶段花费了较多时间。对此，他们建议在未来谈判中可以更多运用模拟谈判来预测可能的场景。

再次，中国企业的谈判团队总结了具体的谈判技巧应用情况。例如，在价格谈判中，他们通过提出替代方案（如以扩大订单量换取价格优惠）成功打破僵局；在文化差异的处理上，通过邀请南美客户参加中国企业组织的非正式活动，增强了双方的信任感。这些经验为未来与不同文化背景的客户谈判提供了宝贵经验。

最后，中国企业将谈判总结报告存档，并在内部分享，作为培训和经验交流的素材。

从这一总结案例中可以看出，商务谈判结束后的总结工作至关重要，它不仅能够帮助企业反思得失，还能为后续谈判提供改进方向，提升团队的谈判能力与专业性。

资料来源：丁建忠. 商务谈判教学案例［M］. 北京：中国人民大学出版社，2005.

10.1　合同的履行与管理

10.1.1　合同的履行

谈判双方经过协商达成交易，并以签订合同的方式加以认可。合同一旦签订，就具有法律效力。双方当事人必须按照合同的规定，履行各自应该承担的义务，并取得应有的权利。在履行合同时，谈判双方都应遵循"重合同，守信用"的原则，保证按时、按质、按量交货、提供服务或履行义务。这里，按时履行合同尤为重要。通常合同规定：当事人不能在规定地点履约，将被认为履约延迟；权利人不能在履约地点接受履约，也要承担延迟的责任。当然，双方在协商同意的情况下，可以提前或推迟履行合同，改变履约地点。

按照国际贸易商品买卖合同，合同履行的方式主要有 3 种：

① 支付价款，按约定金额全部付清；

② 按合同规定标的物交货，标的物的质量、包装、数量等都要符合合同的规定；

③ 来料加工、来料装配、补偿贸易等合同可以分批履约或待全部履约后按合同规定结算。

合同履约有 3 种条件：

① 同时条件，是指合同中所规定的双方同时履约的条款。例如，销售合同中的 CAD（cash against delivery），表示一手付款、一手交货，即买方只有做好付款的准备，才能要求得到货物；卖方也只有做好交货准备，才能要求得到货款。

② 前提条件，是指合同中所规定的要求合同一方履行某种义务并作为对方履约前提的条款。例如，在国际贸易中，卖方 3 月交货时以买方在 2 月 15 日前开出以卖方为受益人的不可撤销的即期信用证为条件。

③ 待履行条件，是指合同中所规定的允许合同一方在合同履行后具有一定权利的条款。例如，合同中的品质索赔条款规定：货物到达目的地后，一旦出现质量问

题，买方就必须在45天内向卖方索赔，否则便失去了获得索赔的权利。

一些意外事件会出现在合同履行的过程中，存在一些复杂情况。因此，为了保证合同的有效履行，要抓紧履约，及时检查、督促客户。在实际工作中，应当紧紧抓住货（备好货源）、证（催证、审证）、船（有时是车或飞机在CIF条件下办理）、汇（制单结汇）4个主要环节。根据各地外贸企业长期的实际经验，"四排""三平衡"的方法能够增强合同履行的有效性。"四排"是指排查有证有货、有证无货、有货无证、无证无货的情况；"三平衡"是指货、证、船的平衡。无货的要及时准备货源；无证的要抓紧催证；有证有货就要抓紧办理运输，及时发运。

10.1.2 合同的管理

合同是具有法律效力的文件，履行合同是商务活动的具体体现，而合同管理是企业提高经营管理水平的重要措施。因此，要加强对合同的管理，就必须根据企业组织及业务情况，建立必要的合同管理制度，以备不时之需。

1）合同的审核制度

因合同条款的拟定是由外销员负责办理的，所以有关业务部门负责人应负责审核。审核合同的重点是：合同是否符合政策，客户是否可靠，价格是否合理，货源是否落实，支付方式是否合适，以及合同条款是否具体、完整等。要避免开口合同或权利和义务不清的弊病。

对于一般合同，可由业务部门自行审核；若有特殊条款，业务部门应与合同管理、市场调研等有关人员共同研究。

对于总公司、关联公司、交易会、出国小组和驻外商务机构所签订的合同，外销员在收到时应认真审核；如果发现问题，应由业务部门及时与有关方面联系，设法解决。

凡独家发盘、经销、包销、代理等合同，业务部门与市场部门联系后，应报企业领导批准。

凡接受国外来样、定牌、无牌、定型包装的合同，以及新商品、新品种的第一笔合同，在签约前，业务部门应与市场、包装等有关部门取得联系；取得一致意见后，报企业领导审批。

企业的合同管理人员应争取参加洽谈交易和签订合同的活动。

2）合同的登记制度

合同签订以后，要建立合同登记卡，为每一份合同建立一张卡片；要在卡片上载明合同编号、国别或地区、客户名称、成交日期、付款方式、品名、数量、单位、总值、交货时间、价格条件等；同时，可将登记卡做成不同的颜色，以分辨出在不同的场合所签订的合同。

3）合同进程管理制度

在履行合同过程中，要掌握货源、来证、托运、结汇等进程，做好资料的登记管理工作。需要登记积累的资料主要包括信用证开列记录、调整价格和变更交货期记录以及信用证展期与其他业务动态记录。同时，要保证外贸业务的各个环节都有联系单和复核制度，使外贸企业内部各部门之间及企业与各有关部门之间能够及时沟通情况，密切配合。合同、信用证等是合同过程的原始记录。

4）合同履约率的检查制度

履约率是企业的一个重要考核指标，可以反映出企业的经营管理和经济效益的状况。合同履约率包括当月履约率和累计履约率两种。前者是以合同某一规定装运交货时限作为计算依据，后者则以包括延期或提前履行合同所有的实际交货数作为计算依据。

（1）当月履约率计算方法

$$\text{当月履约率} = \frac{\text{本月某类商品应履约的实际出口总金额}}{\text{本月某类商品应履约合同的总金额}} \times 100\%$$

（2）累计履约率计算方法

$$\text{累计履约率} = \frac{\text{本月某类商品实际出口合同累计总金额}}{\text{本月某类商品应履约合同的总金额}} \times 100\%$$

在履行合同的过程中，由于市场的变化、政策的变化，以及证、货、船等环节衔接不力等主客观原因，延期或未能履行合同的情况时有发生，因此，要分析原因，加强合同的管理工作，以提高合同的履约率。

5）逾期合同检查制度

对合同的履行情况，要坚持每月检查一次，并且在每年两届广交会前开展合同大清理工作。清理工作由外销员和合同员参加，必要时要有企业领导参加，对所有合同都进行检查，查明情况，分析过期原因，并弄清责任。如果是己方的责任，业务部门要及时采取有力措施，以确保合同的履行。如果是对方的责任，有以下几种情况：

第一，凡已对客户做过工作而且确属无法履行的合同，都应办理撤约手续；同时，根据具体情况，按规定向对方索赔。

第二，对畅销商品，客户逾期不来信用证的，应通知在一定期限内来证；如再逾期，则作撤约处理。

第三，对滞销商品及价格有下降趋势的商品，可普遍进行催开信用证；需要时可在调查研究的基础上，经过审批手续，采取某些变通的方法，促使客户履约开证。

6）合同岗位责任制度

为确保合同的履约率、提高工作效率，有关人士认为有必要建立以合同为中心的岗位责任制，并进行明确分工。按合同履行进程和工作流转环节，该制度主要包括外销业务员、货源业务员、综合单证员和合同员的岗位责任制。

7）撤销和索赔确定制度

在执行合同的过程中，要结合"出口合同执行情况月报"的要求，按期检查合同的执行情况。如果合同逾期是客户的责任，致使我方遭受损失，则可以向客户提出异议和索赔要求。对长期不能履行的合同，应整理后单独列出，经领导审批后予以撤销；对日常经营中需要撤销的合同，应由外销员填写撤约报告单，经领导审批后予以撤销。这种工作制度的建立有利于把握需要执行的合同数目，使执行合同的工作更加有的放矢。

8）信用证和收汇的管理制度

对于卖方来说，履行合同的最终目的是安全、及时收汇，因此有必要建立信用证和收汇的管理制度。该制度主要包括检查、督促催证、复核来证、督促出运，防止信用证误期，货物运出后要检查收汇情况，尤其是对无证收汇和寄售商品收汇的检查，要与银行联系，并定期催索应收或未收的账款。

10.2 谈判总结

人们无论做什么工作，都要善于总结经验、吸取教训，这样才能有所进步。谈判也不例外，总结是必要的，而且十分关键。因此，谈判结束后，谈判人员还应该做的一项重要的后续工作就是全面系统地总结谈判的经验与失误，以指导今后的谈判工作，只有这样才能不断提高谈判人员的谈判水平，进而提高企业的经济效益；同时，鼓励先进，促进落后，充分调动谈判人员的工作积极性和创造性。

10.2.1 谈判总结的内容

谈判总结的内容比较广泛，它不仅包括直接的谈判过程情况，而且包括与谈判有直接关系的其他内容。概括地说，其主要有己方谈判的情况、己方所在单位的情况和对方谈判的情况。

需要注意的是，无论谈判成败均应总结，都要以事实为基础，总结经验，肯定成绩，找出不足。总结不是一次性结束或对某个事件下定论，而是从某个事件中悟出更为广泛的具有指导性的规律。因此，即使是同类性质的事件，也要坚持再总结，因为时间变迁、人物更换和内容变动，人们会发现又有新的体会与收获。

1）己方谈判的情况

它构成谈判总结工作的主要方面，具体包括以下几点：

第一，谈判的准备工作情况。

第二，谈判的目标实现情况、谈判的总体情况、谈判的成果综合分析、谈判的效率等。

第三，谈判过程的具体情况，包括谈判的程序、谈判技巧的应用、避免和打破僵局的能力和表现等情况。

2）己方所在单位的情况

这方面的总结是为了解本单位各方面的工作对谈判的影响程度，改善所在单位的经营管理，为今后的谈判创造各种有利条件。其具体包括以下几点：

第一，本单位对谈判人员所确定的职责、给予的权力及管理情况的适应性。

第二，本单位所规定的谈判原则和交易条件的合理性。

第三，本单位提供或要求提供的产品品种、规格、质量、数量、价格及服务等方面的可行性。

3）对方谈判的情况

该方面的总结对己方今后的谈判具有一定的学习和借鉴意义，不可忽视。通过分析研究与对方谈判的情况，如所使用的谈判技巧、对谈判计划的制订所提出的建议和要求等情况，谈判者可以看出对方的谈判风格，还能获得一定的信息，以便在今后的谈判中对症下药，有的放矢地采取相应的策略，从而取得较好的谈判成果；同时，可为本单位改善经营管理提供帮助。

10.2.2　谈判总结的步骤

一般而言，谈判总结的步骤主要包括回顾、分析、提出对策和写出报告。

1）回顾

对谈判记录和资料进行全面系统整理，有助于形成一份真实反映谈判的情况、可供分析研究的完整材料，因为谈判的总结工作要以事实为基础。

214 商务谈判

2）分析

这是总结工作的一个十分重要的步骤。要根据具体情况对总结内容进行具体分析，总结经验，肯定成绩，找出不足，在此基础上对谈判工作作出客观的评价。

3）提出对策

经过对谈判情况的分析，找出谈判中所存在的问题之后，谈判者就要有针对性地提出措施和建议，并加以解决，以便今后谈判工作的顺利进行；同时，要注意所提出的措施和建议需具体明确，具有可行性。

4）写出报告

商务谈判总结的形式可以多种多样，经过分析、反思，在头脑中理出头绪，或口头讨论，或书写出来。最好的总结方式是写出谈判总结报告，再与团队成员探讨，使总结的规律、提出的建议能为人们所承认，使其更具有实践价值，从而进一步丰富商务谈判的理论、方法与技巧。

谈判总结报告是谈判总结工作不可缺少的步骤和结果。其一般应包括以下内容：谈判的目标、谈判的过程和概况、谈判的成果及问题、谈判的分析评价及各方面的工作建议等；必要时，还需把一些谈判中所涉及的重要数据、图表、资料、文件作为附件，以便为以后的谈判工作和实施管理提供详细的信息情报。

素养园地

党的二十大报告指出，"要坚持以推动高质量发展为主题，把实施扩大内需战略同深化供给侧结构性改革有机结合起来，增强国内大循环内生动力和可靠性，提升国际循环质量和水平""推进高水平对外开放""稳步扩大规则、规制、管理、标准等制度型开放""加快建设贸易强国""推动共建'一带一路'高质量发展""维护多元稳定的国际经济格局和经贸关系"。这些表述为商务工作提出了明确指引，擘画了发展蓝图。商务系统党员干部纷纷表示，要坚决贯彻落实党的二十大精神，将各项部署和要求落实到商务工作的全过程、各方面，推动商务高质量发展再上新台阶。

资料来源：李子晨，顾春娟，俞芳，等. 党旗所指，商务高质量发展勇毅前行 [N]. 国际商报，2022-10-20（1）.

本章小结

商务谈判不是一项孤立的活动，而是反复进行的一个完整的过程。谈判成功并不意味着谈判工作的全部结束，还需要做好一系列谈判的后续工作。商务谈判的后续工作主要包括合同的履行与管理、谈判的总结两个方面，为加强谈判管理和今后的谈判创造了良好的条件。

谈判后应及时、认真履行合同，对所签合同进行管理。合同管理制度具体包括合同的审核制度、合同的登记制度、合同进程管理制度、合同履约率的检查制度、逾期合同检查制度、合同岗位责任制度、撤销和索赔确定制度以及信用证和收汇的管理制度。

谈判总结具有重要作用。谈判总结的内容包括己方谈判的情况、己方所在单位的情况和对方谈判的情况。谈判总结的步骤可分为回顾、分析、提出对策和写出报告。

关键术语

合同的履行　合同的管理　谈判总结

基础训练

第10章不定项选择题

第10章判断题

❖ 简答题

1.如何加强对合同的管理？

2.谈判总结工作的内容和步骤分别有哪些？

主要参考文献

［1］李品媛. 现代商务谈判［M］. 5版. 大连：东北财经大学出版社，2023.

［2］殷庆林. 商务谈判［M］. 5版. 大连：东北财经大学出版社，2022.

［3］储节旺. 商务礼仪与谈判［M］. 2版. 北京：北京大学出版社，2021.

［4］王军旗. 商务谈判：理论、技巧与案例（数字教材版）［M］. 6版. 北京：中国人民大学出版社，2021.

［5］樊建廷，干勤，等. 商务谈判［M］. 5版. 大连：东北财经大学出版社，2018.

［6］李静. 商务谈判实务［M］. 北京：中国人民大学出版社，2021.

［7］列维奇，巴里，桑德斯. 商务谈判［M］. 王健，等译. 8版. 北京：中国人民大学出版社，2021.

［8］凌云. 国际商务谈判与沟通［M］. 3版. 大连：东北财经大学出版社，2020.

［9］杨剑英，常军. 商务谈判理论与实务［M］. 2版. 南京：南京大学出版社，2020.

［10］杨群祥. 商务谈判［M］. 6版. 大连：东北财经大学出版社，2020.

［11］张守刚. 商务沟通与谈判［M］. 3版. 北京：人民邮电出版社，2020.

［12］田南生. 商务谈判与礼仪［M］. 北京：清华大学出版社，2020.

［13］戴蒙德. 沃顿商学院最受欢迎的谈判课［M］. 杨晓红，李升炜，王蕾，译. 北京：中信出版社，2018.

［14］毛国涛，田华. 商务谈判［M］. 2版. 北京：北京理工大学出版社，2018.

［15］汤普森. 国际商务谈判（英文版）［M］. 6版. 北京：中国人民大学出版社，2018.

［16］李逾男，杨学艳. 商务谈判与沟通［M］. 2版. 北京：北京理工大学出版社，2017.

［17］郭秀君. 商务谈判［M］. 2版. 北京：北京大学出版社，2011.

［18］张祥. 国际商务谈判：原则、方法、艺术［M］. 上海：上海三联书店，1995.

［19］费雪，尤瑞. 哈佛谈判技巧［M］. 黄宏义，译. 兰州：甘肃人民出版社，1987.

［20］尼尔伦伯格. 谈判的艺术［M］. 曹景行，陆廷，译. 上海：上海翻译出版公司，1986.

［21］赖华. 谈判的艺术与科学［M］. 兰东，译. 武汉：湖北科学技术出版社，1986.

［22］杨斯淋，白桦. 企业在跨文化商务谈判中的社交距离［J］. 中小企业管理与科技，2024（2）：115-117.